17 Routen durch Korsika

Korsika

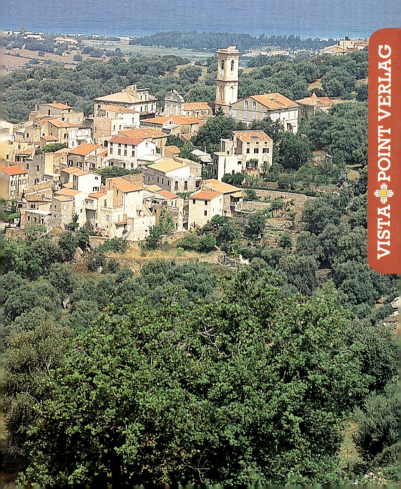

DER ROTE FADEN Monika Siegfried-Hagenow

Korsika

VISTA POINT VERLAG

INHALT

Insel der Kontraste 8

Chronik Korsikas
Mehr als 8 000 Jahre Geschichte 15

17 ROUTEN DURCH KORSIKA

1 Programm: Bastia 21
Bastei der Genuesen
Bastia 24

2 Route: Bastia - Rogliano - Centuri-
Port - St.-Florent (143 km) 33
**Verbannungsort für einen
alten Römer:** Cap Corse 36

3 Route: St.-Florent - Murato - L'Ile
Rousse (104 km) 48
**Vom Weinland durch die Wüste
der Agriaten**
Nebbio 51

4 Route: L'Ile Rousse - Speloncato -
L'Ile Rousse (77 km) 59
Garten ohne Gärtner
Die obere Balagne 61

5 Route: L'Ile Rousse - Algajola -
Calvi (24 km) 69
Meer und noch mehr
Die Küste der Balagne und Calvi 73

6 Route: Bootsfahrt von Calvi zum
Naturschutzgebiet La Scandola -
Girolata - Calvi (ca. 7 Std.) 81
**Zu den roten Lavafelsen
der Seeadler**
Mit dem Boot nach Girolata 83

INHALT

7 Route: Calvi – Galéria – Porto (92 km) 88
1 000 Buchten – 1 000 Kurven
Die Küstenstraße von Calvi nach Porto. 90

8 Route: Porto – Col de Verghio – Evisa – Wanderung durch die Spelunca-Schlucht – Porto (60 km) 97
Berge der Hirten
Niolo und Spelunca 99

9 Route: Porto – Cargèse – Ajaccio (82 km) 105
Teufelswerk und Griechenzuflucht
Von Porto nach Ajaccio 108

10 Programm: Ajaccio 114
Ein Kaiser und sein Clan
Napoleons Geburtsstadt Ajaccio 117

11 Route: Ajaccio – Ste.-Marie-Sicché – Filitosa – Sartène (155 km) 127
Ein Ehedrama und Krieger aus Granit
Durch Ornano und Sartenais 130

12 Route: Sartène – Col de Bavella – Porto-Vecchio (125 km) 139
Vom Racheengel zur Madonna im Schnee
Durch die Alta Rocca 142

13 Route: Porto-Vecchio – Bonifacio (27 km) 152
Kein sicherer Hafen für Odysseus
Bonifacio 156

14 Route: Bonifacio – Aléria – Corte (178 km) 166

INHALT

Ruinen einer Römerstadt
Aléria 168

15 **Route:** Corte – Gorges de la Restonica – Corte (26 km) 176
Die heimliche Hauptstadt
Corte 179

16 **Route:** Corte – Morosaglia – Cervione – Moriani-Plage (136 km) 188
Klöster, Kastanien, Freiheitshelden
Durch die Castagniccia 192

17 **Route:** Moriani-Plage – Fouilles de Mariana – Bastia (50 km) 200
Kirchen und Kämpfe bis zuletzt
Abschied von Korsika 202

Heißgeliebt, halb vergessen
Kastanien in der Castagniccia 205

Blutrache und Banditen 207

Wilde Jagd auf schwarze Schweine 209

Buße in Ketten
Der Catenacciu von Sartène 211

SERVICE 214
Reiseplanung 214
Reisedaten 220
Sprachhilfen 230

Orts- und Sachregister 233
Namenregister 237
Bildnachweis 240
Textnachweis 240
Zeichenerklärung ...... in der hinteren Umschlagklappe

Idyllischer Winkel in der Altstadt von Corte ▷

Insel der Kontraste

Buchten und auffallend geformte Felsen wie der Capo Rosso prägen die Landschaft an der Westküste

Korsika, das »Ferienparadies im Mittelmeer«, die »Insel der Schönheit«, die »Sonneninsel«. Bunte Prospekte verheißen die Erfüllung der Sehnsucht nach Sand und Sonne: 1 000 Kilometer Küste, darunter endlose Sandstrände und idyllische Buchten, 270 Sonnentage im Jahr. Ein Inseltraum.

INSEL DER KONTRASTE

Aber Korsika ist anders. Ringsum vom Wasser umgeben, ist es ein Kontinent für sich, wenn auch nur 183 Kilometer lang und 83 Kilometer breit. Dabei sind es die Korsen, die das französische Festland den »Kontinent« nennen, während französische Reiseprospekte von der »nächsten der fernen Inseln« sprechen. Die Ferne läßt sich messen: 170 Kilometer, eine halbe Flugstunde oder eine Nacht auf dem Schiff liegen zwischen dem Süden des »Kontinents« und Korsika.

Eine andere Distanz zwischen der Insel und dem »Mutterland«, zwischen Korsika und dem »Kontinent«, läßt sich nicht so leicht in Zahlen fassen und noch schwerer überwinden: Unterschiede in Kultur, Mentalität, Sprache.

Die Franzosen waren vor rund 200 Jahren die Letzten, aber keineswegs die Ersten, die den Eroberungstraum von der schönen Insel geträumt haben. Fast alle Völker aus dem Mittelmeerraum und viele aus nördlicheren europäischen Breiten haben ihre Spuren und ihre Nachkommen auf Korsika hinterlassen. Auch wenn die Korsen einen französischen Paß besitzen, fühlen sie sich in erster Linie als Korsen; Korsika ist nicht Frankreich, auch wenn es zu Frankreich gehört. Ein Gegensatz? Nur einer von vielen. Das beginnt schon an der Küste. Undenkbar ist eine Insel ohne Meer, ohne die innige Umarmung der Wellen. Überall ist der Atem der See zu spüren, und selbst von den 50 Gipfeln, die im Inneren über 2 000 und teils bis fast an die 3 000 Meter aufragen, ist man nicht weiter als einen halben Tag von wenigstens zwei Küsten entfernt.

Trotzdem steht Korsika, abgesehen von den Häfen, mit seinem steinernen, bergigen Rücken zum Meer und hat mit den schönen Stränden nicht viel im Sinn. Die überläßt man gern dem Vieh als Winterweide und den Urlaubern zum Sommervergnügen, wenn man damit nicht gerade seinen Broterwerb bestreitet. Vom Meer hatten die Korsen nie Gutes zu erwarten: Von dort kamen Eroberer und Seeräuber, und an den Küsten wütete die Malaria. Als Wohnorte waren die Berge sicherer.

Schon die Küsten sind ganz unterschiedlich: Ein flaches, fruchtbares Schwemmland mit einem einzigen, über 100 Kilometer langen Sandstrand ist die Ostküste. Schroff dagegen stürzen sich steile Klippen und bizarr geformte Felsen im Westen ins Meer, unterbrochen von kleinen und großen Buchten, wo Flüsse münden.

Die Küsten sind nicht die einzigen Landschaftskontraste, die Korsika auf engstem Raum vereint. Bis in den Sommer hinein krönt Schnee die alpinen Gipfel, während zwei Autostunden entfernt Sandburgen von Wellen überspült werden.

Ausgedehnte Wälder mit bis zu 60 Meter hohen kerzengeraden Lariccio-Kiefern beschatten Berghänge, alte Kastanienhaine erzählen von einer bewegten Vergangenheit, als sie mit ihren stachelbewehrten Früchten Brot für ganze Landstriche lieferten, anderswo dörrt die Sonne unbarmherzig eine Felswüste, in der nur die anspruchslosesten Macchiapflanzen noch überleben.

Wildwasser gruben auf ihrem stürmischen Weg zum Meer tiefe Schluchten, gesäumt von üppigem Grün, anderswo sind die Brunnen versiegt.

Den vielfältigen Landschaften entspricht das Klima: Mediterran ist es an den Küsten mit heißen Sommern und milden Wintern, im Gebirge dagegen ist es mit kalten, schneereichen Wintern kontinental bis alpin.

Kein Wunder, daß unter diesen Bedingungen zwischen salzigem Strand und sturmgepeitschten Gipfeln eine abwechslungsreiche Pflanzenwelt zu Hause ist. 78 Arten davon sind echte Korsen, ebenso wie einige Schmetterlinge, die es nur hier gibt: Die isolierte Insellage ermöglichte die eigenständige Entwicklung eini-

Zu mühsam ist vielen Korsen die Bewirtschaftung der Terrassen geworden

ger Arten. Erst langsam entdecken die Korsen über all der Schönheit, daß die paradiesische Natur zerbrechlich ist und in Gefahr geraten kann: vor allem auch durch menschlichen Massenandrang auf empfindliche Ökotope, durch Müll, unbedachte Straßentrassen und Skilifte. Noch senken sich erst zarte Wurzeln ökologischen Bewußtseins in die korsische Erde.

Dennoch sind Spinner und Schwärmer – jedenfalls die geflügelten – weniger bedroht als anderswo: Industrie ist kaum vorhanden, und obwohl die Landwirtschaft der zweitgrößte Wirtschaftsfaktor ist, wird nur ein Achtel der Gesamtfläche Korsikas landwirtschaftlich genutzt, zum größten Teil durch die Haltung und Aufzucht von freilebenden Schweinen und Rindern und durch Herden von Milchziegen und Schafen. Mit 7 700 Hektar bewässerter Bodenfläche ist der Anteil des Pflanzenanbaus und damit auch der Verbrauch von Unkrautvernichtern und Schädlingsgiften gering. Den Löwenanteil der Agrarproduktion beansprucht der Wein, der gelegentlich auch seinen Weg in deutsche Weinhandlungen findet. Clementinen im Winter, Salat und Erdbeeren im Frühling aus dem »Herkunftsland Frankreich« kommen manchmal von der korsischen Ostküstenebene.

Reger verläuft der Verkehr in die umgekehrte Richtung. Eine Million Touristen kommen alljährlich übers Meer auf die Insel, ein Viertel davon sind Deutsche, in den letzten Jahren zahlenmäßig leicht überrundet von den Italienern, den nur 83 Kilometer entfernten »nächsten Nachbarn«. Es könnten mehr sein, wäre da nicht ein Widerspruch. Korsika ist ein Land mit einer langen Tradition der Gastfreundschaft: Vor dem Gastrecht hatte selbst die Blutrache zu schweigen, und es ist noch nicht lange her, da stand bei jeder Mahlzeit ein Teller für den unerwarteten Gast bereit. Heute kommen zahlreiche Gäste, schaffen Arbeitsplätze und Absatzmärkte, und doch ist der Tourismus eine ungeliebte Lebensader. Man will keinen »Tourismus über alles«, keine Betonküsten, erst recht nicht in der Hand multinationaler Konzerne.

Frankreich tut sich seit jeher schwer mit seinen beiden südlichsten Départements (Haute-Corse und Corse du Sud) und deren Forderung nach einer weitgehend unabhängigen korsischen Nation. Nach wie vor sind die Möglichkeiten zur Ausbildung und die Aussichten auf einen Arbeitsplatz auf Korsika gering. Woher sollten sie auch kommen auf dieser gebirgigen Insel, deren Wirtschaftsstruktur lange - manche sagen: systematisch - vernachlässigt wurde? Zwar kann die korsische Jugend seit 1983 wieder an der Universität in Corte studieren, nachdem sie 200 Jahre lang geschlossen war. Aber wo finden die so qualifizierten jungen Leute angemessene Stellen? Wie schon ihre Väter und Mütter, wie Großväter und Großmütter wandern sie fort, manche ins Ausland,

Die Sehnsucht nach Autonomie ist weiterhin ungestillt

die meisten zum »Kontinent«, um dort als »Exilkorsen« ein Leben lang von der Rückkehr zu träumen, die den meisten von ihnen nur für ein paar Sommerurlaubswochen und dann erst nach der Pensionierung vergönnt ist. Über ein Viertel der Bevölkerung ist älter als 60 Jahre.

Für die Insel hat dieser Exodus verheerende Folgen. Sie ist zwar die viertgrößte Mittelmeerinsel, aber die am dünnsten besiedelte. Nicht nur Intellektuelle wandern ab zu Militär, Verwaltung, Ministerien und Wissenschaft auf dem Festland, überall fehlen auch Menschen, um das Land zu bewirtschaften, um Betriebe aufzubauen und um die Häuser ihrer Vorfahren zu erhalten.

Malerisch mögen die grauen, verwitterten Dörfer auf den Bergrücken mit ihren alten Häusern im Efeumantel sein. Paradiesisch die so unberührt scheinende Natur, unter deren Pflanzendickicht sich in Wirklichkeit verlassene Terrassen verbergen, auf denen einmal Gemüse oder Weizen wuchs. Aber es ist ein Paradies, eine Idylle mit Schattenseiten, die sich erst dem zweiten, aufmerksamen Blick offenbart.

Ohne Renten, Pensionen und Subventionen aus Paris wäre die Insel schon lange nicht mehr lebensfähig. Frankreich ist den Korsen nicht nur das Vaterland, in dessen Kriegen ihre Brüder und Väter starben, sondern auch nährendes Mutterland - wenn es ums Geld geht, sind alle Korsen zumindest »auch« Franzosen. Das Verhältnis zum »Kontinent« ist also nicht nur das der Nationalisten, die selbst untereinander darüber uneins sind, sonders es ist vielschichtiger, komplizierter, voller Kontraste wie die Landschaft - und wie die Menschen selbst.

Wie sind sie, diese Korsen, die seit Jahrtausenden ihre Identität so leidenschaftlich verteidigen, die ihre eigene Sprache bewahrten, obwohl sie ihnen lange verboten war, denen ihre Erde so heilig ist?

Zweifellos haben sie ein anderes Verhältnis zur Arbeit als wir. Da spielt - vor allem bei den Männern - noch immer das Ideal des freien, ungebundenen Hirten mit, und wenn ein Korse nicht *patron*, also sein eigener Herr und Herr des Unternehmens sein kann, dann läßt er die Arbeit lieber ganz und verläßt sich auf die Unter-

Zwei Millionen Korsen, so schätzt man, leben in aller Welt – Korsika hat dagegen nur 250 000 Einwohner. Marseille, sagen böse Zungen, sei mit 200 000 Korsen die größte korsische Stadt, viermal so groß wie Ajaccio oder Bastia.

Fast die Hälfte der Einwohner sind Franzosen vom Festland, aus den ehemaligen Kolonien oder Ausländer, vor allem Nordafrikaner. Sind die 115 000 »Fremden« nun Korsen oder nicht?

stützung durch die Familie und den Staat. Alte Strukturen bestimmen – oft unbewußt – das Denken. Wenn gearbeitet wird, dann geruhsam, *pianu*, auch wenn das den wartenden Kunden zur Raserei treiben kann. Was nützt es, sich totzuarbeiten? Das brächte bei den begrenzten Möglichkeiten auf der Insel kaum mehr Geld, würde nur den Neid der Nachbarn wecken und zudem die Freude am Leben verderben. Da nimmt man sich lieber Zeit für ein ausgedehntes Essen, die *siesta*, den Pastis, das Kartenspiel am Abend in der Bar und für eine Partie *boule* mit Freunden. Das ist mehr als eine Einstellung zur Arbeit, es ist eine Lebensart.

Sie gilt allerdings nicht im gleichen Maße für die Korsinnen. Auch sie haben als schwarzgekleidete Racheengel der Blutrachefehden ihr Etikett. Dabei haben sie längst ganz andere Probleme, wenn sie gegen die patriarchalischen Verhältnisse in ihren Familien ankämpfen, die noch immer den Frauen die Lasten des Alltags allein aufbürden. Sie suchen Auswege in ehrgeizigen Schulleistungen, in der Berufstätigkeit – die Pflichten daheim werden davon nicht weniger, und die korsischen *machos* geben ihre Bastionen nicht freiwillig auf. Von Geruhsamkeit kann für Korsinnen daher keine Rede sein, eher von aufreibender Mehrfachbelastung.

Bleibt, wenn man einmal von der finsteren Aura des Banditentums und der Blutrache absieht, der Stolz, der Männern und Frauen auf Korsika gleichermaßen nachgesagt wird. Er ist so aktuell wie eh und je, im täglichen Zusammenleben wie in politischen Forderungen. Er begegnet dem eiligen Gast, der den Wirt zu sehr bedrängt, wenn dieser ihn höflich auffordert, sich in diesem Fall ein anderes Lokal zu suchen. Die Ehre zählt noch immer mehr als Geld, und es kann eine Beleidigung sein, einen als Freundschaftsdienst gemeinten Gefallen mit Geld bezahlen zu wollen. Leicht ist korsischer Stolz verletzt, wenn der Fremde unbedacht oder leichtfertig Eigenart und Eigenwilligkeit der schönen Insel nicht respektiert.

Bemüht er sich darum, ist er auf der *terra corsa* als Gast willkommen, und vielleicht kann er sich über Sand und Sonne hinaus einen Inseltraum voller Entdeckungen und Kontraste erfüllen, die Korsika so unverwechselbar und dabei so reizvoll machen.

Chronik Korsikas

Mehr als 8 000 Jahre Geschichte

um 6500 v. Chr.
Spuren erster menschlicher Besiedlung gehen zurück bis ins Neolithikum. Die erste bekannte Inselbewohnerin ist die »Dame von Bonifacio«, deren Skelett über 8 500 Jahre alt sein soll.

3500–800 v. Chr.
Ausbreitung der Megalithkultur mit Menhirstatuen aus Granit. Im 2. Jahrtausend verdrängen Torreaner die Megalithiker im Süden der Insel und errichten Turmbauten (*torri*) aus Zyklopenmauerwerk. Von den Megalithikern werden die übermächtigen Feinde als Menhire (*paladini*) mit ihren Waffen dargestellt.

Viele Menhire stellen mächtige Krieger dar

564 v. Chr.
Phokäische Griechen aus Kleinasien gründen an der Ostküste Alalia als Stützpunkt für ihren Mittelmeerhandel.

259–162 v. Chr.
Die Römer benutzen Korsika als strategische Basis im Krieg gegen die Punier und brauchen 100 Jahre, um die Insel zu erobern. Auf den Grundmauern von Alalia errichten sie ihre Hauptstadt Aleria. Die einheimische Bevölkerung erhebt sich in zwölf blutigen Aufständen gegen die Römer. Die Insel verliert die Hälfte seiner Bevölkerung.

100–300 n. Chr.
Die ersten christlichen Missionare kommen vermutlich schon um 100 n. Chr.

im Gefolge der Römer auf die Insel. Ab dem 3. Jh. n. Chr. gilt Korsika als weitgehend christianisiert. Es entstehen die ersten Bischofssitze: Aleria, Mariana, Nebbio, Ajaccio und Sagone.

456–725
Aleria wird von Vandalen zerstört. Ihre Herrschaft wird abgelöst von Byzantinern, ihnen folgen die Langobarden.

758
Pippin der Kurze vertreibt die Langobarden und macht Korsika dem Papst zum Geschenk.

800-900
Nordafrikanische Piraten errichten an den Küsten Stützpunkte. Die Insel erleidet ständig Überfälle von Sarazenen. Ugo Colonna, ein Römer, kämpft für den Papst gegen die Sarazenen.

1077
Papst Gregor VII. gibt die Insel dem Bistum von Pisa als Lehen. Damit beginnt die Herrschaft der Pisaner auf Korsika.

1284
Genua siegt in der Seeschlacht von Meloria über die ständige Rivalin Pisa und bringt Korsika in seinen Besitz. Beginn der genuesischen Herrschaft.

1453
Genua verpachtet Korsika an die Bank des Heiligen Georg. Zur Sicherung der Macht gegen Feinde von außen und rebellische Korsen im Inneren werden Zitadellen in einigen Küstenstädten und Wachttürme rund um die Insel errichtet. Sie dienen als Frühwarnsystem bei Angriffen.

1553
Sampiero Corso besetzt Korsika mit französischen Truppen Heinrichs II. Sechs Jahre später muß Frankreich Korsika an Genua zurückgeben. Wieder flammen Rebellionen auf. Sampiero kehrt auf eigene Faust als

Freiheitskämpfer zurück, erobert Teile der Insel. Nach seiner Ermordung im Jahr 1567 übernehmen die Genuesen wieder die Herrschaft.

1729
Aufstand der Korsen gegen Genua, das österreichische Truppen zu Hilfe holt. Nach dem Frieden von Corte wird Genua vertragsbrüchig; erneut flammt Widerstand auf.

1735
Eine Versammlung von korsischen Volksvertretern (*cunsulta*) erklärt die Unabhängigkeit Korsikas. Genua antwortet mit einer Seeblockade der Insel.

1736
Der westfälische Abenteurer Theodor von Neuhoff wird für kurze Zeit erster und einziger König von Korsika. Versuche Englands und Österreichs, Korsika von der Herrschaft der Genuesen zu befreien, scheitern. Frankreich unterstützt Genua.

1755
Pasquale Paoli wird von den Korsen zum »General der Nation« gewählt und erhält den Beinamen »Vater des Vaterlands«. Unter seiner Führung formiert sich der korsische Widerstand. Den Ideen der Aufklärung verpflichtet, entwickelt er das Bildungswesen und gibt Korsika viele Jahre vor der französischen Revolution eine demokratische Verfassung mit Gewaltenteilung und Frauenwahlrecht.

Pasquale Paoli

1768
Genua, durch die ständigen Kriege in Finanznöten, verkauft Korsika an Frankreich.

1769
Frankreich schickt zahlreiche Truppen, um seinen Neuerwerb mit militärischer Übermacht in Besitz zu neh-

Geburtshaus Napoleons in Ajaccio

men. Die korsischen Milizen Paolis werden bei Ponte Nuovo (Ponte Novu) vernichtend geschlagen. Paoli flieht nach England ins Exil, Korsika wird französisch. Napoleon wird in Ajaccio geboren.

1790-1796
Korsika wird englisches Vizekönigreich, Paoli kehrt zurück, muß aber bei der Rückkehr der Franzosen erneut fliehen. Er stirbt 1807 in London.

1914-1918
Mehr als 30 000 Korsen sterben im Ersten Weltkrieg für Frankreich.

1942
Truppen Mussolinis besetzen Korsika.

1943
Deutsche Truppen landen auf dem Rückzug von Sardinien nach Norditalien auf der Insel. Korsische Widerstandskämpfer (*macchiaghjoli*) befreien mit Unterstüt-

zung von Einheiten des »Freien Frankreich« und italienischen Überläufern die Insel als erstes Département Frankreichs.

1955-1962
17 500 repatriierte Franzosen aus Algerien (*pieds-noirs*) werden, ausgestattet mit großzügigen Krediten und Privilegien, an der Ostküste angesiedelt.

1975
Bei der Besetzung eines Weinguts in Aléria kommt es zur bewaffneten Konfrontation zwischen korsischen Nationalisten und der französischen Staatsmacht. Es ist der Beginn einer Spirale der Gewalt und gleichzeitig der Besinnung auf korsische Identität und Kultur.

1976
Gründung der Nationalen Befreiungsfront FLNC (Fronte di Liberazione Naziunale Corsu).

1982
Korsika erhält einen regionalen Sonderstatus.

1989
Wochenlange Streiks und Unruhen leiten eine neue Krise ein, fast der gesamte öffentliche Dienst kommt zum Erliegen. Die nationalistische Bewegung spaltet sich in mehrere Gruppen mit unterschiedlichen politischen Programmen, aus der FLNC geht z. B. der »Canal historique« und der »Canal habituel« hervor.

1991
Ein neuer Sonderstatus räumt den Korsen mehr innere Autonomie ein. Nach dem Urteil des französischen Verfassungsgerichts gibt es kein korsisches Volk.

1993-94
Eine neue Terror-Welle läuft durch Korsika, allein 1994 werden 39 Morde verzeichnet. Es handelt sich um Opfer der blutigen Rivalitäten zwischen nationalistischen Strömungen. Die Auseinandersetzungen betreffen allerdings weder Touristen noch touristische Einrichtungen.

1995
In der Bevölkerung, besonders unter den Frauen, wächst Widerstand gegen die Gewalt. Dies äußert sich in Aktionen wie dem »Manifest für das Leben«, das 1329 Frauen unterzeichnen.

1996
Außerhalb der Saison werden wieder vermehrt Bombenanschläge auf öffentliche Einrichtungen verübt.

1998
Nach der Ermordung des Präfekten durch Attentäter zeigt der französische Staat durch zahlreiche Polizeieinsätze und Verhaftungen massive Präsenz auf der Insel. Noch immer hat Korsika weniger Autonomie als ein deutsches Bundesland.

Dorfszene aus vergangenen Tagen: Noch heute schlägt in den Bergdörfern das Herz der Insel

17 ROUTEN DURCH KORSIKA

ROUTE 1 Programm: Bastia

Vormittag	Bummel über den **Place St.-Nicolas** und über den Markt auf dem **Place de l'Hôtel-de-Ville**; rund um den **Alten Hafen** (Vieux Port).
Nachmittag	Durch den **Jardin Public Romieu** zur Zitadelle, Besuch des ethnographischen Museums im **Gouverneurspalast**, Besichtigung der Kirche **Ste.-Marie** und der Kapelle **Ste.-Croix**, durch die Altstadt zur Kirche **St.-Jean-Baptiste** und zur **Chapelle de l'Immaculée Conception**. Über den Boulevard Paoli zurück zum Place St.-Nicolas. – Ausflug von Bastia über die Höhenstraße »**Corniche**« nach Miomo und zurück (25 km, ca. 2 Std., s. Karte S. 33).

Tip: Das Programm läßt sich auch (ohne Markt) an einem Nachmittag bewältigen, wenn man erst mittags mit der Fähre eintrifft. In diesem Fall verzichtet man auf den Ausflug über die »Corniche«.

ROUTE 1 Informationen

20200 Bastia

 Office Municipal du Tourisme
Place St.-Nicolas
(Pavillon am Nordende)

20410 Bastia
✆ 04 95 55 96 96, Fax 04 95 55 96 00
Sommer: tägl. außer So 8.30–12 und 14–19 Uhr (in der Hochsaison auch länger), Winter: tägl. außer So 9–12 und 14–18 Uhr

ROUTE 1 Informationen

Syndicat d'Initiative
Gare Maritime/Port de Commerce (am Hafen)
✆ 04 95 31 02 04
Tägl. außer So 9–12 und 15–18 Uhr

Napoléon
43, boulevard Paoli
✆ 04 95 31 60 30, Fax 04 95 31 77 83
Stadthaus an der Hauptstraße im Zentrum. FFF
(Auflösung der F-Zeichen S. 229 und in der hinteren Umschlagklappe)

Bonaparte
45, boulevard Général Graziani
✆ 04 95 34 07 10, Fax 04 95 32 35 62
In einer Seitenstraße im Zentrum. FFF

Hôtel Posta Vecchia
3, Rue Posta-Vecchia (Ecke Quai des Martyrs-de-la-Libération)
✆ 04 95 32 32 38, Fax 04 95 32 14 05
Einigermaßen ruhig, mit Blick aufs Meer; 49 Zimmer. FFF–FFFF

Camping Les Bois de San-Damiano
Cordon Lagunaire, Route de la Marana (5 km südlich von Bastia)
✆ 04 95 33 68 02, Fax 04 95 30 84 10
April–Okt. geöffnet
Großer, schattiger Platz direkt am Sandstrand.

Zitadelle (La Citadelle)
Befestigungsanlagen der Genuesen; 1378 begonnen, 1530 vollendet.

Musée d'Ethnographie Corse
Place du Donjon (Palais des Gouverneurs)

Juli/Aug. tägl. 9–12 und 14–18, sonst tägl. 9–12 und 14–17.30 Uhr
Die Ausstellung vermittelt einen ersten Eindruck von der Geschichte der Insel (wegen Renovierung voraussichtlich bis zum Jahr 2000 geschlossen).

Ste.-Marie
Rue Notre-Dame (Zitadelle)
Ehemalige Kathedrale des Erzbistums Mariana, 1570 gebaut, im 17. Jh. erweitert. Reiche Ausstattung u. a. silbergetriebene Madonna aus dem 18. Jh.; Prozession am 15. Aug.

Chapelle Ste.-Croix
Auf der Rückseite von Ste.-Marie
Juni/Juli tägl. außer Mo 9–12 und 15–19, sonst 9–12 und 14–17 Uhr
Heitere Barockkapelle, reich und üppig ausgestattet. Wundertätiger Kruzifixus, den Fischer 1428 aus dem Meer bargen; Prozession am 3. Mai.

St.-Jean-Baptiste
Rue St.-Jean
Dunkle Barockkirche (1666) mit wertvollen Gemälden italienischer Schulen; die zwei Türme sind das Wahrzeichen der Stadt.

Chapelle de l'Immaculée Conception
Rue Napoléon
Barockkapelle von 1611 mit genuesischem Wandteppich; Mariengemälde von Murillo oder aus seiner Schule; kleines Museum sakraler Gegenstände (Eingang links hinter dem Altar).

Corniche
Höhenstraße mit zahlreichen Ausblicken auf Bastia und die Ostküste des Cap Corse.

Markt (*marché*)
Place de l'Hôtel-de-Ville
Tägl. außer Mo ca. 7–12 Uhr
Gemüse, Fisch, Wild, Käse und korsische Spezialitäten.

Cyrnarom
9, Rue Mgr.-Rigo (zwischen Markt und Uferpromenade)
Korsisches Parfüm – Duft aus Inselkräutern.

Librairie Jean-Patrice Marzocchi
Rue Conventionnel-Salicetti
Bücher über Korsika und korsische Literatur.

SO.BA.DI.
19, boulevard Paoli
Internationale Presse, Landkarten.

Auf Korsika sind die Restaurants mit einigen Ausnahmen von 12–14 und abends ab 20 Uhr geöffnet.

U Marinaru
Quai du Sud (am Alten Hafen)

ROUTE 1 Informationen

So geschl.
✆ 04 95 31 45 99
Drei preiswerte Fischmenüs stehen zur Auswahl. F-FF

La Table du Marché
Place du Marché
So geschl.
✆ 04 95 31 64 25
Was der Markt bietet, kommt hier frisch auf den Tisch. FF

A Casarella
Zitadelle
✆ 04 95 32 02 32
So geschl.
Jose Rocchi kombiniert rustikale korsische Küche mit eigenen Ideen. FF

Lavezzi
8, Rue St.-Jean
✆ 04 95 31 05 73
So geschl.
Tische auf einem schmalen Balkon mit Blick auf den Alten Hafen und Zitadelle; Fischspezialitäten. FF

Chez Mémé
Quai des Martyrs
✆ 04 95 31 44 12
Fischspezialitäten im Wintergarten mit Blick auf die Promenade. FF-FFF

La Citadelle
6, Rue du Dragon (Zitadelle)
✆ 04 95 31 44 70
Mo geschl.
Exquisites Feinschmecker-Lokal in den Gewölben einer alten Mühle, deren Interieur in die Ausstattung einbezogen ist. FFF

Le Bistrot Du Port
Quai des Martyrs-de-la-Libération (Richtung Markt)
✆ 04 95 32 19 83
Im Febr. und So geschl.
Winziges, exklusives Restaurant mit entsprechenden Preisen und rosa Stilsesselchen. FFF

Hotels außerhalb von Bastia:

Hôtel/Restaurant De La Corniche
San-Martino-di-Lota

(10 km nördlich von Bastia)
✆ 04 95 31 40 98
Jan. geschl.; Restaurant Mai-Sept. geöffnet (So abends und Mo geschl.)
Familiäres kleines Hotel und Restaurant mit grandioser Aussicht und ausgewählten korsischen Spezialitäten. F

Pietracap
20, route de San Martino
Pietranera (Zufahrt von der D 80)
✆ 04 95 31 64 63, Fax 04 95 31 39 00
Sehr schönes, ruhiges Hotel in einem blühenden Park mit Swimmingpool; 20 Zimmer mit bewachsenen Balkons. FFF-FFFF

Thalassa
39, route du Cap
Pietranera
✆ 04 95 31 56 63, Fax 04 95 32 32 79
1. April-Okt. geöffnet
Links der D 80 in Meeresnähe; 32 Zimmer. FFF-FFFF

L'Alivi
Route du Cap
Pietranera
✆ 04 95 31 61 85, Fax 04 95 31 03 95
Direkt über der Felsenküste am Meer, etwas abseits der Durchgangsstraße; 35 Zimmer mit Seeblick. FFFF

Symbol der Karwoche: geflochtene Palmblätter

1

Bastei der Genuesen
Bastia

Schon vom Schiff aus könne er seine Heimatinsel an ihrem Duft erkennen, soll Napoleon einmal geschwärmt haben. So wie er kommen auch wir übers Meer, erwartungsvoll, gespannt auf den ersten Eindruck der »Insel der Schönheit«, deren gebirgige Küstenlinie wir seit einer Stunde schon sehen konnten, oft geheimnisvoll in Dunstschleier gehüllt. Das Schiff legt an im neuen Hafen von Bastia, und auch uns empfängt ein charakteristischer Geruch. Aber nicht

Die Zitadelle der Genuesen wacht über den Hafen von Bastia

etwa nach Myrten und Rosmarin, sondern nach den Auspuffgasen Hunderter von Autos, die von der Fähre rollen und sich mit dem Verkehr in den Straßen der Hafenstadt zu einem Knäuel verwirren, das sich erst auflöst, wenn die Kreisverkehre die stockenden und hupenden Schlangen der Ankömmlinge mitsamt ihrer Fracht von Surfbrettern und Schlauchbooten in ihre jeweilige Zielrichtung geschleust haben. Duft Korsikas? Insel der Schönheit?

Pianu, pianu – nicht so hastig, mahnen die Korsen den ungeduldigen Fremden. Wir sollten den Rat beherzigen und in Ruhe Bekanntschaft mit **Bastia** machen, der Drehscheibe, der Hafenstadt im Arbeitsanzug, dem *bleu de travail*, die sich der Welt »draußen« schon immer mehr geöffnet hat als die Berge hinter ihrem Rücken.

Wenn man mittags ankommt, bleibt am Nachmittag Zeit genug, die Stadt kennenzulernen. Rollt man im Laufe des Nachmittags oder erst am Abend von der Fähre, ist es besser, die Entdeckungsreise erst frisch ausgeruht am nächsten Morgen zu beginnen.

In jedem Fall aber *pianu*, gemächlich und zu Fuß. Einen großen Parkplatz findet man am Place St.-Nicolas: vom Hafen Richtung Bonifacio/Porto-Vecchio, durch den Kreisverkehr am Springbrunnen, dann am zweiten Kreisverkehr gleich rechts. Vom Parkplatz führt eine Steintreppe hinauf zum **Place St.-Nicolas** – und mitten hinein ins Bastienser Leben.

Unter Palmen versuchen Großmütter ihre Enkel zu bändigen, die zu fein herausgeputzt sind, um sich in den Staub zu hocken. Steinchen spritzen unter den eisernen

Kugeln der Boulespieler. Schon am Vormittag und dann nach dem Mittagessen und der Siesta bis zum Abend – die Rentner mit den unvermeidlichen Kappen auf dem weißen Haar haben Zeit, viel Zeit. Sorgfältig werden die schweren Kugeln mit dem Tuch gewienert, ehe sie gezielt durch die Luft fliegen, um möglichst nahe an die kleine Kugel aus Holz heranzurollen oder um die gegnerische Kugel mit einem metallischen »klack« fortzusprengen.

Die korsische Mutter und ihr Sohn hoch oben auf dem Kriegerdenkmal sehen darüber hinweg, erinnern daran, daß es am Hafen von Bastia nicht immer nur um Boulekugeln ging. Napoleon zum Beispiel, in der Römertoga am Südende des Platzes verewigt, schickte eine ganze Generation seiner Landsleute übers Meer in seine Kriege um die Vorherrschaft in Europa.

Nicht häufig dringt das Sonnenlicht in die schmalen Gassen der Altstadt von Bastia

Mussolini ließ seine Truppen auf dem Place St.-Nicolas aufmarschieren, als er Korsika nach einem Pakt mit Hitler Italien einverleiben wollte. 10 000 deutsche Soldaten schifften sich auf dem Rückzug von Sardinien hier ein, von korsischen Widerstandskämpfern bedrängt. Schließlich beglückwünschte de Gaulle hier in den Trümmern des zu 80 Prozent ausgebombten Bastia Korsika als erstes befreites Département Frankreichs und sorgte – als Held der Stunde – für eine engere Bindung der Insel an die *Grande Nation* – die Korsen, mit einer ausgeprägten Schwäche für große Männer und Helden, jubelten ihm zu. Heute erinnern sich vor allem Nationalisten in der Bevölkerung nicht mehr so gern daran und sprühen lieber die Buchstaben IFF an die Hauswände – *I Francesi Fora* – Franzosen raus.

Der Boulevard an der Westseite des Platzes trägt trotzdem den Namen des Generals. Dort trifft sich Bastia in den Korbstühlen der Cafés unter den Platanen. Hier läßt sich vorzüglich ein zweites Frühstück einnehmen und den anderen beim Flanieren zuschauen, ehe man sich selbst wieder dazugesellt.

Kaum zu glauben, daß hier im vorigen Jahrhundert am roten Pfahl noch der Henker sein Werk verrichtete: Der Place St.-Nicolas war der Richtplatz, auf dem zahlreiche gefangene Banditen ihr Leben ließen. Unter der Kapuze des Henkers steckte nie ein Korse, immer ein Ausländer. Nicht etwa, weil die Korsen sich zierten, das Leben eines Landsmannes auszulöschen, sondern weil sie die Blutrache der Familie des Gerichteten fürchteten.

Vom Flanieren auf der *piazza* ließen sich die Bastienser und ihre Damen schon damals keineswegs abhalten, sobald die Überreste des grausigen Aktes beseitigt waren. Ferdinand Gregorovius, ein deutscher Reiseschriftsteller der Romantik, stellte 1852 angesichts des abendlichen Korsos nach der Hinrichtung eines Mörders fast schockiert fest: »Es gibt in Korsika Nerven von Granit und gar keine Riechfläschchen.«

Dafür locken ganz in der Nähe des Platzes andere Düfte, dort, von wo die Mamas mit ihren schweren Einkaufskörben kommen, um zielstrebig in den Gassen zwischen den gelben Stadthäusern zu verschwinden. Während der Woche wird jeden Morgen am **Place de**

Frisch vom Feld kommen Gemüse und duftende Kräuter auf den Markt auf der Place de l'Hôtel-de-Ville

In aller Frühe werden auf dem Markt Gemüse, Obst und Spezialitäten wie »brocciu«, »prisuttu« und die vielfarbigen Zutaten für die korsische Fischsuppe »aziminu« angeboten.

David gegen Goliath: Fischerboote versperrten den Schiffen der französischen Fährgesellschaft SNCM mehr als einmal die Ausfahrt des Neuen Hafens, um gegen Benachteiligungen Korsikas zu kämpfen.

l'**Hôtel-de-Ville** Markt gehalten. Was hier auf Tischen und an den Ständen liegt, baumelt, sich stapelt, duftet, ist der Stoff, aus dem die kulinarischen Inselträume sind.

Der **Alte Hafen**, der Vieux Port, ist ganz in der Nähe. Man muß nur durch eine der kleinen dunklen Gassen mit der ewig tropfenden Wäsche Richtung Meer gehen, dann rechts auf die Promenade am Quai des Martyrs-de-la-Libération, und schon steht man vor den Fischerbooten, die im Morgengrauen all die Seeteufel und Taschenkrebse an Land gebracht haben.

Der kleine Alte Hafen, den die Fischer nur noch mit den Yachten teilen, seit zu Anfang dieses Jahrhunderts das neue Hafenbecken für die großen Schiffe gebaut wurde, und auch nur noch, bis der Yachthafen fertig ist, ist der alte Kern der Stadt, die *terra vecchia*. Frühere Siedlungen lagen weiter landeinwärts an den Hängen der Serra di Pigno, wo als Wahrzeichen unserer Zeit ein Fernsehturm die 3 500 Jahre alten Wohnungen aus der Steinzeit ersetzte.

Ein Spaziergang um den Hafen herum bis zur Spitze der gegenüberliegenden Mole, der **Jetée du Dragon**, mit ihrem Leuchtturm ist eine gute Gelegenheit, einen Blick auf die Altstadt Bastias und auf ihre Geschichte zu werfen.

Sie begann mit ein paar Hütten der Fischer des Dorfes Cardo, in denen sie ihre Netze aufbewahrten. Die Fischer, im Lauf der Jahrhunderte hin und wieder von Griechen, Etruskern und Römern gestört, die sich des natürlichen Hafens bedienten, und ständig gefaßt auf Überfälle von Seeräubern, ließen sich durch all das von ihrem angestammten Platz nicht vertreiben.

Danach geht es vom Quai du Sud über die Doppeltreppe durch den schattigen Garten **Jardin Public Romieu** mit seinen alten Bäumen und Malerwinkeln hinauf zur **Zitadelle**. Wer ein Picknick einem Essen im Restaurant vorzieht, findet hier Bänke. Aber nun weiter auf dem Weg in die Vergangenheit!

Die Römer lernten auf sehr drastische Weise, weshalb die Korsen den Strand lange Zeit als Wohnort mieden: Die Vandalen zerstörten ihre neugegründete Siedlung Mantinum. Die Pisaner machten den nächsten Versuch unterhalb der Zitadelle. Sie wurden verdrängt

von den Genuesen, die auf dem Felsen über dem kleinen Hafen die Bastei bauten, die der Stadt bis heute ihren Namen gibt.

Auf dem beherrschenden Fels und hinter den dicken Mauern fühlte sich der damalige genuesische Gouverneur nämlich sicherer als an seinem ursprünglichen Sitz in Biguglia an der Ostküstenebene, nachdem ihm dort seine Residenz mehrfach niedergebrannt worden war. Was er 1378 bauen ließ, und was seine Nachfolger 1530 vollendeten, erhebt sich wuchtig und trotzig über der Stadt, mit Ausblicken von den Wehrgängen auf die Altstadt mit ihren Kirchtürmen, auf die bunten Boote im Alten Hafen und den Reigen der Fähren im Bassin St.-Nicolas.

Der Weg endet am französischen **Palais des Gouverneurs** - lange Zeit Symbol für die Unterdrückung der Korsen durch Genua. Man betritt ihn durch das Tor, durch das die »allerhöchste Majestät« im Triumphzug in die Niederungen der *terra vecchia* zog, um sich feiern zu lassen, wenn sie den vorherigen Machthaber ablöste und dieser sich erleichtert von der widerspenstigen Insel ins sichere Genua zurückziehen konnte. Nicht ohne reichlich vorgesorgt zu haben - mehr als einmal versuchten hungernde korsische Bauern unter der Last der Abgaben die Festung zu stürmen. Heute besinnt sich die Stadt mit einem jährlichen Spektakel des Triumphzugs der einst verhaßten Herren - lange genug liegt wohl die Vergangenheit zurück.

Nicht ganz so lange vergangen, ist die Zeit, die im **Musée d'Ethnographie Corse** im Gouverneurspalast mit vielen Geräten und Fotos aus dem ländlichen Leben dokumentiert wird: Hirten und Handwerker lebten und arbeiteten noch zu Anfang dieses Jahrhunderts so, wie es in den Schaukästen zu sehen ist.

Noch näher ist die Erinnerung, die ein besonderes Ausstellungsstück im Garten des Palastes weckt: Da steht schwarz und drohend der Kommandoturm des U-Boots »Casabianca«, das in der Bucht von Chiuni im Zweiten Weltkrieg die ersten Waffen für die korsischen Widerstandskämpfer brachte.

Die Mauern der Zitadelle schützen nicht nur den Gouverneurspalast, sie beherbergen einen ganzen Stadtteil, der seine Gründung, wie könnte es anders

sein, den Genuesen verdankt. Während die Korsen unten am Hafen siedelten, umgaben sich hier die Herren der Festung mit ausgewählten Familien aus ihrer Heimat, die sie mit zahlreichen Privilegien zum Bleiben bewegten. Hier oben, über den Köpfen des »gemeinen« Volkes, wohnte in der *terra nova*, der Neustadt, die bessere Gesellschaft. Inzwischen ist die einstige Neustadt in die Jahre gekommen. Statt der Privilegierten geben sich nordafrikanische Arbeiter und ihre Familien mit den alten Häusern ohne Bad zufrieden, und die Reichen Bastias sind längst fortgezogen in die Villen der nördlichen Vororte am Cap Corse.

Zur Zeit wird das alte Stadtviertel gründlich renoviert, und manchmal wird dabei des Guten etwas zuviel getan, wenn der Gouverneurspalast im frischen orangefarbenen Putz erstrahlt, und die Kirche **Sainte Marie** in der Rue Notre-Dame im lichten Gelb leuchtet wie gerade erst erbaut. Dabei wurde sie 1570 errichtet als Kathedrale des Erzbistums Mariana. Die dreischif-

Am Abend locken Fischrestaurants am Alten Hafen

fige Kirche ist im barocken Stil reich mit Gold und Marmor ausgestattet. Hinter Glas schimmert auf der rechten Seite die »Himmelfahrt der heiligen Jungfrau« aus getriebenem Silber. Sie ist ein Werk des Künstlers Gaetano Macchi aus Siena, entstand aber wohl in einer Schmiedewerkstatt in der Rue des Terrasses in der *terra vecchia*. Die »Verkündigung« über dem Altar stammt aus der romanisch-pisanischen Kathedrale La Canonica von Mariana (s. S. 203), andere Gemälde aus der Sammlung des Kardinal Fesch. Berühmt ist die Orgel der Brüder Serassi aus Bergamo.

Ungewöhnlich und wohl bedingt durch den Raummangel auf dem gedrängt mit Häusern und Befestigungsanlagen bebauten Felsen ist der Eingang zur **Chapelle Sainte-Croix** auf der Rückseite der ehemaligen Kathedrale. Ein gewöhnlicher Hauseingang führt in einen Innenhof. Um so überraschender ist die verschwenderische Pracht des Inneren der Kapelle im barocken Goldschmuck zu Ehren des Holzkreuzes in einer Seitenkapelle.

Es heißt, daß Fischer den wundertätigen Jesus, *Christ des miracles*, 1428 umgeben von seltsamem Lichtschein auf dem Meer treibend gefunden haben. Sie stellten den Kruzifixus zunächst in einer Grotte über dem Hafen auf, bis er der Bebauung weichen mußte und seinen Platz in der Kapelle bekam. Noch immer befehlen sie sich in einer Prozession am 3. Mai seinem besonderen Schutz an.

Mit den beiden Doppeltürmen von **Saint-Jean-Baptiste** (1666) ist den Bastiensern aus dieser Zeit das Wahrzeichen der Stadt geblieben. Der Barockkirche können wir auf dem Weg von der Zitadelle in das heutige Zentrum einen Besuch abstatten, vor allem wegen ihrer polychromen Marmorarbeiten und den Gemäl-

Wenn die Genuesen auch nicht viel für die Korsen taten, so sorgten sie doch dafür, daß diese wenigstens Kirchen bekamen. Schließlich gehörte Korsika ja zeitweise der Bank des Heiligen Georg, die schließlich ihr Geschäft mit der Insel machte, indem sie sie mitsamt Korsen und Kirchen an Frankreich verkaufte.

den aus italienischen Schulen. Man findet sie, indem man zum Alten Hafen absteigt und dann die Rue des Terrasses und die Rue St.-Jean einschlägt. Über die Rue des Terrasses gelangt man auch zur **Chapelle de l'Immaculée Conception**, die mit ihrem sehenswerten genuesischen Wandteppich und einem Murillo zugeschriebenen Altargemälde noch von der Zeit träumt, als die Herren der *terra nova* zur Prozession am 8. Dezember hinabstiegen.

Wenden wir uns nach so viel Kultur und Kirchen den weltlichen Schätzen Korsikas zu. Über den Boulevard Paoli und die Avenue F.-Pietti erreicht man das heutige Zentrum der Hauptstadt des Départements von Nordkorsika und den Place St.-Nicolas.

Vor dem Abend ist noch Zeit genug für eine kleine Fahrt in die Umgebung. Über die Avenue F.-Pietti und den Boulevard Paoli gelangt man am Palais de Justice in einer Haarnadelrechtskurve auf die D 81 Richtung St.-Florent. An dieser Straße soll Graf Bernadotte, damals noch einfacher Soldat ohne Aussicht, einmal König von Schweden zu werden, mit Spitzhacke und Schaufel gebaut haben. In Cardo, das wir über die D 64 berühren, verdrehte er – mit durchaus ernsthaften Absichten, heißt es, einem Mädchen den Kopf. Aber die Eltern wollten von dem mittellosen Ausländer nichts wissen und brachten so ihre Tochter um Thron und Krone.

Die Aussichten für uns auf dieser Höhenstraße, **Corniche**, der wir nun immer folgen, sind dafür um so berauschender. Bastia mit seinem Hafen und den Fähren so winzig wie Modelldampfer bleibt in der Tiefe zurück. Dafür eröffnet sich die Küste des Cap Corse den Blicken, blaue Buchten im Grün der Macchia an den Hängen. Auch hier geht es nicht ganz ohne Kirche: Über die Straßen und Wege durch Kastanienhaine und Farn ziehen am Karfreitag Prozessionen mit kunstvoll geflochtenen Wahrzeichen aus Palmgeflecht.

Hier oben ist auch ein Logenplatz mit Fernsicht für das Abendessen, wenn man eines der Hotels nördlich der Stadt den eher unruhigen in den Straßen Bastias vorzieht. Ansonsten fährt man hinunter nach Miomo, erreicht dort die Küstenstraße und ist in zehn Minuten wieder mitten in der Stadt.

ROUTE 2 — Bastia – Rogliano – Centuri-Port – St.-Florent (143 km)

Vormittag Von **Bastia** auf der D 80 nach **Lavasina** (Besichtigung der Wallfahrtskirche **Notre-Dame-des-Grâces**), weiter nach **Erbalunga**. Über die **Marine de Sisco** entlang zur Ostküste des Cap Corse, vorbei am **Tour de Losse** zum Yachthafen **Macinaggio**. 2 km auf der D 80 landeinwärts, dann links auf der D 53 nach **Rogliano**. Den Schildern nach **Ersa** folgen, nach 7 km ist die D 80 wieder erreicht. Von Ersa auf der D 253 zum Fischerdorf Barcaggio, über Tollare (D 153) zurück zur D 80. Spaziergang zum **Moulin Mattei**, weiter nach **Centuri**, von hier auf der D 35 zum lebhaften Fischerhafen **Centuri-Port**.

Nachmittag Zurück zur D 80, weiter Richtung Pino; unmittelbar vor dem Dorf links auf der D 180 Richtung Luri, nach 5 km an der Kapelle Ste.-Lucie rechts, nach 1 km endet die Straße: über einen Pfad Aufstieg zum **Senecaturm**. Zurück nach Pino, auf der D 80 über die Asbestbrüche von **Canari** nach **Nonza**. Hier Besichtigung der Kirche **Ste.-Julie**, Spaziergang auf dem Pfad am Ortseingang rechts zu den Quellen der Heiligen, Aufstieg vom Dorfplatz zum **Turm**, Blick auf den schwarzen Strand. Weiter auf der D 80 bis zur Einmündung in die D 81, auf dieser nach **St.-Florent**.

ROUTE 2: Bastia – Rogliano – Centuri-Port – St.-Florent (143 km)

> **Abstecher:** Vom Senecaturm 6 km nach **Luri** (Weinfest im Juli, Weinmuseum geplant); Pfarrkirche aus dem 17. Jh. Im Innern ein Altartafelbild aus dem 15./16. Jh. mit Szenen aus dem Leben des heiligen Petrus, im Bildhintergrund sind Schlösser und Burgen der Adeligen von Cap Corse abgebildet (Schlüssel beim Bürgermeister).

ROUTE 2 Informationen

Notre-Dame-des-Grâces
Lavasina
Wallfahrtskirche aus dem 17. Jh. mit einem Altargemälde der Madonna von Lavasina, das der Werkstatt des Italieners Perugino zugeschrieben wird. Wallfahrt am 8. Sept.

Moulin Mattei
Auf dem Col de Serra
Herrlicher Aussichtspunkt um eine alte Mühle.

Clos Nicrosi
Rogliano (im Oberdorf)
✆ 04 95 35 42 02
Hier erhält man den ausgezeichneten trockenen Weißwein vom Cap Corse.

U Pescadore
Barcaggio
✆ 04 95 35 64 90
1. Juli–15. Sept. geöffnet
Fangfrische Fischspezialitäten. FF

20238 Centuri-Port:

Le Pêcheur
✆ 04 95 35 60 14
Ostern–1. Okt. geöffnet
Direkt am Wasser mit Blick auf die heimkehrenden Fischerboote. F–FF

Le Langoustier
✆ 04 95 35 64 98
Ostern–1. Okt. geöffnet
Hübsche Terrasse direkt auf der Hafenmole. FF

Le Vieux-Moulin
✆ 04 95 35 60 15
15. März–31. Okt. geöffnet
Stilvoll mit Kamin, Gewehren und Bildern; Terrasse unter Salzbäumen. FF–FFF

Tour de Sénèque (Senecaturm)
An der D 180, ca. 6 km östlich von Pino
Wachtturm und Ruinen einer Burg, in der Seneca angeblich die Jahre seiner Verbannung zubrachte. Lohnende Aussicht auf beide Küsten des Cap Corse. Für den Aufstieg ist festes Schuhwerk erforderlich.

20217 St.-Florent:

Office de Tourisme/Syndicat d'Initiative
Im Rathaus (Hôtel de Ville), neben der Post
✆ 04 95 37 06 04, Fax 04 95 37 03 70
Juni/Sept. 9–12 und 14.30–17.30; Juli/Aug. 8.30–12.30 und 15–19 Uhr
Hier gibt es gegen Hinterlegung des Personalausweises auch den Schlüssel für die Kirche Santa Maria Assunta, die ehemalige Kathedrale von Nebbio.

P Am Rondell weiter zum Port de Plaisance (Yachthafen).

Madame Mère
Am Beginn des Ortskerns links
✆ 04 95 30 14 19, Fax 04 95 37 09 45
Auf einer Anhöhe über dem Ortskern, nahe dem Zentrum. Gepflegt, mit Swimmingpool. FF

Hôtel Tettola
Vor dem Ortseingang rechts der D 81 an der Küste
✆ 04 95 37 08 53, Fax 04 95 37 09 19
15. März–1. Nov. geöffnet
Nettes kleines Hotel. FF

ROUTE 2 Informationen

Dolce Notte
Am Ortseingang an der D 81
✆ 04 95 37 06 65, Fax 04 95 37 10 70
Ostern–1. Okt. geöffnet
Zimmer mit Balkon direkt über dem Meer. FF

Hôtel du Golfe
Route de Calvi (auf einer Anhöhe im Hinterland links von der D 82)
✆ 04 95 37 10 10, Fax 04 95 37 13 13
1. April–31. Okt. geöffnet
Komfortables Hotel mit Blick auf den ca. 2 km entfernten Golf. FFF

Hôtel Bellevue
Am Eingang des Ortskerns auf der rechten Seite
✆ 04 95 37 00 06, Fax 04 95 37 14 83
1. April–30. Sept. geöffnet
In kleinem Park mit Swimmingpool; 27 Zimmer. FFF

Camping d'Olzo
An der D 81 vor St.-Florent
✆ 04 95 37 03 34, Fax 04 95 37 09 55
1. April–30. Sept. geöffnet
Ruhiger, schattiger Platz mit 200 Stellplätzen.

Kallisté
Am Strand
✆ 04 95 37 03 08, Fax 04 95 37 19 77
15. Mai–30. Okt. geöffnet
400 Stellplätze. Schattiger Platz, recht ordentlich.

U Pezzo
Am Strand
✆ 04 95 37 01 65, Fax 04 95 39 04 15
15. Mai–15. Okt. geöffnet
145 Stellplätze. Kleiner Platz direkt in Strandnähe, einfache sanitäre Einrichtungen.

Corse Corail
Rue de Fornello
Halsketten, Anhänger, Andenken aus Korallen.

Presse Central
Am Rondell
Internationale Presse; hier bekommt man auch deutsche Tageszeitungen und Zeitschriften.

Bar de l'Europe
Am Yachthafen
Unter Platanen hat man von den Boulespielern bis zur flanierenden Schickeria alles im Blick.

Le Tchin Tchin Malin
An der Hafenmole
✆ 04 95 37 05 25
Preiswerte Fischgerichte. F–FF

L'Ombrée
An der Capitainerie du Port
Preiswerte, leichte Fischgerichte. F–FF

La Gaffe
Am Yachthafen
✆ 04 95 37 00 12
1. März–31. Okt. geöffnet
Fischgerichte mit Blick auf das Kommen und Gehen am Yachthafen. FF

La Rascasse
An der Promenade
✆ 04 95 37 06 99
1. April–31. Okt. geöffnet
St.-Florents feinste Adresse. FFF

Feste/Veranstaltungen:

Erbalunga: in der Karwoche traditionelle **Prozessionen** *granitula* und *cerca*.
St.-Florent: im Sommer **Konzerte** in der Zitadelle und in der Kathedrale des Nebbio. Information im Office de Tourisme.

Prozession von San-Martino-di-Lota

2 Verbannungsort für einen alten Römer

Cap Corse

Wie ein ausgestreckter Zeigefinger weist das **Cap Corse** (Capicorsu) zum italienischen und französischen Festland, das die Insulaner schlicht den »Kontinent« nennen. Eine Stunde lang fährt die Fähre an seiner Ostküste entlang, ehe sie den Hafen Bastia erreicht. Wieviel länger mögen im 6. Jahrhundert v. Chr. die Phokäer – ohne Motorkraft – an den Felsen und Buchten entlanggesegelt sein, als sie auf ihrer Flucht aus Kleinasien vor dem Mederkönig Harpagos nach langer Irrfahrt schließlich Korsika erreichten? Jedenfalls gaben sie ihrer neuen Heimat den Namen *Cyrnos*, und der wiederum geht wahrscheinlich zurück auf das alte phönizische Wort *kyrn*, das Horn, das vorspringende Cap.

40 Kilometer lang und nur 15 Kilometer breit ist das Cap – ein Miniaturspiegel korsischer Landschaften: ein über 1 000 Meter hoher Gebirgszug in der Mitte, eine sanfte, fruchtbare Ostküste und eine zerklüftete, wilde Westküste.

Von Reichtum zeugen heute die Villen rechts und links der D 80 nördlich von Bastia, kühn in die Klippen über dem Meer gebaut oder inmitten blühender Gärten versteckt. Hier residieren Bastienser, die sich den exklusiven Wohnort vor ihrer Haustür leisten können.

Die Kirche **Notre-Dame-des-Grâces** in **Lavasina** birgt ein Altargemälde der

Der genuesische Wachtturm am Strand von Miomo ist ein markantes Wahrzeichen des kleinen Ortes

Madonna von Lavasina, das der Schule des Italieners Perugino (16. Jahrhundert) zugeschrieben wird. Nicht nur Fischer glauben daran, daß es Wunder bewirkt, besonders wenn vom Meer Gefahren drohen, dessen Wellen nur zehn Meter entfernt gegen die Kaimauer branden. Sie sind im dämmerigen Inneren der Kirche deutlich zu hören. Votivtafeln, Fotos und kleine Geschenke in einer Nische links vom Eingang zeugen vom Dank der Geretteten. Alljährlich am 8. September findet eine Wallfahrt statt.

Ein Fischerdorf ist auch **Erbalunga** mit seinen verwinkelten Gassen, dem kleinen Hafen und dem verfallenen Wachtturm der Genuesen geblieben. Das »lange Gras«, die fruchtbaren Weiden also, die dem Ort seinen Namen gaben, sind Gärten mit Palmen und blühenden Büschen gewichen. Hier sollte man sich die Füße vertreten und sich zum Beispiel in der Rôtisserie an der Hauptstraße mit Proviant versorgen, wenn man am Mittag ein Picknick einem Restaurantbesuch vorzieht.

In Miomo wohnt Michel Carrega – er ist Weltmeister im Schießen und steht zu seinem Sport: »Ein vernünftiger Mann mit einem Gewehr ist besser als ein Verrückter mit einem Hammer.«

In Erbalunga wird in der Karwoche noch die *granitula* abgeschritten. Während der traditionellen Prozession, die ihren Namen von einer kleinen Meeresschnecke herleitet und noch aus vorchristlicher Zeit stammt, bilden die Teilnehmer eine Figur, die sich dreimal entrollt und wieder zusammenzieht – Symbol für die alljährliche Erneuerung des Lebens im Frühling. Der Pfarrer ist bei dem Ritus anwesend, nimmt aber selbst nicht teil. Ähnlich wie die *granitula* verläuft eine andere vorösterliche Prozession, die *cerca*.

Hinter Erbalunga liegt auf einem Felsen ein Leuchtfeuer, das den Schiffen den sicheren Weg zum Hafen nach Bastia weist. Vorbei an Buchten mit klarem Wasser und durch Macchia geht es zur **Marine de Sisco**, einem kleinen Kieselstrand mit ein paar Fischerbooten. Nur im Sommer einige Sonnenschirme – sonst wirkt der Ort ausgestorben und wie mit Brettern vernagelt.

Wie überall auf dem Cap liegen die eigentlichen Dörfer versteckt in den Seitentälern, die von der Küstenstraße abzweigen und sich die Berge hinaufziehen. Am Strand war das Leben jahrhundertelang zu unsicher, denn da drohten ständig Überfälle von

den Schiffen der Seeräuber und Eroberer aus dem ganzen Mittelmeerraum. So liegen auch die Weiler der Gemeinde Sisco alle entfernt von der Küste - die Marine war nichts anderes als der Ankerplatz für Boote. **Sisco** war im Mittelalter eine Hochburg der Werkzeug- und Waffenschmiede und eines der wohlhabendsten Täler des Caps mit zahlreichen Öl- und Getreidemühlen und regen Handelsbeziehungen mit dem italienischen Festland.

Seefahrer brachten im 13. Jahrhundert zahlreiche Reliquien für die Pfarrkirche **Saint-Martin** mit. Für die Kopfreliquie des heiligen Johannes Chrysostomus wurde wahrscheinlich in einer der einheimischen Werkstätten eine besonders schöne Maske aus vergoldetem Kupfer getrieben. Noch heute wird sie in der Kirche aufbewahrt. Allerdings ist diese außer an Sonntagen verschlossen, ebenso wie die noch höher gelegene Kapelle **Saint-Michel** aus dem 11. Jahrhundert. Zu besonderen Anlässen gibt es Führungen zu den Kirchen, die einzige Chance, sie zu besichtigen.

Zurück - oder weiter - auf der D 80 geht es durch die Marine de Pietracorbara mit einem kleinen Sandstrand. Bald erhebt sich links einsam der guterhaltene **Genueserturm von Losse**.

Die Türme gehören zu den Wahrzeichen des Caps. Auf Höhenrücken, Landzungen, Bergen und über Anlegeplätzen ließen die Herren aus Genua sie während der rund 500 Jahre errichten, in denen ihnen Korsika gehörte; 150 Türme insgesamt, allein 91 davon auf dem Cap. Sie dienten als Frühwarnsystem, mit dessen Hilfe ein Alarm innerhalb weniger Stunden rund um die Insel geschickt wurde. Sichteten die Wächter ein fremdes Schiff oder eine Seeräuberflotte, gab die Turmbesatzung Feuerzeichen von der Plattform aus und stieß ins Muschelhorn. Dann durften auch schon mal korsische Fischer im fensterlosen Untergeschoß des Turms Zuflucht suchen, falls die Zeit nicht mehr reichte, das hochgelegene Heimatdorf zu erreichen.

Über die Marine de Porticciolo mit einem der wenigen flachen Sandstrände des Caps erreichen wir nach der Marine de Meria den Yachthafen von **Macinaggio** (Maccinaghju).

Die Korsen bekamen oft zu spüren, daß die Türme nicht unbedingt zu ihrem Schutz gebaut waren, sondern auch, um Aufstände gegen die genuesische Gewaltherrschaft niederzuschlagen. Vielleicht sind heute deshalb viele nur noch Ruinen, weil sie Symbole 500jähriger Unterdrückung sind?

Für Handel und Krieg war Macinaggio bis zum Bau des neuen Hafens von Bastia wichtiger als die Genuesenfestung, weil auch größere Schiffe geschützt anlegen konnten.

Pasquale Paoli ließ 1767 von hier aus seine Flotte auslaufen, um die Insel Capraia von den Genuesen zurückzuerobern. 1790 landete er hier, als er aus dem Exil in England nach Korsika zurückkehren durfte. Napoleon, 1793 noch ein ehrgeiziger, aber weitgehend unbekannter junger Mann, kam drei Jahre später hier an, um nach seiner militärischen Ausbildung auf dem »Kontinent« auf seiner Heimatinsel Fuß zu fassen.

Trotzdem heißt die D 53, die nach Rogliano führt, nicht »Weg des Kaisers«, sondern »Weg der Kaiserin« (Chemin de l'Impératrice): Kaiserin Eugènie war nämlich schon in Amt und Würden, als sie nach der Einweihung des Suezkanals 1869 auf Korsika einen Zwischenstopp machte.

Lange vorher schätzten schon die Römer die Gegend. Bei Ausschachtungsarbeiten für ein Feriendorf am weglosen Monte Bughju stieß man auf Ruinen einer Römerstadt.

Rund um Macinaggio und Rogliano, das ehemalige römische *Pavus Aurelianus*, wachsen die edlen Malvasier- und Muskatellerreben. Clos Nicrosi, ein trockener, dabei sanfter Weißwein, ist auch heute wieder ein ausgezeichneter Begleiter für Fischgerichte vom Cap, nachdem der Weinbau lange mit Schwierigkeiten zu kämpfen hatte: Traditionelle Märkte in Italien gingen verloren, später vernichtete die Reblaus die Weinstöcke und viele Weinbauern auf dem Cap wanderten aus, um nicht zu verarmen.

Rogliano (Ruglianu) ist nicht nur berühmt für seinen Wein, es steht im Ruf, das schönste Dorf des Caps zu sein. Auf jeden Fall ist es das imposanteste. Hoch oben thront es mit seinen drei Burganlagen und Türmen über der Küste und dem Meer, wie es den mächtigen Feudalherren Da Mare angemessen war. Von hier aus beherrschten sie seit dem 12. Jahrhundert das nördliche Cap, sogar die beiden Kirchen erinnern an wuchtige Festungen. Die Gräber der noblen Familien sind Denkmäler, sie gleichen Kapellen und Tem-

Ganze Schiffsladungen mit Amphoren voller Wein schickten die Römer von hier aus übers Meer nach Hause, neben Honig ein beliebtes Souvenir aus Korsika.

ROUTE 2

peln. Die Häuser der Toten sollen noch von der Macht und dem Reichtum künden, über die sie zu Lebzeiten verfügten.

Um nach Rogliano zu gelangen, biegt man von der D 80 zwei Kilometer hinter Macinaggio links auf die D 53 ab, folgt danach den Hinweisen nach Ersa. Den schönsten Ausblick auf den Sitz der einstigen Adelsgeschlechter hat man gleich hinter den höchstgelegenen Häusern: Da liegen wie einst den Burgherren Hügel und Küste zu Füßen. Nach sieben Kilometern ist die D 80 wieder erreicht. Rechts und links in den Steinbrüchen von **Ersa** wird der grüne Stein, *stella verde*, gebrochen.

Es ist Mittag – Zeit für ein Picknick am Strand oder für Spezialitäten vom Cap. Was könnte das anderes sein als Fisch? Also wieder zum Meer!

ROUTE 2

Die D 253 führt von Ersa nach Barcaggio und Tollare, zwei stillen Fischerdörfern, in denen die Zeit nach Ausfahrt und Rückkehr gemessen wird. Der nördlichste Zipfel Korsikas, die Insel La Giraglia mit ihrem Leuchtturm, liegt zum Greifen nah. Hier müssen die Segelschiffe wenden, wenn sie das Cap umrunden wollen. Wer es mit dem Essen noch nicht eilig hat und mehr Trubel sucht, sollte noch ein paar Kilometer weiterfahren nach Centuri-Port. Dazu kehrt man über Tollare auf die D 80 zurück. Kurz hinter der Einmündung ist die Paßhöhe des **Col de Serra** erreicht. Links stehen zwei Genuesentürme, von denen einer als Stall dient, rechts auf dem Berg der **Moulin Mattei**. Sie ist die letzte der einst zahlreichen Windmühlen auf dem Cap, in denen das Getreide gemahlen wurde, das die Kaufleute auf dem Festland gegen heimische Produk-

Eine der letzten Windmühlen auf dem Cap Corse: der Moulin Mattei

te einhandelten. Überlebt hat sie wohl, weil sie viele Jahre der Spirituosenfirma als Wahrzeichen diente. Auch wenn heute die Schrift verblichen ist und der Wind die Dachziegel fliegen läßt anstatt die Flügel zu drehen, lohnt sich doch ein Spaziergang. Nach zehn Minuten wartet eine grandiose Aussicht auf Ost- und Westküste des Caps.

Tief unten liegt schon **Centuri-Port**, das nächste Ziel, zu erreichen über die D 35. Hier drängen sich farbenfroh getünchte Häuser um den kleinen Hafen, Muränenkörbe stapeln sich, Fischer fahren aus, Urlauber bevölkern die Restaurants. Im Sommer herrscht quirliges Leben in der ganz unkorsisch bunten Marine, die sich dem Tourismus geöffnet hat, ohne bisher dabei ihr Gesicht zu verlieren. Malerisch und einen Abstecher auch ohne Mittagessen wert ist Centuri-Port zu allen Jahreszeiten.

Beschauliche Ruhe im Fischerhafen Centuri-Port

Wir sind jetzt an der Westküste des Caps. Die Dörfer sind geprägt von Wohntürmen. In **Centuri**, dem Hauptdorf, das hoch über dem kleinen Hafen an der D 80 liegt, sind sogar Garagen mit Betonzinnen verziert, und eine brandneue Villa mit Türmen und Ringmauer zeugt vom ausgeprägten Hang zum Burgenbauen der neuen *signori* vom Cap, der offenbar die Jahrhunderte überdauert hat.

Das Meer ist jetzt ständiger Begleiter, der allerdings Distanz hält: Bis zu 400 Meter höher ist die Straße in den Fels gehauen. Kurven geben den Blick in schwindelnde Abgründe frei, uralte Eukalyptusriesen und verwilderte Ölbäume spenden Schatten. Die Küste ist stärker gegliedert als auf der Ostseite, Steilküsten stürzen fast senkrecht ins Meer, die Buchten sind ungeschützt dem Westwind preisgegeben, eine schöner und unnahbarer als die andere.

Hinter Morsiglia und seinen viereckigen Wohntürmen stoßen wir auf die Spuren eines berühmten römischen Philosophen: Der Sage nach soll Seneca die acht Jahre seiner Verbannung nach Korsika (41–49 n. Chr.) in dem Turm auf einem kahlen Felssporn hoch über Pino verbracht haben.

Um den Turm des Seneca, die **Tour de Sénèque**, zu finden, folgen wir kurz vor Pino links der D 180 in Richtung Luri. Nach einem Kilometer macht die Straße eine scharfe Linkskurve. Fünf Kilometer weit geht es bis zur Kapelle Sainte-Lucie, dann rechts auf einer schmalen Straße durch Kiefernwald und Macchia bis zum Straßenende auf einem Parkplatz hinter verlassenen Gebäuden.

Schier uneinnehmbar ragt die Tour de Sénèque auf ihrem Felsen auf. Über einen Pfad erreicht man nach etwa einer halben Stunde und teilweise mühsamer Kletterei die verfallenen Mauern des Kastells. Hier also, an diesem traumhaften Ort, soll Seneca sein Traktat über den Trost verfaßt haben, als sein Blick über die Buchten im Westen, über die sonnenverbrannten Berge und schließlich bis zum Saum der Ostküste wanderte? Nichts als Einsamkeit und Natur, soweit das Auge reicht.

Die Korsen haben dem Seneca »birbone«, dem »großen Schuft«, auf ihre Art ein Denkmal gesetzt, kein literarisches oder steinernes, sondern eine Brennnesselart, die »Urtica seneca« heißt.

Vorstellbar ist es schon. Fest steht, daß sich der verbannte Römer fern von Intrigen und Kultur im barbarischen Korsika zutiefst verloren gefühlt hat. Bis heute haben ihm die Korsen nicht verziehen, was er über ihre Heimat zu Papier brachte:

Korsika das barbarische sperren die jähesten Felsen, Starrend ist's überall, öde sein wüstes Geländ'.

Offensichtlich hat ihm sein Aufenthalt auf der »Insel der Schönheit« nicht gefallen, auch wenn keineswegs feststeht, daß er dabei die Gegend von Luri vor Augen hatte. Die Ruinen und der Turm stammen nämlich aus dem 15. bis 16. Jahrhundert und gehörten zu einer Burg der Familie Da Mare. Allerdings deuten Funde darauf hin, daß das Kastell auf den Mauern eines älteren Bauwerks errichtet wurde. Vielleicht hat Seneca also doch hier gelitten und geschmäht?

Luri, Senecas »Nachbardorf«, liegt sechs Kilometer entfernt. Dort kennt man die Segnungen, die der verbannte Römer der Insel absprach, recht gut: Das Weinfest im Sommer, bei dem der beste Tropfen der Insel prämiert wird, könnte Anlaß für einen Abstecher sein. Ein historisches Weinmuseum ist geplant.

Seneca beim Verfassen seines Traktats: ein Trost für den verbannten römischen Philosophen?

Zurück zur Küstenstraße, die an besonders dramatischen Stellen durch eine kleine Reihe spitzer Steine wie mit Zähnen »gesichert« ist gegen Abstürze in die blaue

Mittägliche Stille in den Straßen von Nonza

Tiefe. Bei klarer Sicht reicht der Blick übers Meer bis zu den im Frühsommer oft noch schneebedeckten Gipfeln des korsischen Hauptmassivs.

Nach so viel Schönheit wirkt der aufgegebene Asbesttagebau von **Canari** wie ein Schock. Einer häßlichen Wunde gleich ziehen sich die Halden vom Meer bis zum Gipfel des Monte Cuccaro, dazwischen Maschinenschrott und Ruinen der Betriebsgebäude, die seit den 60er Jahren verrotten. Die bizarre Umgebung läßt offenbar die Kreativität ins Kraut schießen: Ein Künstler schmiedete hier ein eisernes Monster, das 1990 den Strand von Nonza »verzierte«.

Der Abraum der Asbestbrüche, zermahlen vom Meer, verleiht diesem noch 20 Kilometer weit eine einmalige Farbe: Je nach Lichteinfall schimmert es unwirklich türkis oder violett. Außerdem schuf er zwölf Kilometer entfernt von den Steinbrüchen einen Strand, wo es vorher nur Klippen gab. Seitdem thront das Dorf **Nonza** mit seinen hellen Häusern hoch oben auf einem Felsen über einem langen, schwarzen

Strand. Vor dem Baden wird allerdings gewarnt. Trotzdem lohnt es sich, den Pfad am Dorfeingang durch Gärten hinunterzusteigen, denen eine Doppelquelle Leben spendet. Hier sollen römische Soldaten eine junge Christin zu Tode gemartert haben, aus den abgeschlagenen Brüsten der heiligen Julie entsprangen die wundertätigen Quellen. Der Heiligen ist auch die Dorfkirche **Sainte-Julie** aus dem 16. Jahrhundert geweiht. Eine marmorne Intarsienarbeit über dem Barockaltar zeigt die Märtyrerin, die in Wirklichkeit im Jahr 303 n. Chr. unter Kaiser Diokletian für ihren Glauben den Kreuzestod erlitt. Nach Nonza verlagerten wohl Missionare ihren Tod, um den heidnischen Korsen den neuen Glauben mit einer Legende schmackhaft zu machen.

Keine Legende, sondern verbürgt ist dagegen die Geschichte vom Hauptmann Casella, die den **Turm von Nonza** mit dem Senecaturm um die Berühmtheit wetteifern läßt. Casella war 1768, als Genua die zahllosen blutigen Kriege gegen das kleine Korsika nicht mehr finanzieren konnte und die Insel an Frankreich verkaufte, ein Getreuer Paolis. Als die Franzosen schon das Cap erobert hatten, verschanzte er sich mit Milizen im Turm von Nonza, fest entschlossen, sich und seine Leute eher in die Luft zu sprengen als sich zu ergeben. Den anderen gefielen diese trüben Aussichten nicht, deshalb schlichen sie nachts heimlich davon und ließen Casella mit den Gewehren und einer Kanone allein. Als die Franzosen anrückten, feuerte er gleichzeitig aus allen Scharten, bis ihm die Munition auszugehen begann. Die Franzosen mußten annehmen, daß der Turm von einer starken, entschlossenen Mannschaft besetzt war und boten freies Geleit mit Waffen und Bagage an, wenn sich die Freiheitskämpfer ergaben. Es kam aber nur einer: der alte Casella, der keine andere Wahl hatte, als auf das Angebot einzugehen. Stolz trug er seine Pistolen, seinen Degen und die Flinte. Auf die Franzosen machte seine Tapferkeit so tiefen Eindruck, daß sie nicht nur seine Bedingungen erfüllten, sondern ihn mit einer Ehrenwache in Paolis Hauptquartier sandten.

Mit solchen Heldentaten können die schönen Türme von **Negru** oder **Farinole** nicht aufwarten. Der

Blick öffnet sich zum Golf von Saint-Florent, die Straße verläßt kurz darauf die Küste, mündet inmitten von Weinfeldern in die D 81, und fünf Kilometer weiter ist mit **Saint-Florent** das Ziel dieses Tages erreicht. Die Promenade und die Gassen des betriebsamen Yacht- und Fischerhafens mit zahlreichen Lokalen laden zum Bummel ein. Wer ein abendliches Bad vorzieht, findet einen langen, flachen Sandstrand im Süden der Bucht.

Blick auf den barocken Altar der Kirche St.-Julie in Nonza

ROUTE 3 St.-Florent – Murato – L'Ile-Rousse (104 km)

Vormittag — Mit dem Schlüssel vom Office du Tourisme in **St.-Florent** zum nördlichen Ortsende auf die schmale D 238, nach 1 km ist die Kirche **Santa Maria Assunta** erreicht (Besichtigung). Dann zurück zur D 81 Richtung Cap Corse, an der Einmündung der D 80 weiter auf der D 81 zum Weindorf **Patrimonio** (Weinprobe). In immer steileren Kehren geht es anschließend hinauf zum **Col de Teghime** bis zum Denkmal. 50 m zurück, dann auf der D 38 links nach **Oletta**. Links 4 km auf der D 82 zum **Col de San Stefano**. Im Kreisverkehr auf die D 5 zur Kirche **San Michele** - Besichtigung und Picknick in Nähe der Kirche oder Mittagessen in **Murato**.

Nachmittag — Zurück zur Kirche San Michele, links auf die D 162, nach 2 km wieder links auf die D 62. In **Piève** stehen zwei Menhire auf dem Kirchplatz. über **Sto.-Pietro-di-Tenda** bis zur Einmündung in die D 81 (links). Über **Casta** durch das **Désert des Agriates** bis zur Einmündung in die N 1197 nach **Lozari**, dann auf der N 197 nach **L'Ile-Rousse**.

ROUTE 3 Informationen

Santa Maria Assunta
An der D 238, am nördlichen Ortsende von St.-Florent
Neben der Kirche La Canonica in Mariana ist die ehemalige Kathedrale des Nebbio (12. Jh.) das bedeutendste romanische Baudenkmal Korsikas. Schlüssel vorher im Office de Tourisme in St.-Florent besorgen (s. S. 34).

20253 Patrimonio:

Orenga de Gaffori
Im Unterdorf rechts
Berühmter Wein aus Patrimonio, der beim Concours Général Agricole in Paris 1990 mit mehreren Medaillen ausgezeichnet wurde.

ROUTE 3 Informationen

Clos de Marfisa
Im Unterdorf
Probierstube mit alten Weinpressen.

Clos de Bernardi
Mitten im Dorf auf der rechten Seite
Sehr guter Rotwein.

Vignoble Lazzarini
Auf halber Höhe im Dorf
Würziger Roséwein, Rotwein und Muscat.

Col de Teghime
Von der 536 m hoch gelegenen Paßhöhe hat man an klaren Tagen eine Aussicht bis zum italienischen Festland.

20239 Murato:

San Michele
An der D 5, ca. 1 km nordöstlich von Murato
Die eher kleine Kirche (12. Jh.) mit einem vorgesetzten Glockenturm zählt zu den besterhaltenen romanischen Kirchenbauten der Insel. Den Schlüssel erhält man beim Bürgermeister im 1 km entfernten Dorf Murato.

Au Monastère
℡ 04 95 37 64 97, Fax 04 95 37 64 18
1. Juni-15. Sept. geöffnet
Ländliche korsische Küche im Refektorium des alten Klosters. F

20220 L'Ile-Rousse:

Office du Tourisme/Syndicat d'Initiative
Place Paoli (neben dem Café des Platanes)
℡ 04 95 60 04 35, Fax 04 95 60 24 74
Mo-Sa 10-12 und 15-17.30, im Sommer bis 18.30 Uhr

An der Kreuzung N 197/D 63 Richtung Monticello gegenüber der Post.

Funtana Marina
Route de Monticello
℡ 04 95 60 16 12, Fax 04 95 60 35 44
1. März-31. Dez. geöffnet
In blühendem Garten mit Swimmingpool über den Dächern von L'Ile-Rousse. F-FF

Isula Rossa
Route du Port
℡ 04 95 60 01 32, Fax 04 95 60 33 02
Febr. geschl.
Schlicht und familiär. FF

L'Hacienda
Boulevard de Fogata
℡ 04 95 60 12 33, Fax 04 95 60 01 50
1. Mai-15. Okt. geöffnet
Hübsche Natursteinhäuser in einem Garten etwas abseits des Zentrums. FF

Hôtel Napoléon Bonaparte
Place Paoli
℡ 04 95 60 06 09, Fax 04 95 60 11 51
1. April-31. Okt. geöffnet
Wohnen wie ein König im Palast: König Hassan II. von Marokko verbrachte hier 1952/53 seine Exilmonate. Park, Swimmingpool, Tennis. 101 Zimmer. FFF

Le Santa Maria
Route du Port
℡ 04 95 60 13 49, Fax 04 95 60 32 48
Gepflegtes Haus. FFF

Camping Bodri
An der N 197 Richtung Calvi
℡ 04 95 60 10 86, Fax 04 95 60 39 02
15. Juni-15. Sept. geöffnet
Großer, schattiger Platz mit zwei schönen Badestellen.

Les Oliviers
Am nördlichen Ortseingang
℡ 04 95 60 25 64, Fax 04 95 60 30 16
Ostern-30. Sept. geöffnet
150 Stellplätze. Schattiger Platz, etwas abseits vom Meer.

Café des Platanes
Place Paoli
Von den Korbstühlen unter den Platanen aus hat man das »Herz« von L'Ile Rousse im Blick.

L'Ile d'Or
Place Paoli
℡ 04 95 60 12 05
1. Mai-30. Sept geöffnet
Korsische Spezialitäten und Fisch. F-FF

ROUTE 3 Informationen

 L'Osteria
Place Santinelli (in der Altstadt)
✆ 04 95 60 08 39
1. März–31. Dez. geöffnet; Juli/Aug. nur abends
Ausgesuchte korsische Spezialitäten. FF

 Le Laetitia
Am Hafen
✆ 04 95 60 01 90
1. Mai–30. Sept. geöffnet
Fisch und eine schöne Aussicht auf Stadt und Hafenpanorama. FF–FFF

 La Bergerie
Route de Monticello
✆ 04 95 60 01 28
April–Okt. geöffnet
Betont schlicht; der ehemalige Eigentümer soll hier Pferde für den König von Marokko gezüchtet haben; kreative Küche mit nordafrikanischem *touch*. FFF

 Pascal Paoli
2, Place Paoli
✆ 04 95 60 22 32
Im Dez. und So geschl.
Feinschmecker-Restaurant. FFFF

 Discothèque Le Pub's
Route de Calvi
✆ 04 95 60 02 58

 Discothèque Challenger
Avenue J.-Calizy
✆ 04 95 60 20 70

Fischer mit ihrer fangfrischen Beute in St.-Florent

Vom Weinland durch die Wüste der Agriaten

Nebbio

Von **Saint-Florent** sollte man nicht wegfahren, ohne wenigstens einen Blick auf seine beiden wichtigsten historischen Bauwerke zu tun: die Zitadelle und die Kirche Santa Maria Assunta.

Die **Zitadelle**, die man über eine Stichstraße am Hôtel Bellevue erreicht (Schild), wirkt so gar nicht wie ein finsteres militärisches Bollwerk. Sie war der Sitz des genuesischen Gouverneurs der Provinz und ist eigentlich ein »Neubau«, wenn man die Geschichte der Stadt betrachtet. Als die Genuesen nämlich im 15. Jahrhundert mit ihrem Bau begannen, gab es außer dem Hafen, der früher viel tiefer war und weiter ins Land reichte und den schon die Römer kannten, rundum nur Sumpf voller Malariamücken. Daß sie sich ausgerechnet an diesem ungemütlichen Ort über der Mündung des Also niederließen, hatte wohl vor allem strategische Gründe.

Die eigentliche Stadt lag ursprünglich weiter landeinwärts, wo es trockener und das Klima gesünder war: Dort, wo die Kirche **Santa Maria Assunta** einsam mitten zwischen Gemüsegärten und Feldern steht. Sie ist allein übriggeblieben, als die Sarazenen im 13. Jahrhundert die Hauptstadt des Nebbio überfielen und zerstörten. Gebaut im 12. Jahrhundert, war sie Kathedrale des Bistums, der Bischof wohnte nebenan und war der Überlieferung zufolge recht kriegerisch: Als sich die Gemeinden im Norden der Insel zur *terra di u cumunu* zusammenschlossen gegen die Willkürherrschaft der adeligen *signori*, erschienen die Bischöfe von Nebbio mit dem Degen an der Seite zu den Volksversammlungen, und auf dem Altar lagen zwei geladene Pistolen, wenn sie die Messe lasen.

Mit dem Schlüssel vom Office du Tourisme läßt sich die Seitentür der sonst verschlossenen Kirche öffnen. Sie ist neben La Canonica in Mariana (s. S. 203) an der Ostküste eines der wichtigsten romanischen Baudenkmäler der Insel. Unverkennbar wurde die Basilika von den Pisanern in der kurzen Periode ihrer Herrschaft über Korsika aus weißen, feinkörnigen Kalkquadern gebaut (zweites Viertel des 12. Jahrhunderts). Blendarkaden und vielfältige Skulpturen schmücken die Fassade. Besonders schön sind das Schlangenpaar und der Löwe zu beiden Seiten des Eingangs.

Auch im Inneren, das von Pfeilern und Säulen in drei Schiffe geteilt wird, tragen die Kapitelle Skulpturenschmuck: Löwe, Muscheln, Schlangen, Widderkopf und Knospen.

Im Hafen von St.-Florent

Eine Holzfigur in der halbkreisförmigen Apsis stellt den heiligen Florus, den Schutzpatron der Stadt, zu Lebzeiten dar. Er war römischer Soldat und wurde im 3. Jahrhundert wegen seines christlichen Glaubens zu Tode gemartert. Leibhaftig liegen seine Überreste in einer Rüstung im gläsernen Reliquienschrein im südlichen Seitenschiff. 1771 wurden die Reliquien auf Anordnung von Papst Clemens IV. aus den römischen Katakomben nach St.-Florent gebracht. Über sie wacht eine Jungfrau mit Kind aus Elfenbein von 1691.

Von der Hauptstraße des Nebbio (Nebbiu) geht es in die gleichnamige Landschaft. Dazu müssen wir zunächst fünf Kilometer auf der D 81 Richtung Cap Corse fahren und folgen ihr dann an der Einmündung der D 80 nach Osten. Weinfelder reichen bis ans Meer, profitieren von den Kalkböden und der Sonne, deren Strahlen von den Bergen und vom Meer reflektiert werden. Die Weine von **Patrimonio** erhielten als erste der korsischen Weine die Auszeichnung A.O.C. (*Appella-*

tion d'Origine Contrôlée), die für Qualität und ausgesuchte Lagen bürgt.

Das ganze Dorf, das sich zwischen Olivenbäumen und Gärten weit den Hang hinaufzieht, steht im Zeichen des Weinbaus. Vor den Häusern stehen alte Pressen, gewaltige Holzfässer, schamhaft dahinter im Grünen die neuen Aluminiumtanks, die auch hier die Holzfässer abgelöst haben. Jedes Weingut wartet mit einer Probierstube auf, schlicht die einen, mit Gewehren, Wildschweinkopf und historischem Keltergerät aufgeputzt die anderen. Nicht alle sind so bekannt wie »Orenga de Gaffori« oder »Clos de Marfisa«, aber ihr Wein ist deshalb nicht schlechter, wenn die Flaschen nicht geschäftsmäßig in Faltkartons mit Klappfenster und Aufdruck gepackt, sondern nur in Zeitungspapier gewickelt werden.

Die Weine aus Patrimonio sind dabei, in Frankreich Auszeichnungen einzuheimsen und sich ganz langsam auch auf dem europäischen Markt einen Namen zu machen. Dabei sah es eine Zeitlang gar nicht gut aus für »Nielucciu« und »Scacciarellu« mit ihrer 2 000jährigen Tradition. Monokulturen mit minderwertigen Reben an der Ostküste drohten sie aus dem Rennen zu schlagen. Sie wurden in den 60er Jahren mit hohen staatlichen Subventionen von Algerienfranzosen angelegt, die sich zahlreich in Korsika ansiedelten, nachdem Frankreich Algerien verloren hatte. Statt 7 000 Hektolitern Wein im Jahr 1961 überschwemmten zehn Jahre später 200 000 den Markt, billig, aber mit Chemie, Wasser und Zucker gepanscht. Sie fügten dem korsischen Weinbau mehr Schaden zu, als es die Reblaus jemals vermocht hatte. Patrimonio entvölkerte sich, junge Leute zogen nach Bastia oder gleich nach Marseille, die Weinfelder wurden den Ziegen überlassen. Der französische Staat unterstützt inzwischen den traditionellen Anbau, etliche Weinbauern kehrten zurück. Ihr Feind ist jetzt vor allem die Europäische Gemeinschaft, die den Weinbau einfriert und Neuanpflanzungen verhindern möchte.

Alles hat in Patrimonio mit dem Wein zu tun, sogar die über zwei Meter hohe **Menhir-Statue**, die unter einem Dach in einer kleinen Grünanlage aufgestellt ist. Man erreicht sie über eine Seitenstraße, die mitten

Weinernte in Patrimonio, das zu den wichtigsten Weinanbaugebieten Korsikas zählt

Nach dem Weinskandal von 1975 wird der traditionelle Weinbau wieder gefördert.

ROUTE 3

Die enge Beziehung zur Kirche hindert nicht daran, auch dem Gott Bacchus zu huldigen: Für die Weinbruderschaft San Martinu ist die Liebe zum Wein mit einer gehörigen Portion Lebenslust bei Festessen und Feiern verbunden, die alljährlich in einem Weinfest ihren Höhepunkt erreicht.

Heiteres Farbenspiel in grünem Serpentin und hellem Kalkstein: die Kirche San Michele bei Murato

im Dorf links abzweigt und weiter zur Kirche führt. Das Hinweisschild ist leicht zu übersehen. Der *Nativu*, wie die Korsen den Steinmann mit Ohren, Kinn und deutlich markierten Schultern nennen, ist ungefähr 3 000 Jahre alt und der einzige seiner Art aus Kalkstein. Er wurde 1964 gefunden – natürlich beim Pflügen eines Weinfeldes.

Der heilige Martin, Namenspatron der Pfarrkirche, die 200 Meter weiter auf einem Hügel liegt, hat aber nun wirklich nichts mit Wein zu tun? Weit gefehlt! »San Martinu« ist nicht nur ein beliebter Name für den rosé oder dunkelrot funkelnden Wein: Im Schutz der Kirche haben sich Weinbauern aus Patrimonio zur Bruderschaft San Martinu zusammengefunden, der einzigen Weinbruderschaft auf Korsika. Ihre Medaille, die bei festlichen Anlässen zur schwarzen Robe mit roter Bauchbinde und schwarzem Hut getragen wird, vereint Waffen und Mitra des heiligen Martin mit dem Rebstock.

Hinter Patrimonio erklimmt die Straße in immer steileren Kehren das Gebirge, mit zunehmender Höhe öffnet sich der Blick aufs Meer. Wie eine Schüssel liegt das Weinland tief unten, gelb, braun und ocker, begrenzt vom Blau des Meeres: die Conca d'Oru, die goldene Muschel. Die D 38 führt nach oben, um ihren Rand herum.

Vorher sollte man jedoch an der Einmündung zur D 38 vorbei noch 50 Meter weiter fahren bis zur Paßhöhe des **Col de Teghime**. Von hier blickt man hinunter auf die Ostküste mit ihren Lagunen. Eine deutsche Panzerabwehrkanone aus dem Zweiten Weltkrieg erinnert daran, daß nicht alle nur wegen der schönen Aussicht heraufkamen.

Wie über einen Balkon schwingt sich die D 38 in kühnen Kurven über den Abgrund zur Rechten.

Autowracks an den Steilhängen stammen aber nicht etwa von Unglücklichen, die eine der Kehren verfehlt haben, sondern von Leuten, die ihre alten Vehikel bequem »entsorgt« haben. Welcher Ordnungshüter sollte hier herumkraxeln, um den pflichtvergessen Halter ausfindig zu machen?

Das große Dorf **Oletta** kündet noch vom einstigen Reichtum der ehemaligen Kornkammer Korsikas. Kleine Steinhäuser, *granaghjoli*, viel zu klein zum Wohnen, dienten zur Aufbewahrung von Korn und Geräten. Ein kräftiges, rundes Brot, das in der Gegend gebacken wird und *pain d'Oletta* heißt, deutet noch darauf hin, daß hier Getreide angebaut wurde, ehe mit den Franzosen auch die weiße *baguette* die Insel eroberte.

Pisanische Steinmetzarbeit an der Kirche San Michele

Hinter Oletta fahren wir links auf der D 82 vier Kilometer weit bis zum Kreisverkehr auf dem **Col de San Stefano**.

Die D 5 führt nach **Murato**. Weithin sichtbar vor dem Dorf liegt auf einem Hügel die grün-weiße pisanische Kirche **San Michele**, ein Kleinod an Heiterkeit und Anmut. Quader aus grünem Serpentin aus dem Flußbett des Bevinco bilden mit weißen Kalksteinquadern ein abwechslungsreiches Muster. Bei einer Renovierung des Glockenturms im 19. Jahrhundert taten die Baumeister etwas zuviel des Guten. Er wurde höher als ursprünglich, dadurch verschoben sich die harmonischen Proportionen der Kirche. Der Schönheit der zahlreichen Skulpturen und Reliefs tut das keinen Abbruch. Steinmetze ließen bei der Fassadengestaltung phantasievolle Figuren und Ornamente entstehen. Leicht zu erkennen ist die Darstellung der Versuchung Evas an der Nordseite der Kirche. Andere Szenen sind dagegen weniger einfach zu entschlüsseln. Neben dekorativen Elementen und Tierdarstellungen gibt des figürlichen Schmuck, dessen Symbolik noch weitgehend ungeklärt ist. Um alles in Ruhe zu betrachten, sollte man sich Zeit nehmen und vielleicht ein Fernglas.

Im einschiffigen Inneren der Kirche stellen verblichene Fresken aus dem 12. Jahrhundert die Verkündigung dar. Auch hier muß der Schlüssel besorgt werden. Man erhält ihn beim Bürgermeister in Murato.

Nach so viel Wein und Kultur ist es Zeit für eine weniger geistige Stärkung. Die Wiese um die Kirche eignet sich als Picknickplatz, aber das Dorf Murato kann auch mit einem guten und originellen Restaurant aufwarten. Ganz ohne Geschichte geht es auch hier nicht, denn »Au Monastère« ist tatsächlich ein ehemaliges Franziskanerkloster. Im Refektorium, wo einst die Mönche speisten, gibt es wieder Zicklein oder Wildschweinbraten, nachdem der Raum viele Jahre zweckentfremdet war. Mitte des 18. Jahrhunderts, als Korsika für kurze Zeit eine Nation war, vertrieb Paoli die Mönche und ließ hier zwei Jahre lang Geldmünzen aus dem Erz eines nahegelegenen Bergwerks schlagen. Danach zog für 100 Jahre die Polizei ein.

Vom Kloster blieb nur noch die Kirche ihrer ursprünglichen Bestimmung erhalten. Hier hängt ein

Traumstrand und Naturschutzgebiet: die Mündung des Ostriconi

Gemälde Tizians oder eines seiner Schüler. Auch der Stifter ist darauf verewigt: Romano Murato, ein Condottiere im Dienst Venedigs. Die Wirtin des »Monastère« hilft bei der Beschaffung des Schlüssels.

Am Nachmittag geht es zurück zur Kirche San Michele, von dort auf die D 162 und nach zwei Kilometern links auf die D 62. Überall rinnt hier Wasser herab, überhängende Felsen tropfen, Bäche schlängeln sich zwischen Kastanien und Ölbäumen durch Geröll, ausgewaschene Milchkannen sind zum Trocknen aufgestellt. In **Piève** sind der Glaube der steinzeitlichen *Corsi* und der christliche eine enge Nachbarschaft eingegangen. Vor dem hohen, freistehenden Campanile ein paar Schritte links von der Straße haben zwei Menhire aus kristallinem Schiefer Platz gefunden. *Murellu* und *Bucentone* tragen zwar Namen, wirken ansonsten aber ziemlich vernachlässigt: Einer der beiden liegt auf dem Gesicht im Unkraut.

Santo-Pietro-di-Tenda liegt mitten im Silbergrau von Olivenhainen, viele Bäume sind verwildert, eine große Mühle ein paar Kilometer hinter dem Dorf auf der linken Seite ist übriggeblieben aus der Zeit, als hier noch überall Öl gepreßt wurde. Danach geht es mitten hinein in die Wüste. Selbst die Sonne scheint hier heißer und gnadenloser als zuvor, Bäche sind trocken, vereinzelte Brunnen versiegt. Kein Vogel, kein Mensch weit und breit, nur der betäubende Duft der Macchia. Selbst die wird im zu Stein erstarrten Meer des **Désert des Agriates** kaum kniehoch. Nicht zu Unrecht heißt die Landschaft *désert* – Wüste.

Die D 81 Richtung L'Ile-Rousse ist nach der schlechten D 62 eine Erholung fürs Auto, ein Ende der Durststrecke ist sie noch nicht. **Casta** hat eine Bar und in der Macchia links am Fuß des Monte Revinco zwei Dolmen, die *Casa di l'orcu* (Haus des Riesen) und *Casa de l'orca* (Haus der Riesin).

Das Désert des Agriates ist traditionelles Winterweidegebiet. Hier verbrachten – und verbringen noch immer – Hirten mit ihren Herden die Wintermonate, wenn der Schnee das Leben in den Bergen unmöglich macht. Ziegen finden auch noch Futter an den Stachelsträuchern der Macchia. Weit entfernt von jeder Siedlung leben die Hirten monatelang in der Einöde

Der Sage nach kannten der Riese und seine Mutter als einzige das Geheimnis des »brocciu«. Aber durch die List eines Hirten wurde ihnen das Rezept dieses einmaligen korsischen Frischkäses entlockt.

und machen Käse und *brocciu* genau wie die Zeitgenossen von *orcu* und *orca*. Das einzige, was es hier im Überfluß gibt, die Sonne mit ihrer Energie, machen sie sich zunutze, um Strom zu erzeugen für elektrisches Licht und den Betrieb der Wasserpumpen in den Hütten.

Wenn auf der **Bocca di Vezzu** die Paßhöhe erreicht ist und Monte Padro, Monte Cinto und andere Berge unvermittelt jenseits des weiten Tals auftauchen, in das sich die Straße hinunterschlängelt, ist es nicht mehr weit bis zum Naturschutzgebiet an der Mündung des Ostriconi. Hier brandet das Meer bei Westwind heftig mit imposanten Brechern gegen den Strand. An der Küste entlang geht es weiter nach **Lozari** und dann auf der N 197 nach **L'Ile-Rousse** (Isula Rossa), das Pasquale Paoli 1758 an der Stelle einer ehemaligen Römersiedlung als »Paolivilla« gründete. Er wollte damit dem stets genuatreuen Calvi einen freien Hafen und damit auch ein Handelszentrum vor die Nase setzen. Die Bedeutung Calvis hat es allerdings nie erreicht. Trotz aller Betriebsamkeit bewahrt es selbst im Sommer noch immer etwas vom korsischen *pianu, pianu* - nur nicht hetzen, und ihm fehlen die Schicki-Micki-Allüren der größeren Rivalin.

Von weitem leuchten schon die roten Felsen, die der Stadt ihren Namen gaben, im Abendlicht - höchste Zeit für ein Nachtquartier und einen Apéritif in den Korbstühlen unter den hohen Platanen am Place Paoli.

Café des Platanes in Ile-Rousse

ROUTE 4 L'Ile-Rousse – Speloncato – L'Ile-Rousse (77 km)

Vormittag   Von **L'Ile-Rousse** auf der N 197 über Lozari nach **Belgodère** (Besichtigung der Kirche **St.-Thomas**). Auf der D 71 nach **Ville-di-Paraso**, am Dorfende links und auf der D 63 bergauf zum malerischen Dorf **Speloncato**, weiter Richtung Olmi-Cappella zum Aussichtspunkt **Bocca di a Battaglia**; Rückkehr nach Speloncato, über die D 663 und D 71 nach **Feliceto** (Besichtigung der **Ölmühle** im Restaurant »U Mulinu«, Mittagessen.

Nachmittag   Besuch der **Glasbläserei** in Feliceto; weiter auf der D 71 nach **Muro** und **Cateri**, von hier 500 m auf der D 151 nach Norden, dann rechts auf die D 413 zum »maurischen« Dorf **St. Antonino**. Zurück zur D 151 und wenig später links auf der D 551 nach **Aregno** (Besichtigung der **Dreifaltigkeitskirche**). Anschließend weiter nach **Pigna**, vorbei am **Couvent de Corbara** und durch das Dorf **Corbara** zurück nach **L'Ile-Rousse**.

Wichtig: Für **Wohnmobile** ist die Paßstraße **D 63** nicht geeignet – Engpässe! Sie sollten auf den Besuch von Speloncato und die Paßhöhe Bocca di a Battaglia verzichten und statt dessen von Ville-di-Paraso über die D 71 direkt nach Feliceto fahren.

ROUTE 4 — L'Ile-Rousse – Speloncato – L'Ile-Rousse (77 km)

> **Abstecher:** Von Cateri auf der D 151 nach **Montemaggiore** (7 km), dem Heimatdorf der Familien des Don Juan. Sehr schöner Aussichtspunkt. Im Juli findet hier die *Fiera di l'Alivu*, statt: ein Markt rund um das Wahrzeichen der Balagne: die Olive.

ROUTE 4 — Informationen

St.-Thomas
Belgodère
1269 von dem pisanischen Adeligen Andrea Malaspina gestiftet; innen ein Altargemälde der Muttergottes mit Kind (16. Jh.). Den Schlüssel erhält man im Haus rechts neben dem Café de France.

Confrèrie
Ville-di-Paraso (neben der Kirche)
Juli–Sept. findet hier eine Ausstellung moderner korsischer Kunst statt.

Bocca di a Battaglia
Vom 1 099 m hoch gelegenen Paß hat man eine herrliche Aussicht auf die Balagne.

Osteria U Mulinu
Feliceto (am Ortsende)
✆ 04 95 61 73 23
Im Febr. und Di geschl.
Original erhaltene Ölmühle; im Restaurant gibt es jeweils nur ein einziges, rustikal-korsisches Menü. Außerhalb der Saison ist eine Reservierung empfehlenswert. FF

Ange Campana
Feliceto
Tägl. außer Di/So 9.30–12 und 15–18.30 Uhr
Glasbläserwerkstatt in der Tradition der venezianischen Glasbläserkunst (dem Schild *verrerie* folgen); Mo, Mi und Fr läßt sich das Schauspiel beobachten.

Barockkirche
Muro
Barockkirche mit »Christus der Wunder«. Den Schlüssel bekommt man bei Jacques Alvazeri im Haus rechts an dem kleinen Platz unterhalb der Kirche.

U Pellaghiu
Route du Couvent de Marcasso, Muro
Juli/Aug. tägl. 10–20 Uhr, Mai/Juni nur Fr geöffnet
Gerberei, die Kissen, Teppiche, Kinderspielzeug, Pantoffeln und vieles mehr aus Lamm- und Ziegenfell herstellt.

St. Antonino
Gilt als das wildeste Dorf der Insel, ohne Straßen, aber mit viel Aussicht. Promenade auf Eseln im Sommer tägl. 15–21 Uhr.

Dreifaltigkeitskirche (Trinità)
Aregno (auf dem Friedhof an der D 151)
Romanisch-pisanische Kirche aus dem 12. Jh.

20220 Pigna:

Casa di l'Artigiani/Boutique
Mitten im Dorf
Korsisches Kunsthandwerk.

Ugo Casalonga
Der Instrumentenbauer läßt sich bei der Arbeit über die Schulter schauen.

Marie-Claire Darneal
Ihre hölzernen, handbemalten Spieluhren spielen traditionelle korsische Weisen.

Gilles Casalonga
Der Graveur gestaltet nach historischen Modellen Landkarten und Vignetten, Landschaftsansichten.

Casa Musicale
Im Unterdorf (ausgeschildert)
✆ 04 95 61 77 31; Jan./Febr. geschl.
Restaurant mit traditioneller korsischer Musik (Juni–Sept. Di ab 22 Uhr). FFF

Hotels, Campingplätze und Restaurants in L'Ile-Rousse s. S. 49f.

Garten ohne Gärtner

Die obere Balagne

4

Durch ein Vorgebirge geschützt vor den kalten Winden aus den hohen Bergen, sind die fruchtbaren Täler der **Balagne** (Balagna) zwischen L'Ile-Rousse und der alpinen Hochgebirgskette mit einer jährlichen Durchschnittstemperatur von fast 18 Grad die wärmsten der Insel. Der Regino und andere Flüsse bringen Wasser für den »Garten Korsikas« den Menschen schon seit der Steinzeit zu schätzen wußten.

»Schöner Aufenthalt« heißt denn auch übersetzt der Name des ersten Dorfes der Rundfahrt durch die Balagne: **Belgodère** (Belgodè). Malerisch liegt das Dorf am

Auf halber Höhe zwischen Bergen und Meer liegt malerisch am Hang der Ort Belgodère

Alljährlich flammen Brände auf, besonders wenn ab Juni der stürmische Westwind Libecciu vom Meer her einfällt. In 90 Prozent der Fälle steckt Brandstiftung dahinter, von Hirten, die Gebüsch flämmen, damit im Frühjahr an seiner Stelle Gras für die Herden wächst – oder von Immobilienspekulanten. Der Rest ist Unachtsamkeit.

Waldbrände sind die Geißel Korsikas

Hang – aber wo ist der Garten, das Paradies, das Lieder besingen und das alte Leute mit leuchtenden Augen in ganz Korsika beschreiben – über alle Eifersucht zwischen den Kantonen hinaus?

Wie jeder Paradiesgarten hat auch die Balagne ihre Schlange, oder besser deren zwei. Die eine ist die Entvölkerung. Beide Weltkriege haben den Dörfern ganze Generationen von Männern genommen, fehlende Arbeitsplätze und Ausbildungsmöglichkeiten führen noch immer dazu, daß junge Leute und Familien mit Kindern die Koffer packen und wegziehen: nach Bastia, wo es weiterführende Schulen gibt, und vor allem ins »Exil« auf den »Kontinent«. Wer soll da die Ölbäume schneiden, damit ihre Früchte nicht bitter und ungenießbar werden? Und wer soll die zweite »Schlange«, das Feuer, bekämpfen? Die auf dem Dorfplatz von Belgodère in der Sonne die Tagesereignisse diskutieren, sind alte Männer. Sie konnten den Feuerstürmen, die in den Jahren 1957 und 1985 über die Balagne rasten und die Bäume in der Umgebung zu Tausenden in lodernde Fackeln verwandelten, nichts entgegensetzen.

Belgodères Vergangenheit besteht aber nicht nur aus Brandkatastrophen. Die Kirche **Saint-Thomas** wurde 1269 von dem pisanischen Adeligen Andrea Malaspina gestiftet. Sie enthält ein Gemälde der Jungfrau Maria mit Kind aus dem 16. Jahrhundert, die Kapelle der Bruderschaft **Saint-Jean** barocke Holzschnitzereien. Die Malaspina herrschten jahrhundertelang in dem Fort oberhalb des Dorfes. Ihr Name ist den Leuten von Belgodère nicht nur durch Wohltaten wie die Kirchenstiftung in Erinnerung. 1630 lynchten sie einen Malaspina, der sich durch besondere Grausamkeit und gnadenlose Ausbeutung der Bauern hervorgetan hatte.

Ein anderer Name weckt da viel angenehmere Assoziationen. Die

Sängerin Juliette Gréco wurde in Belgodère geboren, eine Korsin, die früh die engen Fesseln ablegte, die Machismo und Tradition in den Dörfern den Frauen noch immer auferlegen, und die als Muse von Saint-Germain-des-Près in Paris eine Karriere machte, die in der Heimat undenkbar gewesen wäre.

Von Belgodère aus verbindet die D 71 als Höhenstraße die nächsten Dörfer. **Ville-di-Paraso** organisiert jedes Jahr im Sommer im Gebäude der Confrèrie (Bruderschaft) neben der Kirche eine bemerkenswerte Ausstellung mit Werken zahlreicher einheimischer Künstler, die einen guten Überblick über zeitgenössische Malerei und Bildhauerei auf Korsika gibt. Eine Straße zweigt links von der D 71 ab und führt direkt zur Kirche. Durch das Dorf geht es anschließend weiter, bis am Ortsende links die D 63 hinauf nach **Speloncato** (Speluncatu) führt.

Höhlen, *spelunca*, die den Fels durchlöchern, auf den die Häuser gebaut sind, gaben dem Dorf seinen Namen. Was heute mit engen Gassen, Arkaden und schmalen Durchgängen durch Gewölbe so malerisch wirkt, hatte früher seinen praktischen Sinn: Durch seine exponierte Lage auf dem Felsen in 500 Metern Höhe war das Dorf eine ideale Zuflucht bei Angriffen.

Die Verschachtelung der Häuser öffnet sich zum Dorfplatz mit seinem Brunnen. Das Hôtel Spelunca war das Palais des Kardinal Savelli (1792–1864). Der Staatssekretär von Papst Pius IX. erhielt von seinen Feinden im Vatikan den wenig schmeichelhaften Beinamen *il cane Corso* – der korsische Hund.

Speloncato wird wegen seiner luftigen Höhe oft mit einem Adlerhorst verglichen. Wer noch höher hinauf will, sollte der schmalen D 63 neben der Bar »U Canale« Richtung Olmi-Cappella einige Kilometer weit bergan folgen. Wer sich durch den Engpaß zwischen zwei Häusern zwängt und die steile Bergfahrt bewältigt, wird auf der **Bocca di a Battaglia** mit einer grandiosen Aussicht belohnt. 1 000 Meter tief liegt die Balagne zu Füßen, begrenzt vom Meer. Im Tal des Regino leuchtet die Talsperre von Codole. Auf der anderen Seite des Passes trägt der Monte Padro (2 393 Meter) bis weit ins Frühjahr hinein noch seine Schneehaube.

Zurück nach Speloncato geht es schnell. Inzwischen ist es Mittag, die Bars am Dorfplatz bereiten einen einfachen, preiswerten Imbiß. Wer ein Restaurant und dazu noch ein Erlebnis sucht, sollte sich noch eine Viertelstunde gedulden und der D 663 nach Feliceto folgen. Links am Berg liegt eine große Klosterruine. Nach vier Kilometern erreicht man wieder die D 71.

In **Nessa** haben die Olivenbäume überlebt, sie werden beschnitten und gepflegt. Die reifen Früchte fallen zwischen Januar und Mai schwarz und prall in die aufgespannten gelben oder orangefarbenen Nylonnetze. Dort können sie bequem aufgesammelt und zur **Ölmühle** gebracht werden – nach **Feliceto**. Sie ist eine der wenigen, die noch in jedem Frühjahr in Betrieb ist. Joseph Ambrosini hat nichts dagegen, wenn man zuschaut, besonders wenn man die Neugier mit dem Kulinarischen verbindet und sich in seinem Restaurant »U Mulinu« im gemütlichen Nebenraum niederläßt. Währenddessen drehen sich die Mühlsteine, angetrieben vom hölzernen Räderwerk, und schließlich wird das grüngoldene Öl aus dem schwarzen Brei gepreßt, kalt, versteht sich, denn so ist es am besten. Die Männer, die mit einer Maultierladung oder mit einem Pickup voller Oliven zur Mühle kommen, sind Nachbarn und Freunde, ihr Öl ist für den Eigenbedarf, nicht für den Handel bestimmt. In den Geschäften – sogar in der Balagne – gibt es nur industrielles Olivenöl aus Italien oder vom französischen Festland zu kaufen. Dafür haben die Männer nur eine verächtliche Handbewegung und ein Schulterzucken übrig. Aber selbst für den Verkauf produzieren? Das lohnt sich nicht, meinen sie.

Was Ange Campana, der »Mann mit dem langen Atem« und »Meister des magischen Augenblicks« herstellt, ist dagegen zum Verkauf bestimmt. Folgt man den Schildern *verrerie* im Dorf nach rechts in eine Sackgasse, so gelangt man vorbei an der Kirche zu seiner **Glashütte**. Seit 1976 ist sein Ofen, eigenhändig gebaut, nicht erloschen. Wie in der Heimat der Glasbläserkunst im Venedig des 11. Jahrhunderts beschränkt er sich auf die einfachsten Mittel. Montags, mittwochs und freitags entstehen Vasen, Karaf-

Kaltgepreßtes Olivenöl aus der Balagne ist eine kulinarische Köstlichkeit

Heute besinnt man sich in der Balagne wieder auf den Olivenanbau: In den Netzen werden die reifen Früchte aufgefangen

fen, Leuchter aus mundgeblasenen Kugeln, leuchtend und schillernd wie Seifenblasen, aber 1 200 Grad heiß.

Der Überlieferung nach soll sich in **Muro** ein Wunder ereignet haben: In der Bruderschaft Santa Croce begann 1730 Jesus vom Kreuz aus zu sprechen. Das Kruzifix erhielt daraufhin hinter einem Vorhang einen Ehrenplatz über einem Seitenaltar der Barockkirche, schweigt aber seitdem.

In **Cateri** wohnten schon *Corsi* der Steinzeit. In der Gerberei U Pellaghiu gibt es Kuscheliges vom Hund aus Lammfell bis zum Bettvorleger aus korsischem Ziegenfell zu kaufen. Ein Abstecher von sieben Kilometern führt von hier weiter über die D 151 nach **Montemaggiore** (Montemaio). Er lohnt sich wegen der prachtvollen Fernsicht vom Kirchplatz des Dorfes. Hier wird man an den berühmtesten Sproß des Dorfes erinnert: Don Miguel de Leca y Colonna y Magnara y Vincentello. Unbekannt, der Herr? Aber nein! Von vielen Männern heimlich beneidet, genießt er einen zweifelhaften Ruf in der Damenwelt: Don Juan. Wenn er auch in Sevilla geboren wurde, entstammte er doch den Familien Leca und Anfriani aus Montemaggiore.

In dem kleinen Laden am Kirchplatz, gleich gegenüber den geduldig verharrenden Eseln gibt es Obst, selbstgemachte Marmelade und Fruchtsaft, dazu in einem überwachsenen Innenhof Picknicktische für eine Erfrischung.

In dem Bergdorf Sant' Antonino ist für Autos kein Durchkommen

Zurück in Cateri geht es weiter Richtung L'Ile-Rousse auf die D 151 und schon nach 500 Metern rechts auf die D 413. Man sieht **Sant'Antonino** hoch oben auf einem kahlen Berg, eine gedrängte, zusammengewürfelte Ansammlung von Häusern, einer maurischen Bergsiedlung nicht unähnlich. Was könnte es anderes gewesen sein als eine Fluchtburg? Tatsächlich war das Dorf, im 9. Jahrhundert gegründet, eine der befestigten Hochburgen der Adelsfamilie Savelli.

Hier gibt es keinen Platz für Straßen, die verwinkelten, steilen Gassen sind gerade breit genug für einen Sattel, und die breiten, flachen Stufen sind eigens für Eselshufe gebaut. Wer das Dorf erkunden will, sollte das Auto auf dem Kirchplatz lassen – nur nicht unter dem Parkverbotsschild, denn hier ist der »Eselparkplatz«. Im »Damensitz« auf dem Holzsattel wie die korsischen Bauern kann man sich auf dem Rücken der Langohren hinauf nach Sant'Antonino tragen lassen – ansonsten muß man die eigenen Füße in Marsch setzen.

Zurück zur D 151 geht es rechts nach **Aregno** (Aregnu). Mitten auf dem Dorffriedhof gelegen, zwi-

schen weißgetünchten Grabmälern, ist die **Dreifaltigkeitskirche** (Trinità) aus dem 12. Jahrhundert ein Ort der heiteren Stille. Besonders schön ist das polychrome Mauerwerk der hohen, dreistöckigen Fassade. Als Relief gearbeitete Motive schmücken die Arkaden, viele davon sind sinnbildlich zu verstehen. Ähnlich wie in San Michele in Murato (s. S. 55) ist auch hier der Skulpturenschmuck in seiner Symbolik nicht geklärt. Auffallend ist oben am Giebel die Plastik eines Mannes, der seinen Fuß hält - möglicherweise wurde hier das Motiv des »Dornausziehers« aufgegriffen.

Drei Kilometer weiter taucht links neben der Straße ein Dorf auf, das auf den ersten Blick wie andere Balagne-Dörfer aussieht - wären nicht die vielen gemalten Holzschilder am Ortseingang. Eine Werkstatt für historische Instrumente, Bildhauer, Graphiker, Orgelbauer, Töpfer - alles in einem Dorf? Das und noch mehr.

Pigna, 800 Jahre alt, hätte wohl ein ähnliches Schicksal erlitten wie viele andere korsische Dörfer, wenn sich der Graphiker Toni Casalonga nicht hier niedergelassen hätte. Damals wohnten hier nur noch sechs alte Leute. Sie hatten nichts dagegen, als mit jungen Künstlern, die Casalonga folgten, das Leben in die alten Mauern zurückkehrte, Künstlern, die weniger das große Geld als die Rückbesinnung auf korsische Kultur und Handwerkstradition im Sinn hatten. Sie gründeten 1964 die CORSICADA, eine Genossenschaft, deren Werkstätten und »Casa di l'Artigiani« genannten Läden in ganz Korsika bekannt wurden. Hier in Pigna war das Zentrum der Bewegung, hier entstand im Lauf der Jahre ein richtiges Künstlerdorf. Die Genossenschaft hat sich inzwischen aufgelöst, die Künstler sind geblieben, und der Laden im Dorf trägt auch noch den alten Namen. In seiner Werkstatt kann man dem Graveur über die Schulter oder dem Instrumentenbauer bei seiner Kunst auf die Finger schauen, wenn er dabei ist, eine *cetera*, eine korsische Lyra, nach historischem Vorbild zu bauen.

Eine »Casa di l'Artigiani« bietet die ganze Palette des Kunsthandwerks zum Kauf an, von farbig gewebten Tüchern über Schnitzereien aus Olivenholz, Puppen in alten Trachten bis zu Keramik und Körben, wie

sie früher zum Sammeln von Kastanien dienten. Wer nach geschmackvollen Andenken sucht, ist hier an der richtigen Adresse. Ein paar Schritte weiter hat die herzhafte Fraktion der »Casa di l'Artigiani« ihre Tür geöffnet. Da gibt es endlich das Olivenöl aus der Balagne, das im Supermarkt oder in der *épicerie* im Regal fehlt. Aber auch Honig, geräucherter Schinken, Würste und Pasteten haben ihren Platz in diesem »Haus der Kunst«.

Manch einer mag sie sich lieber schön angerichtet auf einem Teller servieren lassen, dazu einen kräftigen Wein aus der Gegend und nachher vielleicht ein Omelett gefüllt mit Kräutern, als Nachtisch *brocciu* mit Zucker und dem korsischen Schnaps, der hier »Wasser des Lebens«, *aqua vita*, heißt? Der findet in der »Casa Musicale« einen Terrassenplatz mit Ausblick über die Balagne bis nach Calvi oder ein gemütliches Gewölbe mit alter Mühle und Kamin. Aber die »Casa Musicale« hätte ihren Namen nicht verdient, wenn sie sich aufs leibliche Wohl allein beschränkte und nur Restaurant wäre. Eine Etage höher treffen sich mindestens einmal in der Woche die Dorfbewohner, um als Musikgruppe »E voce di u cummune« den polyphonen Gesang zu pflegen. *Paghjella* heißt die komplizierte dreistimmige Improvisation, die es nur auf Korsika gibt und deren Wurzeln in vorgregorianischen Gesängen, aber auch bei Berbern und Ligurern und im altitalienischen Madrigal zu suchen sind.

Nach einem Bummel durch Pigna wird es allmählich Zeit für den Rückweg nach L'Ile-Rousse. Vorbei am großen Kloster von **Corbara** (Couvent de Corbara), das noch von Dominikanermönchen bewohnt ist, geht es ins gleichnamige Dorf. Ein Fußpfad führt rechts von der Straße bergan zur Kirche Notre-Dame-des-Sept-Douleurs und damit zu einem Aussichtspunkt. Aber auch die Straße, die sich in weiten Bögen abwärts schwingt, bietet mit jeder Kurve neue Ausblicke auf Strände zwischen Calvi und **L'Ile-Rousse**, während die Sonne sich anschickt, im Meer zu versinken. Der richtige Zeitpunkt, um in Paolis Stadt zurückzukehren, wenn die Felsen der Halbinsel, die Häuserfassaden, ja, sogar der Staub in allen Rottönen von Rost bis Purpur leuchten.

ROUTE 5 — L'Ile-Rousse – Algajola – Calvi (24 km)

Vormittag	Besuch von **Markt** und **Meerwasseraquarium** in **L'Ile-Rousse**. Auf der N 197 vorbei an der **Marine de Davia** nach **Algajola**.
Nachmittag	Über die N 197 nach **Calvi**: Bummel vom Yachthafen (Port de Plaisance) über die Promenade Quai Landry und durch die Einkaufsstraße **Rue Clémenceau** zur Kirche **Ste.-Marie-Majeure** und zur **Zitadelle**. Besichtigung der Kirche **St.-Jean-Baptiste** und, falls offen, des **Oratoire St.-Antoine**. Spaziergang zu den Grundmauern des angeblichen **Geburtshauses von Columbus**, auf dem äußeren Ring der Zitadelle zurück zum Ausgang und über die Promenade Quai Landry wieder zum Yachthafen. Ausflug zur Kapelle **Notre-Dame-de-la-Serra**: Über den Boulevard Wilson zum Ehrenmal vor der Zitadelle, dann links 4 km auf der D 81 Richtung Ajaccio (Südwesten), in Höhe der Halbinsel Revellata links bergan bis zur Kapelle, Rückkehr nach Calvi.

ROUTE 5 L'Ile-Rousse – Algajola – Calvi (24 km)

ROUTE 5 Informationen

20220 L'Ile-Rousse:

 Markt (*marché*)
Place Paoli
Tägl. außer So 8–12 Uhr
Fisch und Landesprodukte in historischer Markthalle.

 Centre Océanographique
Quartier Gineparo (am Ende der Strandpromenade)
 Ostern–31. Okt. tägl. 10.30–18 Uhr
Meerwasseraquarium zum breiten Spektrum der heimischen Unterwasserwelt.

ROUTE 5 Informationen

20220 Algajola:

Zitadelle (Citadelle)
Die genuesische Zitadelle (1664) mit einem massiven Wachtturm war einst Residenz des Gouverneurs der Balagne.

Lumio
Quartier Nunziata
Mo-Fr 10-12 und 15-19 Uhr
Der Schmied Christian Moretti fertigt die typischen Messer, ohne die kein Korse aus dem Haus geht, von der Klinge bis zum Griff mit der Hand, auf Bestellung auch nach besonderen Wünschen des Kunden.

Am Ort befindet sich ein ca. 2 km langer, sauberer Sandstrand.

20260 Calvi:

Office Municipal du Tourisme
Port de Plaisance
℘ 04 95 65 16 67
Fax 04 95 65 14 09
Juli-Sept. Mo-Fr 9-13 und 15.30-19.30, Sa/So 10-13 und 16-19.30 Uhr; sonst 8.30-12 und 14-16 Uhr, Sa/So geschl.

Großer Parkplatz am Yachthafen und am Ehrenmal vor der Zitadelle.

Hôtel/Restaurant La Signoria
Route de l'Aéroport (etwas außerhalb an der Straße zum Flughafen)
℘ 04 95 65 93 15
Fax 04 95 65 38 77
1. April-31. Okt. geöffnet
Ehemaliges Herrenhaus aus dem 17. Jh. mit einer ganz besonderen Atmosphäre in einem schattigen, stillen Park. FFF

Le Magnolia
Place du Marché
℘ 04 95 65 08 02
Fax 04 95 65 34 52
Klein und fein mit einem blühenden Garten unter einer riesigen Magnolie. FFF

Le Saint Christophe
Place Bel Ombra
℘ 04 95 65 05 74
Fax 04 95 65 37 69
Unterhalb der Zitadelle, oberhalb der Felsenküste mit herrlichem Blick aufs Meer. FFF

L'Abbaye
Route de Santore
℘ 04 95 65 04 27
Fax 04 95 65 30 23
1. April-31. Okt. geöffnet
In den dicken efeuüberwucherten Mauern einer ehemaligen Abtei. FFF

L'Onda
Avenue Christophe Colombe
℘ 04 95 65 35 00
Fax 04 95 65 16 26
Sachlicher Neubau am Strand. FFF

Hôtel La Villa
Chemin de Notre Dame de la Serra
℘ 04 95 65 10 10
Fax 04 95 65 10 10
Eine der ersten Adressen Korsikas in ruhiger Lage mit Ausblick auf die Stadt. FFF-FFFF

Camping Padulella
An der N 197 Richtung L'Ile-Rousse
℘ 04 95 65 06 16
Fax 04 95 65 35 25
1. Mai-30. Okt. geöffnet
Großer, schattiger Platz.

La Pinède
An der N 197 Richtung L'Ile-Rousse
℘ 04 95 65 17 80
Fax 04 95 65 19 60
Ostern-31. Okt. geöffnet
Großer Platz im Pinienwald in Strandnähe.

Zitadelle (La Citadelle)
Zugang beim Ehrenmal
Wuchtige Befestigungsanlage der Genuesen, die über Jahrhunderte nicht erobert werden konnte; herrliche Ausblicke auf die Unterstadt und den Golf von Calvi.

Ste.-Marie-Majeure
Place de l'Église (mitten in der Unterstadt)
Tägl. 8-12 und 14.30-18 Uhr
Kirche aus dem 18. Jh. mit einer wunderschönen Kuppel (19. Jh.).

ROUTE 5 Informationen

St.-Jean-Baptiste
Place des Armes (Zitadelle)
Papst Gregor XIII. verlieh der Kirche, deren laternengekrönte Kuppel weithin sichtbar ist, im 16. Jh. die Würde einer Kathedrale.

Oratoire St.-Antoine
Rue St.-Antoine (Südseite der Zitadelle)
1. Juli-15. Sept. tägl. außer So 10-12 und 15-18 Uhr
Museum für sakrale Kunst der Balagne.

Notre-Dame-de-la-Serra
An der D 81 südwestlich von Calvi
Wallfahrtskapelle; ausgezeichneter Aussichtspunkt auf den Golf von Calvi.

Französische Mode und Accessoires findet man in den Boutiquen in der **Rue Clémenceau**; hier gibt es auch Spezialgeschäfte für korsische Landesprodukte und Souvenirs.

Salon de thé: Le Poème
9, Rue St.-Antoine (Zitadelle)
Korsische Kuchen, Marmeladen und andere Spezialitäten.

Domaine Orsini
Clos Rochebelle (an der D 151 zwischen Calvi und Calenzana)
Calenzana
✆ 04 95 65 08 71
Weingut auf einem Hügel mit einer sehenswerten Probierstube.

U Calellu
Quai Landry
✆ 04 95 65 02 18
Mo geschl.
Preiswert und gut. F-FF

U San Carlu
10, Place St. Charles
✆ 04 95 65 21 93
Mi geschl.
Haus aus dem Jahr 1560 an einem betriebsamen Platz in der Altstadt mit reichhaltiger Speisekarte. F-FF

Émil's
Quai Landry
✆ 04 95 65 09 60
Febr./März geschl.
Intimes Restaurant im Belle-Époque-Stil. FF-FFF

Comme chez soi
Quai Landry
✆ 04 95 65 00 59
15. Febr.-15. März geschl.
Klein und schick.
FF-FFF

L'ile de Beauté
Quai Landry
✆ 04 95 65 00 46
Geöffnet 1. April-30. Sept.; Mi außer im Juli/Aug. geschl.
Calvis gute Stube; Reservierung empfehlenswert. FFF

L'Escale
Quai Landry
Blick auf die Bummler und Nachtschwärmer auf Calvis »Flaniermeile«.

Chez Tao
Zitadelle
Pianomusik und originelles Interieur.

L'Acapulco
Route de Calenzana
Treffpunkt für die, die den Tag erst abends richtig beginnen.

Discothèque La Camargue
An der N 197 Richtung L'Ile-Rousse
Heiße Rhythmen für heiße Sommernächte.

Feste/Veranstaltungen:

Calvi: Prozession und Verteilung des traditionellen Anisgebäcks *canistrelli* am Gründonnerstag; *Granitula* und **Kreuzwegprozession** der Bruderschaften am Karfreitag; **Jazzfestival** im Juni; **Patronatsfeste** am 15. und 30. Aug.; **Wallfahrt** zur Kapelle Notre-Dame-de-la-Serra am 8. Sept.; **Recontres polyphoniques**, Treffen internationaler polyphoner Gesangsgruppen im Sept.; **Ausstellungen** und **Konzerte** im Pulvermagazin (*poudrière*) der Zitadelle; **Konzerte** in der Cathédrale St.-Jean-Baptiste, der Église Ste.-Marie-Majeure und im Oratoire St.-Antoine.

Meer und noch mehr

Die Küste der Balagne und Calvi

Berge und Küste gehören in der Balagne zusammen wie Tag und Nacht. Deshalb steht dieser Tag nach dem Ausflug durch die hohen Dörfer an den Berghängen ganz im Zeichen des Meeres.

Das beginnt mit den Fischen und Krustentieren, die auf Steinmosaiken von Artgenossen zwischen den Säulen der denkmalgeschützten **Markthalle** von **L'Ile-Rousse** zappeln und zucken.

Warum nicht einen Blick in das eigentliche Element der roten Drachenköpfe und dicken Zackenbarsche werfen, der sonst nur Tauchern mit ihren Sauerstoffflaschen vorbehalten bleibt? 100 000 Liter Meerwasser im **Aquarium** von L'Ile-Rousse gestatten es den Besuchern, eine stattliche Anzahl von Meeresbewohnern hinter Glas zu studieren – oder umgekehrt. Dazu gehören Filme und Informationen über die Gesellen, die die Unterwasserfelsen bevölkern und auf den Tellern der Fischrestaurants landen. Fischer, die heute die schlangenartigen Muränen in ihren geflochtenen Körben an Land ziehen, müssen höllisch aufpassen, denn die Kiefer der Fische lassen nie mehr los, selbst wenn ihnen der Kopf angeschlagen wird.

Die Römer warfen Sklaven in Muränenbecken, damit die mörderischen Speisefische besonders fett wurden.

Wer weiß schon, daß er an den Füßen der Langusten erkennen kann, ob er gerade ein Männchen oder Weibchen verspeist? Die großen Seespinnen haben ein reges Liebesleben, während die Seeigel Zwitter sind. Und die Goldbrassen (*dorade*), die an der Küste auf keiner Speisekarte fehlen, sind versessen auf den Darm der Röhrenholothurie, den sie in höchster Not ausstülpt. Die Fische stürzen sich darauf, der Stachelhäuter hat seine Ruhe, und ihm wächst innerhalb von ein paar Tagen ein neuer Darm. Die korsischen Angler kennen den Trick und benutzen den Darm als Köder. Pech für beide, für Goldbrasse und Holothurie.

ROUTE 5

Über die gut ausgebaute N 197 geht es anschließend zügig Richtung Calvi. Die Straße steigt 88 Meter hoch auf die **Bocca di Carbonaja**, eine kleine Straße zweigt rechts ab zur Feriensiedlung **Marine de Davia**. Ob die legendäre Davia jemals an diesem Strand gebadet hat, als sie noch mit Eltern und Brüdern in Corbara wohnte, ist bei der tiefverwurzelten Abneigung der Korsen gegen das Schwimmen mehr als zweifelhaft. Jedenfalls ehrt ihr Heimatdorf mit der nach ihr benannten Marine den Paradiesvogel mit dem märchenhaften Lebenslauf.

1760 verschlug es Davia Francescini als Beute von Seeräubern nach Marokko. Von der Sklavin wurde sie zur Lieblingsfrau des Sultans und angeblich Sultanin, die großen Einfluß auf die Politik des Landes nahm. Daß die Korsin in der Politik etwas zu melden hatte, wurde rund 200 Jahre später vom marokkanischen König entrüstet dementiert: Das sei undenkbar in einem islamischen Land.

Calvi wird von der genuesischen Zitadelle beherrscht

Die N 197 führt weiter nach **Algajola** (Algaghjola). Eine niedliche **Zitadelle** von 1664 so nahe bei dem Bollwerk Calvi zeigt, wie wichtig den Genuesen der Schutz der reichen Balagne vor Eindringlingen war. Schon die Phönizier sollen hier gesiedelt haben, mit Sicherheit aber die Römer unter Vespasian. Eine Steintafel, die man gefunden hat, berichtet, daß hier ein Soldat desertiert ist – damals sicher noch nicht wegen des schönen Sandstrandes, der heute so viele Ausländer anlockt. Ein Bad zur Erfrischung sollte man nicht versäumen, dafür das Mittagessen auf einen Imbiß beschränken und sich die Hauptmahlzeit für den Abend in Calvi aufheben.

In unmittelbarer Nähe von Algajola liegen mehrere alte, durch Macchia schwer zugängliche Steinbrüche. Aus einem von ihnen stammt die Vendôme-Säule in Paris, ihr Granit ist ebenso korsisch wie der Sieger von Austerlitz, Napoleon. Eine andere, 272 Tonnen schwer und 17,50 Meter lang, war von Ajaccio für ein Napoleon-Denkmal bestimmt, blieb aber dann im Steinbruch in der Nähe der Tankstelle an der N 197 liegen, weil die Geburtsstadt des Kaisers sie nicht bezahlen konnte.

Daß die Beziehung zu Frankreich nicht reibungslos ist, zeigt sich, wenn aus dem »j« auf dem Ortsschild von Algajola mit roter Farbe ein »ghj« gemacht wird. Auf anderen wird über Nacht der Bogen des »o« gelöscht, damit es ein »u« wird, oder die französische Endung wird gestrichen. Korsen geben auf diese Weise ihrer Forderung nach Anerkennung ihrer eigenen Sprache und nationalen Identität durch die französische Zentralregierung Ausdruck.

Calvi dagegen war immer Calvi und bleibt Calvi: die *Civitas semper fidelis*, die immer treue Stadt der Genuesen. Sie kamen wegen der strategischen Lage auf dem wuchtigen Granitfelsen, der die weite Bucht beherrscht. Heute dagegen steuern jährlich mehr als 30 000 Touristen Calvi über den Flughafen Sainte-Cathérine (Santa Catalina), über Straße, Hafen und Inselbahn, *micheline*, an, zehnmal mehr, als es Einheimische im Schutz der gewaltigen Zitadelle gibt. Calvi ist das Saint-Tropez Korsikas – aber als Badeort wesentlich älter.

ROUTE 5

Nach Calvi fährt man, um zu sehen, und vor allem, um gesehen zu werden, Bräune vorzuführen, die am langen Strand hinter den Pinienhainen in langen Stunden mit Öl und Wasserzerstäubern kultiviert wurde und sich ins *dolce vita* der Nächte zu stürzen.

Mondän wie Saint-Tropez ist Calvi trotzdem nicht, auch nicht so teuer. Das mag daran liegen, daß das Gedränge, die Enge, der Rummel auf wenige heiße Wochen im Juli und August beschränkt ist. Wenn wir am frühen Nachmittag in Calvi ankommen, ist davon ohnehin noch nichts zu merken. Auf dem Parkplatz am Yachthafen gibt es noch freie Plätze, die Straßen, selbst die Promenade wirkt verschlafen. Erst wenn auch die letzten Sonnenstrahlen ausgenutzt sind und die Abendbrise vom Meer die Haut kühlt, werden die gestreiften Matratzen am Strand verlassen und Calvi erwacht.

Verwinkelte und enge Gassen sind charakteristisch für das Zitadellenviertel

Die Stunden bis zur Dämmerung sind eine gute Zeit, um sich anzuschauen, was Calvi außer Badenixen im neuen, knappen Fummel aus der teuren Boutique in der Rue Clémenceau und ihren knackigen *mecs* sonst noch zu bieten hat. Immerhin verfügt es über eine lange Vergangenheit, die bis zu den Römern zurückreicht. Dazu schlendert man vom Parkplatz aus die Hafenpromenade entlang und biegt dann links in die **Rue Clémenceau**. Jetzt ist Muße, die Auslagen der Geschäfte zu betrachten, später herrscht hier Gedränge. In den Restaurants auf dem Kirchplatz von **Sainte-Marie-Majeure** werden schon in Erwartung des abendlichen Ansturms Gläser poliert. Die Kirche mit der wunderschönen Kuppel stammt aus dem 18. Jahrhundert und enthält zwei interessante Gemälde: Auf dem einen fährt Maria zwischen den beiden Stiftern des Werkes gen Himmel (16. Jahrhundert), das andere gehört zur florentinischen Schule, stammt aus der Sammlung Fesch und stellt die Verkündigung dar (17. Jahrhundert).

Die Rue Clémenceau endet unterhalb des **Kriegerdenkmals** (Monument aux Morts). Hier ist auch der Eingang zur jahrhundertelang unbezwingbaren **Zitadelle** - in Marmor über dem Tor steht es eingemeißelt, das Lob der Calvesen: *Civitas semper fidelis*. Schamhaft wird verschwiegen, daß sich Genua diese Treue unter anderem mit zahlreichen Privilegien für die Bürger erkaufte. Der Löwe auf der Steintafel, Wappen Genuas, ist zerstört, die Besatzung der Zitadelle längst verschwunden. Sie wurde durch andere Soldaten abgelöst. Von der bunten Menge der Touristen und Bewohner, die über die Treppen und durch die Gassen schlendern, heben sich Khakiuniformen und die weißen, lacksteifen Käppis der Fremdenlegionäre ab. Unwillkommene Besetzer, Nachfolger der genuesischen Legionäre, Demonstration der Kolonialmacht Frankreichs sind sie für nationalistisch gesinnte Korsen. Sie kamen, als Frankreich sich aus Nordafrika zurückziehen mußte. Tür an Tür leben sie im renovierten genuesischen Gouverneurspalast der Zitadelle mit den Bewohnern dieses Stadtteils.

Über die schmale Straße, die rechts vom Place des Armes abzweigt, gelangt man zum **Oratoire Saint-Antoine**, einer Kapelle mitten in der Häuserfront, die eine wertvolle Sammlung sakraler Gegenstände enthält, leider aber meist verschlossen ist. Eine andere Kirche hat tagsüber das Portal immer geöffnet. Dazu kehren wir zurück zum Place des Armes. Stufen führen an der Kaserne vorbei zur Kirche **Saint-Jean-Baptiste** aus dem 13. Jahrhundert. 1567 bekam ihr ihre Nachbarschaft mit den Kriegern schlecht, sie flog zusammen mit dem Pulverarsenal in die Luft, wurde aber 1570 wieder aufgebaut und durfte sich sechs Jahre später Kathedrale nennen. Hell und licht, hoch und luftig ist sie im Gegensatz zu den meist düsteren korsischen Kirchen. Von vergitterten Logen unter der Kuppel aus erlebten die feinen Damen früher den Got-

Das Kriegerdenkmal vor dem Eingang der Zitadelle erinnert an die Gefallenen des Ersten Weltkriegs

tesdienst, während ihren Männern die Nähe zu den einfachen Bewohnern der Zitadelle wohl zugemutet werden konnte.

Die Genuesen, Erbauer der trutzigen Festung ringsum, brachten Schätze her, die zeigen, daß ihre Interessen im Mittelmeer keineswegs nur auf Korsika gerichtet waren. Unter ihnen sind links neben dem Eingang ein Taufstein aus dem 16. Jahrhundert, Kreuze, die in der Karwoche von den Bruderschaften durch die Straßen getragen werden, und hinter Glas eine hölzerne Marienfigur, die je nach Anlaß in blauen Taft oder in schwarze Trauergewänder gekleidet wird. Alle Farben und Schattierungen korsischen Marmors sind am Hauptaltar (17. Jahrhundert) zu bewundern, in der Apsis ein Triptychon ohne Mittelteil, das von dem bedeutenden genuesischen Maler Barbagelata stammt. Darunter drängen sich drei Kinder um einen heiligen Nikolaus aus dem 16./17. Jahrhundert.

Auf einem Seitenaltar rechts des Chors hat ein schwarzer »Christus der Wunder« aus Ebenholz seinen Platz. Er wurde auf die Stadtmauer gestellt, als im Jahr 1555 Franzosen und Türken die Festung belagerten. Sie konnten sie nicht einnehmen. Versucht haben es viele im Lauf der Jahrhunderte. Immer bot sie denen Schutz, die sich in ihren Mauern verschanzten. Unter ihnen war ein gewisser Napoleon Bonaparte, der sich 1793 hierher zu seinem Patenonkel flüchtete. Ihm waren die Milizen Paolis auf den Fersen, denn Napoleon galt ihnen als Verräter. Er hatte sich nämlich anfangs als glühender Bewunderer und eifriger Demokrat ausgegeben, stellte aber dann wohl fest, daß eine Karriere in Frankreich aussichtsreicher war als eine im Korsika Paolis, das früher oder später den ungleichen Kampf um seine Unabhängigkeit verlieren mußte.

Die Erinnerung an Napoleons unrühmliche Stippvisite verblaßt gegenüber einem anderen Prominenten, dessen sich Calvi voller Stolz rühmt. Die Stadt ist unerschütterlich der Überzeugung, daß im Jahr 1441 auf der Zitadelle Christoph Columbus geboren wurde. Auf die niedrigen Mauerreste dieses **Geburtshauses** stößt man, wenn man der Gasse an der Kirche Saint-Jean-Baptiste vorbei abwärts in nördlicher Richtung

War Columbus ein Korse? Calvi hat im Wettstreit mit Savona, Genua und einigen spanischen Städten nicht die schlechtesten Karten.

Der Quai Landry in Calvi lädt zum Flanieren ein

folgt. Die Plastik eines Schiffs und das steinerne Konterfei des Amerikaentdeckers erinnern an das denkwürdige Ereignis. Sein Vater soll Weber gewesen sein – die Straße, die außen um die Zitadelle herum und damit am besagten Mauerrest vorbeiführt, hieß früher *Carrugio del filo* – Straße des Fadens. Soll vielleicht heißen: der Weber? Er machte auch selbst Andeutungen, die möglicherweise darauf schließen lassen, daß er nicht in Genua geboren ist. Wie dem auch sei, fest steht, daß er ein Genuese war, Calvi zu seiner Zeit in den Händen der Herren aus Genua lag und er seine Herkunft absichtlich verschleierte. Über seine Beweggründe wuchern bis heute die verschiedensten Spekulationen.

Vom äußeren Ring der Zitadelle folgen wir ihm weiter nach rechts. Von der Mauer aus blickt man hinun-

Hart jagt der Wind die grellbunten Segel der Surfer an der Zitadelle vorbei. Lord Nelson, der sich als Verbündeter Paolis mit seinem Schiff nahe an die Festung heranwagte, verlor bei einem Scharmützel gegen die Franzosen ein Auge.

ter auf den **Salzturm** (Tour du Sel), in dem früher die Salzvorräte aufbewahrt wurden. Dahinter das ständige Kommen und Gehen von Yachten und Segelbooten, hin und wieder ist schon einmal ein Dreimaster darunter.

Hinunter zum Quai Landry, der Promenade, ist es vom Kriegerdenkmal am Ausgang der Zitadelle nicht weit. Sie führt uns direkt zurück zum Parkplatz am Yachthafen. Für den kleinen Ausflug bei Sonnenuntergang, den wir jetzt vorhaben, sollten wir uns nämlich besser des Autos bedienen. Der Abend beginnt ohnehin in Calvi später als anderswo und frühestens gegen neun, es bleibt also reichlich Zeit, der Madonna von **Notre-Dame-de-la-Serra** in ihrer luftigen Höhe einen Besuch abzustatten. Der Weg zu dem Wallfahrtsort auf dem Berg über der Stadt führt über den Boulevard Wilson, dann am Kriegerdenkmal links auf die Küstenstraße D 81. Nach vier Kilometern, in Höhe der felsigen Halbinsel Revellata, zweigt links eine kleine Straße ab. Vorbei an der Müllkippe von Calvi, von deren Rauchwolken man sich nicht abschrecken lassen sollte, geht es bergan bis zum Parkplatz am Ende der Straße. Ein paar Schritte nur sind es bis zur Kapelle. Sie ist abgesperrt, das sollte Fromme nicht daran hindern, den besonderen Schutz Mariens durch eine Spende zu fördern: Dafür ist ein Schlitz in die Tür gestemmt.

Auf einem Felsen steht die Statue der heiligen Jungfrau und segnet die Stadt tief unten, die Zitadelle, aus der Höhe so klein wie eine Sandburg, die weite Bucht, das fruchtbare Land der Balagne und auch den Kranz der Berge, auf denen noch Schnee im letzten Tageslicht funkelt. Ein Ausblick und eine Abendstimmung zum Träumen.

Größer könnte der Gegensatz zu dem, was sich in Calvi inzwischen tut, kaum sein. Da schütteln Quai Landry, Rue Clémenceau und die schmalen Gäßchen dazwischen endgültig den Siestaschlaf ab, man trifft sich zum Apéritif, zum Essen – und danach? Zumindest im Sommer sind die Nächte in den Bars, Eiscafés und Diskotheken lang, und für manche dauern sie bis zum nächsten Morgen, wenn die wenigen Frühaufsteher schon ihren Kaffee in der Morgensonne trinken.

ROUTE 6 — Bootsfahrt von Calvi zum Naturschutzgebiet La Scandola – Girolata – Calvi (ca. 7 Std.)

Vormittag 9.15 Uhr Abfahrt der Ausflugsboote an der Promenade Quai Landry in Calvi, ca. 10.30 Uhr Ankunft im **Naturschutzgebiet La Scandola**, 11.30 Uhr in **Girolata**.

Nachmittag Abfahrt von Girolata, 14.30 Uhr Strand von **Elbo**; ca. 16 Uhr Rückkehr nach Calvi (Stadtplan von Calvi s. S. 70).

ROUTE 6 Informationen

20260 Calvi:

 Bootsfahrt von Calvi zum Naturschutzgebiet La Scandola (Réserve Naturelle)

 Abfahrt der Ausflugsboote von der Hafenpromenade in Calvi (Quai Landry) im Sommer tägl. 9-15 Uhr, ab Okt.-Ostern je nach Wetterverhältnissen; Erwachsene 180 FF, Kinder unter 6 Jahren frei.

Colombo Line
Quai Landry
✆ 04 95 65 03 40

Revellata
Quai Landry
✆ 04 95 65 02 55

 Auch am etwa 5 km langen, von Dünen begrenzten Sandstrand bietet Calvi alle

ROUTE 6 Informationen

Annehmlichkeiten eines modernen Touristenzentrums.

20147 Girolata:

La Cabane du Berger
℃ 04 95 20 16 98
15. Mai–15. Sept. geöffnet
Schattige Terrasse; Fischgerichte, Langusten, korsische Gerichte. FF

Le Bel'Ombra
℃ 04 95 20 15 67
1. Mai–1. Okt. geöffnet
Schattige Terrasse; vor der dazugehörigen Bar sind Picknicktische aufgestellt, die benutzt werden können, wenn Getränke bestellt werden. FF

Das Angebot der Restaurants in Girolata richtet sich nach der Zahl der Passagiere auf den Ausflugsbooten: im Frühjahr und Herbst eventuell nur ein Imbiß, im Winter geschl.

Hotels, Campingplätze und Restaurants in Calvi s. S. 71f.

In der Bucht von Girolata muß man auf unerwartete Begegnungen gefaßt sein, denn nicht nur Badenixen bevölkern den Strand …

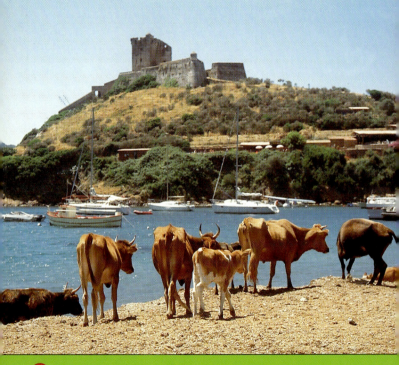

6

Zu den roten Lavafelsen der Seeadler

Mit dem Boot nach Girolata

Noch stehen die Stühle der Restaurants auf den Tischen, und nur vereinzelte Nachtbummler reiben sich in den Korbstühlen beim Morgenkaffee den Schlaf aus den Augen, wenn das Glockenspiel von Sainte-Marie-Majeure neun Uhr schlägt. Wer zur See fahren will, muß aufstehen, wenn die Einheimischen von Calvi noch weitgehend unter sich sind.

Vorbei an der Zitadelle, die sich von der Seeseite aus in ihrer ganzen Unbezwingbarkeit zeigt, laufen die Schiffe aus dem Hafen, umrunden auch die schützende Felsenhalbinsel Revellata mit ihrem Leuchtturm und dem ozeanographischen Institut – und schon bläst der Wind ins Gesicht, die vorher recht stattlichen Ausflugsboote wirken angesichts der oft hohen Wellen auf einmal klein wie Papierschiffchen. Korsika ist eine Tochter der Winde, sie alle haben Namen: der wilde *Maestrale* aus dem Norden, der kühle *Ponente*, der glutheiße *Schirokko* mit Wüstenstaub. Selten zwingt der stürmische *Libecciu* die Ausflugsboote im geschützten Hafen zu bleiben: Die Kapitäne vertrauen auf die PS-Stärke der Motoren und auf die Seefestigkeit der Passagiere.

Der Ausblick vom Meer zurück zur Küste entschädigt für Schaukeln und Gischtspritzer. Eindrucksvoll erhebt sich hinter den steil ins Meer stürzenden Felsen die Kette der Berge, gekrönt vom majestätischen Monte Cinto, mit 2 706 Metern der höchste Berg Korsikas. Punta Minuta und die gezackten Gipfel der Paglia Orba, die viele für den schönsten Berg Korsikas halten, gesellen sich dazu. Klein duckt sich in der Ferne Galéria an den Fuß des Capo Tondo. Danach gibt es nur noch Natur, unberührt von jeder Straße

und nur vom Meer aus zu erreichen: Zerklüfteter, roter Fels, Lavagestein, zu bizarren Formen erstarrt, kontrastiert mit dem Blau des Meeres und dem Grün der Macchia an den Hängen. Brandung und Gischt haben Höhlen und Spalten gewaschen, dramatische Schluchten zwischen abgesprengten Zacken und hohen Steintürmen. Ihr Farbenspiel läßt die Glut des Erdinneren ahnen, aus denen ihr Baustoff einst geschleudert wurde: Rostrot und Purpur, Pastellrosa und Blutrot. Das Boot wagt sich in Höhlen und schma-

Vorbei an zerklüfteten Felsen der Westküste führt die Bootsfahrt nach Girolata

le Durchlässe vor, neue, überraschende Ausblicke öffnen sich.

Im klaren Wasser setzt sich die Farbenpracht fort mit Krustenalgen und Wäldern von Seetang. Bis 1925 lebten hier noch Mönchsrobben. Für sie war es zu spät, als 1972 der Naturpark geschaffen und drei Jahre später die rote Halbinsel **La Scandola** zum Naturschutzgebiet (Réserve Naturelle) erklärt wurde, deren außergewöhnlicher Wert auch durch die Europäische Gemeinschaft anerkannt wird.

Seitdem gibt es hier keine Menschen mehr, die Pfade in der Macchia sind zugewuchert, die Wunden, die zuvor die umfangreiche Gewinnung von Holzkohle schlug, sind überwachsen.

La Scandola verträgt keine allzugroße Nähe seiner Bewunderer. Hier sind die Bewohner der Felsenhöhlen und der Tangwälder geschützt vor harpunenbewehrten Tauchern und sogar vor Fotoapparaten. Riesige Schilder an den Felsen weisen darauf hin, daß auch sie mit ihren Kolonien von Silbermöwen und Kormoranen zum Schutzgebiet gehören. Segler und andere Seefahrer dürfen sich nur mit dem Respekt nähern, der Königen gebührt, denn hier ist das Reich der Seeadler.

Drei Paare dieses vom Aussterben bedrohten Königs der Lüfte waren nur noch übrig. Inzwischen nisten wieder meh-

rere Paare alljährlich in den steilen Klippen, einige Horste sind zur Freude der Eigner der Ausflugsboote gut vom Wasser aus zu beobachten. Vom späten Frühjahr bis zum Sommer läßt sich das Männchen anscheinend nicht von den Ferngläsern und Fotolinsen stören, die ihm bei seinem Beutezug folgen, wenn es sich mit angelegten Flügeln ins Meer stürzt und sich mit einer Brasse oder einem schweren Wolfsbarsch in den Fängen wieder hoch in die Luft schwingt. Das Weibchen zerteilt die Beute mit dem Schnabel und füttert die Jungen. Im Laufe des Juli starten sie ihre ersten Flugversuche unter den wachsamen Augen der Eltern – und der Ausflügler.

Sie sind sicher, daß sie nicht gestört werden, denn die alten Fischerhütten am Strand von Elbo sind verlassen, und längst steigt niemand mehr zu den Genuesentürmen auf, die hier so rot sind wie der Fels, aus dem sie gebaut sind.

Einer der korsischen Weitwanderwege, die der Regionalpark unterhält, »Tra Mare e Monti« berührt hier die Küste.

Gegen Mittag erreicht das Boot den Golf von **Girolata**. Auch hier gibt es keine Straße, das kleine Fischerdorf mit seiner genuesischen Zitadelle kann nur vom Meer aus oder zu Fuß erreicht werden. Was die *patrons* der vier Restaurants und zwei Imbißbuden an Frischkost für Wanderer und »Seefahrer« nicht aus dem Meer fischen, bringen die Boote als Nachschub mit.

Sie legen erst wieder ab, wenn jeder genug Zeit für ein Mittagessen oder ein Picknick hatte. Obwohl die Bucht wunderschön ist, sollte man sich ein Bad im Meer lieber für später aufsparen und statt dessen bei einem Strandspaziergang einen Blick in die Geschichte tun. Lange vor der »Armada« der Ausflugsboote war Girolata nämlich schon Ziel anderer Schiffe. Davon zeugt die Zitadelle, die die Bucht krönt. Sie befindet sich in Privatbesitz und kann nicht besichtigt werden.

Im 15. Jahrhundert leisteten die Einwohner von Girolata und anderer Dörfer des Kantons Sia den Genuesen erbitterten Widerstand. Ihre Dörfer wurden alle dem Erdboden gleichgemacht, den Korsen untersagte man, ein Gebäude, und sei es nur ein Stall, zu errichten. Daraufhin vergruben sie ihre Heiligen und die Kirchenglocken und zogen fort. Lange erzähl-

te man sich in der Gegend noch, daß manchmal im Abendwind des Dreikönigstages die Glocken der Freiheit läuteten.

Jahre später erbat der Pfarrer für seine Gemeinde Rückkehr. Die Genuesen erlaubten sie einigen ausgewählten Familien, die für dieses Recht hohe Steuern aufbringen und geloben mußten, niemals einen Bewohner des Hinterlandes Niolo zu heiraten – die Bergbewohner erschienen den Genuesen wohl als besonders unbezähmbar und aufrührerisch.

Um sich der wilden Küste zwischen Calvi und Porto zu versichern, ließen die Genuesen im 16. Jahrhundert in Girolata die Zitadelle bauen, die bald Schauplatz einer Seeschlacht zwischen dem türkischen Admiral Dragut und Gianettino Doria wurde, der mit dem Sieg seinem erfolgreichen Genuesenonkel Andrea Doria nacheiferte.

Es wird still in Girolata, wenn die Boote die Rückfahrt antreten. Dann sonnen sich die Kühe am Strand, und die Bewohner ziehen sich zur *siesta* zurück. An uns zieht noch einmal das Panorama von La Scandola vorüber, und vielleicht, wenn es das Wetter erlaubt, gibt es einen Aufenthalt am stillen Strand von **Elbo**.

Hier ist das Wasser klar und sauber, die richtige Gelegenheit für ein erfrischendes Bad, ehe die Nachmittagssonne dem kühlen Seewind trotzt und für eine heiße Fahrt nach Calvi sorgt.

Am Hafen und auf der Promenade ist es am Nachmittag ruhig, wenn sich die Heimkehrer aus den Ausflugsbooten zerstreut haben. Das Leben spielt sich am Strand ab. Es ist noch früh genug, es den Sonnenhungrigen für zwei, drei Stunden nachzutun.

Im Naturschutzgebiet können zarte Pflanzen weitgehend ungestört ihre Blütenpracht entfalten

ROUTE 7 — Calvi – Galéria – Porto (92 km)

Vormittag Auf der D 81 von **Calvi** Richtung Porto, immer auf der Küstenstraße über **Argentella** bis zur Abzweigung der D 351, auf dieser weiter nach **Galéria**; Mittagessen, später Baden an der **Fango-Mündung**.

Nachmittag Zurück zur D 81, über den **Col de Palmarella** und den **Col de la Croix** weiter nach **Porto**. Übernachtung in Porto oder Piana.

Abstecher: Als Abstecher bieten sich zwei **Wanderungen** durch die Felslandschaft der **Calanche** zwischen Porto und Piana an:
– Der blau markierte Wanderpfad »**La Corniche**« verspricht eine großartige Aussicht. Nahe der Marienstatue im Fels an der D 81 Richtung Piana geht es links steil bergan und folgt dann einem Höhenweg. Vom höchsten Punkt aus genießt man einen atemberaubenden Panoramablick über den Golf von Porto. Dann geht's wieder zurück zur Straße und zum Ausgangspunkt (ca. 1 1/2 Std.).
– Der zweite Wanderpfad, »**Le château fort**«, der ebenfalls einen herrlichen Ausblick auf die Calanche und den Golf von Porto bietet, beginnt kurz hinter Porto an der D 81; er führt in einer scharfen Kurve rechts abwärts (Hinweisschild »Château fort«), dann bergan bis zu einer Felsplattform (ca. 1 1/2 Std.).

ROUTE 7 Informationen

20245 Galéria:

L'Auberge
An der Hauptstraße
✆ 04 95 62 00 15
15. März–1. Okt. geöffnet
Einfache korsische Küche. F

U Mulinu
An der D 81 Richtung Porto
Herzhafte korsische Küche. F-FF

Le Loup de Mer
Direkt am Wasser
✆ 04 95 62 00 91
1. April–10. Okt. geöffnet
Fischrestaurant. FF-FFF

Col de Palmarella
Aussicht auf das Fango-Tal und den Golf von Girolata (408 m).

Col de la Croix
Aussicht auf den Golf von Porto (272 m).

20150 Porto:

Office De Tourisme Du Golfe De Porto
La Marine
✆ 04 95 26 10 55, Fax 04 95 26 14 25

Le Golfe
Unterhalb des Turms
✆ 04 95 26 13 33
1. April–30. Sept. geöffnet
Einfach und familiär. F

Le Romantique
Über dem Bootshafen
✆ 04 95 26 10 85, Fax 04 95 26 14 04
Ostern–31. Okt. geöffnet
Neues, kleines Hotel mit sehr freundlichem Empfang. F

Le Belvedere
La Marine (oberhalb des Orts an der D 81)
✆ 04 95 26 12 01, Fax 04 95 26 11 97
Gepflegtes Haus abseits des Trubels mit Ausblick auf den Hafen. F-FF

Les Flots Bleus
Gegenüber dem Turm
✆ 04 95 26 11 26, Fax 04 95 26 12 64
1. April–30. Sept. geöffnet
Balkons mit Aussicht auf den Golf. FF

Camping Les Oliviers
Links am Berg über die D 81
✆ 04 95 26 14 49, Fax 04 95 26 12 49
Ostern–30. Okt. geöffnet
Großer, schattiger Platz.

Funtana al'Oro
An der D 84 Richtung Evisa
✆ 04 95 26 15 48, Fax 04 95 26 10 83
In einem Olivenhain 2 km von Porto.

Soleil Couchant
Unterhalb des pisanischen Wachtturms
✆ 04 95 26 10 12
1. April–31. Okt. geöffnet
Erfindungsreiche Fischspezialitäten; unterhalb der roten Felsen der Halbinsel gelegen. FF

Le Maquis
Am Ortseingang
15. Febr.–15. Nov.
Korsische Küche und Fisch gehen in malerischer Umgebung eine gelungene Verbindung ein. FF

la mer
Gegenüber dem Wachtturm
✆ 04 95 26 11 27
Mutet mit seinen weißgetünchten Wänden und blauen Fensterläden fast griechisch an; Fischspezialitäten. FF-FFF

20115 Piana:

Syndicat d'Initiative
Am Ortseingang auf der linken Seite
✆ 04 95 27 84 42, Fax 04 95 27 82 72

Hôtel Capo Rosso
An der D 81
✆ 04 95 27 82 40, Fax 04 95 27 80 00
Schönes Hotel mit Swimmingpool und grandiosem Blick. FFF

U Campanile
Place de l'Église
✆ 04 95 27 81 71
1. April–1. Okt. geöffnet
Korsische Küche in gemütlichen Räumen. F-FF

1000 Buchten – 1000 Kurven

Die Küstenstraße von Calvi nach Porto

Nach dem Trubel in und um Calvi bringt dieser Tag einen der Kontraste, die so typisch sind für Korsika. Die ursprüngliche, wilde Schönheit der Landschaft steht im Vordergrund, kaum berührt von menschlichen Ansiedlungen.

In Calvi fahren wir den Boulevard Wilson hinauf zur Zitadelle, ein letzter Blick auf das genuesische Bollwerk, dann, bereits auf der D 81 Richtung Porto (*»par la côte«*), liegt die **Halbinsel Revellata** vor uns. Die Küstenstraße windet sich auf halber Höhe über dem Wasser durch schroffe Felsen und Macchia, umrundet weitläufig tiefeingeschnittene Buchten, um sich dann kühn wieder über Felstrümmer und Brandung zu schwingen.

Immer neue Ausblicke öffnen sich nach jeder Kurve. Manchmal schimmert das Meer blau und friedlich zwischen Vorsprüngen und Halbinseln. Häufiger aber jagt der Westwind die Wellen heran, die sich tosend an den Steilküsten und Wasserfelsen brechen und einen Hexenkessel aus weißer Gischt entfesseln, der die Küste gürtet. Auch die »Nüstern« des vorspringenden Berges Capo a u Cavallo (Pferdekopf) sind oft schaumbedeckt.

Schutzlos ist das Land südlich der weiten Bucht von Calvi den Winden ausgeliefert. Hier hält es selten Menschen.

Kaum zu glauben, daß diese dürre, felsige Gegend noch zur Balagne gehört. Allerdings hat sie einen Beinamen, damit sie ja nicht mit der fruchtbaren Gegend der Olivenhaine und Weinberge verwechselt wird: *Balagne déserte*, die öde, die unfruchtbare Balagne. Ganz hat sie diese Bezeichnung allerdings nicht verdient, denn im Windschutz der Küstenfelsen wurde an vielen Stellen früher Korn angebaut, um die Brunnen, die hier aus Bachkieseln gemauert werden,

ROUTE 7

tränkten Viehherden. Die **Bucht von Crovani** mit ihrem dunklen Sand aus feinen Kieseln ist immer noch Weideland für Rinder, auch wenn es uns im Sommer, verglichen mit den regengrünen deutschen Wiesen, dafür reichlich gelb und dürr erscheinen mag.

Im Frühjahr blüht die Zistrose, deren korsischer Name »mucchju« der Macchia ihren Namen gab

Am Ende der Bucht von Crovani tauchen links zwischen den Bäumen verlassene Gebäude auf, fremd und unpassend wirken sie, wie aus einer anderen Zeit. Es sind die Ruinen der Erzbergwerke von **Argentella**. Früher wurde hier Silber abgebaut. Eine strahlende Zukunft hatte die französische Regierung dem stillgelegten Bergwerk zugedacht: 1960 wollte sie dort unterirdische Atomversuche durchführen. Den Korsen in diesem unterentwickelten Landstrich sollte das, so hieß es, nur Vorteile in Gestalt von Arbeitsplätzen und neuen Straßen bringen. Sie allerdings waren dagegen, daß ihre Probleme »mit der Atombombe« gelöst werden sollten und befürchteten unter anderem eine Verseuchung der unterirdischen

Frische Milch kommt in Korsika von Ziegen und Schafen, nur zwei, drei Bauern liefern Kuhmilch an Supermärkte – Außenseiter und Ausländer, die die Wünsche ihrer Landsleute kennen.

ROUTE 7

Wasserreservoire. Sie fühlten sich als Kolonie mißbraucht, der die ungeliebte Zentralmacht Experimente zumuten wollte, die auf dem Festland undenkbar wären. Wie so oft, so argwöhnten sie, sollte sich der Spruch »*baccala per Corsica*« bewahrheiten. Baccala ist der gesalzene Stockfisch, der in dörflichen Krämerläden als Vorrat überwintert und sich anderswo nicht verkaufen läßt – baccala steht deshalb in dem geflügelten Wort für alles Schlechte, das für die Insel gerade gut genug sein soll. Letztendlich bekam die *Balagne déserte* keine Radioaktivität – aber auch keine neuen Straßen und erst recht keine Arbeitsplätze.

Dichtgedrängt schmiegen sich die Häuser an den Felsen, auf dem der pisanische Wachtturm von Porto thront

ROUTE 7

Ihr bleibt die großartige Küstenlandschaft, durch die die Straße führt, wild und einsam. Eine letzte felsige Halbinsel, die Straße erklimmt mit der **Bocca Bassa** einen Aussichtspunkt – dann eröffnet sich überraschend der weite, dunkle Strand von Galéria, zum Landesinneren hin begrenzt von einem üppigen Wald und im Süden bewacht von den Resten eines Genuesenturms. Der Strand scheint zum Ins-Wasser-Springen nahe, doch noch einmal führt die Straße vom Meer weg ein Stück weit ins Fango-Tal, aber nicht bis hinauf zum Fuß der Zweitausender, die das Flußtal verriegeln, sondern über die fünfbogige Brücke. Dahinter zweigt die D 351 ab ins Dorf Galéria, eine gute Gelegenheit, um sich die Füße zu vertreten und zu Mittag zu essen.

Galéria wurde als Ferienort spät entdeckt. Wuchernde Hotels und hemmungsloses Bauen waren da schon nicht mehr Trumpf – wohl auch, weil der Regionalpark zwei Worte dabei mitzureden hatte. So hat es weitgehend seinen ursprünglichen, leicht verschlafenen Charakter bewahrt, Ferienhäuser werden behutsam in die Landschaft eingegliedert. Der Urlaubsbetrieb spielt sich weniger im eigentlichen Dorf als rings um den schmalen Strand ab, wo auch die Boote ankern.

Von ihm sollte man sich nach der Mittagszeit nicht zum Baden verlocken lassen. Da gibt es Besseres in unmittelbarer Nähe: den langen Strand, den wir schon von der Küstenstraße aus gesehen haben.

Der Weg dorthin führt etwa zwei Kilometer zurück auf der D 351 bis zum Parkplatz auf der linken Seite unterhalb des Genuesenturms. Von dort aus folgt man

dem Fußpfad am Turm vorbei und über Treppen hinunter zur Flußmündung. Seit die **Fango-Mündung** mit Strand und Wäldern unter Schutz gestellt und das wilde Zelten dort streng verboten wurde, ist sie wieder ein Paradies, das einen Besuch lohnt. Im Frühjahr braust der Fango noch ungestüm mit dem Schmelzwasser aus den Bergen ins Meer, aber je mehr er an Wucht verliert, umso höher türmt das Meer einen natürlichen Wall aus Sand und Steinen vor seiner Mündung auf, bis sich der Fluß schließlich zu einem See staut. Sein stilles, schilfgesäumtes Süßwasser bildet im Sommer einen Kontrast zum oft wild bewegten Meer, das nur durch den Kiesstrand vom Fango getrennt ist. Die Flußufer säumt ein ausgedehnter Wald, in dem Kühe und halbwilde Schweine Nahrung und Schatten finden. Dahinter erhebt sich - vom Strand aus deutlich zu sehen - die Gipfelkette der Berge, denen der Fango entspringt: Capo Tafonato, Paglia Orba, Punta Minuta.

Rund zwei Stunden kann man sich Zeit lassen, in den bei Westwind riesigen Wellen zu baden, die sich an dem langen Strand brechen. Dann wird es Zeit, die Fahrt fortzusetzen. Über die D 351 geht es zurück zur Fango-Brücke, dann weiter auf der D 81 Richtung Porto. Die Straße trennt sich vom Meer und steigt jetzt ständig an, das Fango-Tal bleibt zurück, grüne Macchia erstreckt sich an den Berghängen, soweit das Auge reicht.

Im Frühjahr, wenn die Macchia blüht, ist ihr Duft betäubend. Mit ihrem Aroma schützen sich die Pflanzen gegen die Freßgier von Ziegen und anderen Kräuterliebhabern - ihnen ist der Geschmack der lockenden Pflanze im wahrsten Sinne des Wortes zu stark. Bienen dagegen schätzen die Blüten, aber auch ihr Honig hat einen unverwechselbaren, sehr intensiven Geschmack. Eine zarte rosafarbene oder weiße Blüte mit zerknitterten Blättern gab dem undurchdringlichen Buschwald seinen Namen: die Zistrose *mucchju*. Die Macchia, die fast im ganzen Mittelmeerraum verbreitet ist, trägt also einen Namen korsischen Ursprungs, und das ist nur gerecht, denn nirgends wächst sie höher und üppiger als hier. Sie bot früher den korsischen Banditen sicheres Versteck und ver-

barg die *macchjaghjoli*, die Widerstandskämpfer, im Zweiten Weltkrieg vor italienischen und deutschen Truppen. So typisch die Macchia für Korsika ist – es gibt sie erst, seit die Eroberer jahrhundertelang die korsischen Wälder abholzten, um Schiffe aus den Baumstämmen zu bauen.

Nach einer halben Stunde durch die Macchia ist der **Col de Palmarella** erklommen, nicht nur ein großartiger Aussichtspunkt, sondern eine unsichtbare Grenze. Hier beginnt nämlich Südkorsika, und hier ist vieles anders, auch wenn der Blick auf den Golf von Girolata nichts davon verrät. Hier begann früher das unumschränkte Herrschaftsgebiet der adeligen *signori*. Die *terra di u cummunu*, der Zusammenschluß freier Gemeinden im Norden, konnte hier nicht Fuß fassen. Die Häuser im Süden sind aus Granit, die Sprache ist anders – und manchmal sogar das Wetter. Aber das betrifft eher die alpine Grenze zwischen Nord und Süd als den »kleinen« Übergang von einem Département ins andere auf dem 408 Meter hohen Paß Col de Palmarella.

Von jetzt an versperren die Küstenberge nicht mehr die dramatischen Ausblicke auf das Meer zwischen engen Kurven und Felsen, die hier gelegentlich schon rot sind. Eine halbe Stunde später ist mit dem **Col de la Croix** der nächste Höhepunkt erreicht. Im Norden schiebt sich die genuesische Festung von Girolata tief unten hinter einem Bergrücken hervor – von hier aus führt der Fußpfad zum Fischerdorf hinunter, die einzige Verbindung auf dem Landweg.

Auf der anderen Seite leuchtet der **Golf von Porto** in der Tiefe, eine Bucht zwischen hohen Bergen, die ins Meer stürzen, mittendrin ein geborstener pisanischer Wachtturm auf einem Felsen. Unberührt in seiner Schönheit wirkt der Golf von Porto aus dieser Höhe, den die UNESCO als Naturdenkmal der Menschheit klassifizierte und damit den Niagarafällen an die Seite stellte. Ein Urteil, das große Erwartungen weckt, Erwartungen, die aber abbröckeln in dem Maße, in dem man sich dem Juwel in seinem blauen Meeresrahmen nähert. Nicht der Ort Porto war Anlaß für die Auszeichnung, sondern die einmalige Landschaft ringsum.

Die Macchia läßt mit ihren trockenen Büschen und harzigen Essenzen ein Rodungsfeuer in Sekundenschnelle zum gefürchteten Feuersturm anwachsen, der in jedem Jahr Tausende Hektar Vegetation auf der Insel verzehrt.

ROUTE 7

Porto selbst war ursprünglich nur Fischerhafen des höhergelegenen Ota, ein Dorf ist es nie gewesen und nie geworden. Statt Häusern gibt es nur Hotels und Restaurants, die bis zum Meer wuchern und den alten Eukalyptuswald am Fluß bedrängen. Leben bringen nach Porto nur die Urlauber und die Besitzer der Beherbergungsbetriebe und Andenkenläden. Der Schönheit des Golfs können die Sünden des ungebremsten Bauens trotz allem wenig anhaben. Bei der Auswahl der Hotels für die Übernachtung sollte man darauf achten, daß man sie – und nicht eines der neuen oder älteren Betongebäude – vor Augen hat, wenn die Sonne hinter dem Wachtturm im Meer versinkt, die die Porphyrfelsen rot glühen läßt. Elf Kilometer weiter, in **Piana**, geht es ruhiger zu, auch dort gibt es eine gute Möglichkeit zur Übernachtung.

Die roten Felsen der Calanche leuchten im Abendrot

ROUTE 8 — Porto – Col de Verghio – Evisa – Wanderung durch die Spelunca-Schlucht – Porto (60 km)

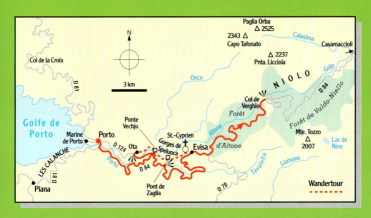

Vormittag	Von **Porto** auf der D 84 Richtung Evisa, weiter auf die Paßhöhe des **Col de Verghio**; zurück nach Evisa.
Nachmittag	Ab Friedhof in **Evisa** an der Grabkapelle St.-Cyprien rechts auf den alten Maultierpfad in die **Spelunca-Schlucht** (Hinweisschild, orange Markierung). Wanderung durch die Schlucht nach **Ota** (ca. 3 Std.); mit dem Taxi nach Evisa zurück; Übernachtung in Evisa oder auf der D 84 Rückkehr nach **Porto** bzw. **Piana**.

ROUTE 8 Informationen

 Col de Verghio
Von der 1 477 m hoch gelegenen Paßhöhe hat man einen weiten Ausblick auf das Bergland Niolo und die Buchten der Westküste.

20126 Evisa:

 Hôtel/Restaurant L'Aïtone
✆ 04 95 26 20 04, Fax 04 95 26 24 18

Nov.-Jan. geschl.
Großartiger Ausblick von der Terrasse ins Tal des Aïtone bis zum Golf von Porto.
F-FF

 Hôtel/Restaurant Scopa Rossa
✆ 04 95 26 20 22, Fax 04 95 26 23 08
1. April-31. Okt. geöffnet

 Korsische Küche. Ländlich gelegen, Zimmer z.T. mit Blick auf wilde Macchialandschaft und Wälder.
F-FF

ROUTE 8 Informationen

Wanderung durch die Spelunca-Schlucht (Gorges de Spelunca)
Von der Grabkapelle St.-Cyprien auf dem Friedhof in Evisa nach rechts, steil abwärts, dann durch die Schlucht und Aufstieg nach Ota (ca. 3 Std.).
Der Pfad ist leicht zu gehen und mit gut sichtbaren organgefarbenen Markierungen versehen. Er ist Teil des Weitwanderweges »Tra Mare e Monti«.

Taxi von Ota nach Evisa
Bar/Restaurant Chez Félix
20150 Ota
✆ 04 95 26 12 92
Fahrpreis (bis 4 Pers.): 200 FF

Hotels, Campingplätze und Restaurants in Porto bzw. Piana s. S. 89.

Feste/Veranstaltungen:

Casamaccioli: Am 8. und 9. Sept. feiert man in Casamaccioli das **Fest der Santa Maria von Niolo** mit einer Prozession und einem Sänger- und Dichterwettstreit. Das Fest zu Ehren der Schutzheiligen ist ein echt korsisches Volksfest. Casamaccioli liegt an der D 218, die über die D 84 in nordöstlicher Richtung zu erreichen ist.

Der Fluß Calasima hat bizarre Formen aus dem Fels gewaschen

Berge der Hirten
Niolo und Spelunca

Die Fischer, die früher vom kleinen Hafen Porto zu mehrtägigen Fischzügen aufbrachen, mieden ansonsten wie die übrigen Korsen den Aufenthalt am Meer. Sie wohnten – und wohnen noch heute – in den Bergen, wo es sicherer war und die Luft im Sommer kühler ist. Eines dieser Bergdörfer ist **Evisa**.

Auf einer Strecke von 20 Kilometern steigt die D 84 vom Meeresniveau auf 840 Meter Höhe, zuerst durch Macchia, später durch Kastanien. Links in der Tiefe können wir die Spelunca-Schlucht ahnen, der Blick auf den Grund des tiefeingeschnittenen »Canyon« ist aber ständig durch das üppige Grün der Vegetation verdeckt. Bevor wir uns in die schattige Tiefe begeben, wollen wir zunächst so hoch wie möglich hinaus – auf den mit 1 477 Metern höchsten Straßenpaß Korsikas.

Deshalb lassen wir Evisa zunächst einmal hinter uns – zur Mittagszeit werden wir hierher zurückkehren. Kastanienbäume begleiten die D 84 hinter dem Dorf. Sie waren bis in unser Jahrhundert die hauptsächliche Nahrungsquelle der hiesigen Bevölkerung. Bald weichen sie im **Wald von Aïtone** (Forêt d'Aïtone) riesigen, kerzengerade gewachsenen Kiefern. Bergbewohner wie die Korsen, gedeihen die Lariccio-Kiefern (*u lariciu*) an den felsigen Hängen in einer Höhe zwischen 1 000 und 1 800 Metern. 50 Meter und mehr werden sie hoch, und ihr Stamm kann bis zu zwei Meter Durchmesser erreichen. Stürme können ihnen nichts anhaben, es sei denn, der Mensch legt ihre Wurzeln frei, indem er mit dem Bulldozer Pisten und Schneisen in Hänge fräst.

Ihr Duft erfüllt die Luft im Aïtone-Wald, hier und da hört man das Rauschen eines Wasserfalls bis zur Straße. Lange grüne Moosbärte hängen von Ästen

Ihre Sturmfestigkeit wäre den gewaltigen Kiefern beinahe zum Verhängnis geworden, denn jahrhundertelang ließen die Eroberer der korsischen Küsten sie fällen als Masten für ihre Schiffe und als Bauholz.

einiger Baumgreise. Während der Fahrt von einer halben Stunde steigt die Straße stetig bergauf, Birken, Buchen und Tannen gesellen sich mit zunehmender Höhe zu den Kiefern. Auch sie bleiben zurück, wenn die Paßhöhe des **Col de Verghio** (Bocca di Verghju) erreicht ist.

Tenite vi caru – liebt einander, wie ich euch geliebt habe –, mahnt die Inschrift am Fuß der monumentalen, auf einer symbolischen Weltkugel plazierten Jesusfigur aus Granit.

Eine Welt für sich, eine ganz andere Welt als die der Küste, liegt auch demjenigen zu Füßen, der den Wagen auf dem Parkplatz an der Statue abstellt und ein paar Schritte nach Osten zum Rand des Felsplateaus geht. Weit wandert der Blick über eine scheinbar flache Talschüssel hin, die allerdings 900 Meter über dem Meer liegt. Begrenzt wird die Hochebene des **Niolo** (Niolu) von den höchsten Bergen Korsikas. Die Talsperre von Calacuccia nordöstlich liefert seit 1968 das lebenswichtige Wasser für die Gemüsekulturen an der Ostküstenebene. Der Niolo ist das Land der Hirten, viele Jahrhunderte isoliert vom Rest der Insel und nur auf zwei Maultierpfaden zu erreichen. Seine Bewohner mußten keine Invasionen fürchten wie die Bewohner der Küsten und der vorgelagerten Berge. Deshalb gleichen ihre Dörfer nicht Festungen wie viele andere korsische Dörfer, statt dessen sind die Häuser aus Granit locker über Berghänge gestreut. Werkzeug und Gerät vom Eimer bis zur Holzgabel wurden hier selbst hergestellt, und noch immer benutzt man hier zur Herstellung von Ziegen- und Schafskäse lieber die handgeflochtenen Binsenkörbe als ihre Nachahmungen aus giftgrünem oder weißem Plastik.

Der Niolo hat eine eigene Hirtenkultur, Sitten und alte Bräuche haben sich in der Abgeschiedenheit länger als anderswo erhalten.

Ihren Käse bringen die Hirten zum Verkauf in viele Dörfer und Städte der Insel – früher mit dem Maultier, heute mit dem Pickup, der im Herbst, wenn der erste Rauhreif das Gras erstarren läßt, auch die Schafe oder Ziegen aufnimmt, um sie auf die Winterweiden an den Küsten zu bringen: nach Piana, Cargèse oder auch an die Ostküste, wo sie auf Brachland oder zwischen Artischocken und Salat das allgegenwärtige Unkraut rupfen. Im Winter sind die grauen Stein-

hütten verschlossen, wie Nomaden sind die Hirten mit den Herden gezogen.

Früher trieben sie ihre Tiere – oft 500 oder noch mehr – über die alten Pfade zum Meer, hinunter nach Evisa, dann durch die Spelunca-Schlucht nach Ota und weiter über einen Maultierpfad nach Piana. Viele der neuen Wanderwege sind wiederentdeckte Pfade der Transhumanz, der Wanderweidewirtschaft, die heute nicht mehr den Ziegen, sondern den Herden der Rucksacktouristen auf der Suche nach dem ursprünglichen Korsika dienen.

Für die Dörfer des Niolo war – und ist – der Aufbruch der Hirten »an den Strand« ein einschneidendes Ereignis. Vielleicht wird deshalb gegen Ende des

Durch Wälder von mächtigen Lariccio-Kiefern geht es hinauf zum Col de Verghio

ROUTE 8

Auf dem Col de Verghio begegnet man unvermittelt halbwilden Schweinen ...

Noch immer trauert der Niolo um einen der berühmtesten musikalischen Spötter, um Pampasgiolu, der 1977 starb. Ein anderer, ebenso bekannt und beliebt für seine spitze Zunge, war bis zu seinem Tod im Jahr 1963 der Sänger und Dichter Minicale aus Evisa.

Sommers, am 8. und 9. September, in **Casamaccioli** das Marienfest der Santa vom Niolo so prächtig gefeiert. Nach der Prozession stellen Hirten und Handwerker auf einem großen Markt ihre Produkte vom preisgekrönten Widder bis zum Käse und vom geflochtenen Kastanienkorb *spórta*, bis zum Pullover aus handgesponnener Schafswolle aus. Höhepunkt des Festes ist jedoch der Sängerwettstreit. Vielleicht mangels anderer Unterhaltung haben nämlich die Bergbewohner eine ausgeprägte musikalische Tradition entwickelt, und zur Mariä Geburt messen sie sich mit den Sängern aus anderen Teilen der Insel wie zum Beispiel der Castagniccia.

Da ist dann die *paghjella* zu hören, ein polyphoner dreistimmiger Gesang, dessen Ursprünge in vorgregorianischer Zeit und im altitalienischen Madrigal vermutet werden. Einige Sänger sind aber auch wahre Meister der Improvisation, wenn sie im Wechselgesang *chjame e rispondi* mit einer gehörigen Portion Ironie ihre Mitmenschen vom Bürgermeister bis zum Präfekten und anderen Größen aus Dorf und hoher Politik aufs Korn nehmen.

Folgen wir den Spuren der Hirten auf den Wegen der Transhumanz zurück nach Evisa und stärken uns dort mit einem *tianu di fasgioli*, einem Schmorgericht aus Hammel und Bohnen, oder mit einem Brocciu-Omelett, ehe wir so gerüstet dem uralten Saumpfad auf den Grund der **Spelunca-Schlucht** folgen, der fast bis zum Meer führt!

Der Wagen bleibt auf dem Parkplatz am Friedhof zurück. Die Wanderung beginnt an der Grabkapelle Saint-Cyprien. Bis zum Golf von Porto schaut man zu Beginn des Pfades, doch gleich darauf versperren Bäume und Sträucher den Blick: Kiefern, Eichen, bis zu drei Meter hohe Baumheide, aus deren Wurzeln Bruyère-Pfeifen geschnitzt werden und deren dürre Zweige sich vorzüglich zum Vorheizen von Brot-

backöfen und zum Kaminanzünden eignen. Dazwischen Erdbeerbäume, die gleichzeitig Blüten und Früchte tragen und aus deren süßen roten Fruchtkugeln Likör hergestellt wird.

Vorbei an einer gefaßten Quelle geht es über einen mit Mauern befestigten Hang in etwa einer halben Stunde bis hinunter zum Aïtone, der sich im Winter und Frühjahr als ungebärdiger Wildbach aufführt, so heftig immerhin, daß er sich im Lauf der Jahrtausende sein Bett rund 600 Meter tief in die roten Felsen geschnitten hat.

An der genuesischen Brücke **Pont de Zaglia** bekommt er Verstärkung durch die Tavulella und heißt von da an im Vollgefühl seiner neuen Kräfte Porto. Der Pfad folgt dem linken Ufer immer am Fluß entlang auf dem schattigen Grund der Schlucht und ist jetzt beinahe eben mit leichtem Gefälle bis zur Einmündung des Onca-Bachs. Elegant spannt sich die zweite Genuesenbrücke der Schlucht, die **Ponte Vechju**, über das wilde Wasser, das hier ein tiefes Becken bildet und zu einem erfrischenden Bad einlädt.

... dagegen ist das Mufflon mittlerweile eine echte Seltenheit geworden

Die beiden Brücken legen Zeugnis davon ab, daß schon die Herren von Genua mit ihren kriegerischen Ambitionen den alten Verbindungsweg zwischen Meer und Bergen kannten und schätzten. Allerdings wohl weniger wegen seiner grandiosen landschaftlichen Schönheit mit steilaufragenden Felsen und wilden Wassern als aus Gründen der Zweckmäßigkeit: zum Holztransport für ihre Kriegsschiffe, zum Handel, zum Abtransport der Steuern, die die Korsen hier in Form von Honig, Wachs, Käse und anderen Naturalien zu zahlen hatten. Aber auch für ihre Strafexpeditionen in die aufständischen Bergdörfer, bei denen sie die Männer und Frauen als Sklaven zur Küste schleppten und mit ihren Schiffen zum Verkauf auf das italienische Festland brachten, war der Pfad von Nutzen.

Nicht zuletzt drang auf diesem Weg die toskanische Sprache ins Inselinnere vor und verdrängte dort

Ota hat – ganz in der Tradition der Gegend – auch einen bekannten Sänger. Dumenicu Leca, »U Furcatu«, hat die Nachfolge seiner Vorbilder aus dem Niolo im Wechselgesang »chjame e rispondi« angetreten.

Der Niolo ist die Heimat der Hirten

allmählich die ursprüngliche Sprache der Bewohner – sogar im Niolo.

Heute läßt die so stille Brücke über den Porto nichts mehr ahnen von ihrer bewegten Vergangenheit. Aber der alte Pfad – bis vor wenigen Jahren vergessen und zugewachsen – führt weiter, er ist sogar zum Teil mit Steinen gepflastert, damit ihn die Maultierhufe der früheren Zeiten zur Regenzeit im Winter nicht in eine Masse aus glitschigem Schlamm verwandelten, der Tiere und kostbare Lasten gefährdete. Er steigt jetzt noch einmal durch Olivenhaine an, aber dann ist schon mit dem Dorf Ota das Ziel der Wanderung erreicht.

Ota ist das Dorf, zu dem Porto, der »Hafen« gehört. Hier ist die Schule für die Kinder der Hotelbesitzer, und hier wohnen die Fischer, die die Restaurants mit Langusten oder Zahnbrassen beliefern. Hier – und nicht etwa im größeren Porto – residiert auch der Bürgermeister.

Weil Wanderer aus der Spelunca-Schlucht immer wieder nicht wußten, wie sie von Ota aus ihren Wagen in Evisa oder ihr Quartier in Porto erreichen sollten, hat der *patron* der Bar »Chez Félix« ein eigenes Taxiunternehmen aufgezogen. Wer ihn auf der Fahrt nach Evisa nach dem so gefährlich überhängenden Felsen fragt, der das Dorf am Hang zu bedrohen scheint, dem erzählt er vielleicht mit undurchdringlicher Miene und ganz ernsthaft eine Geschichte: Seit Menschengedenken sollen demnach Mönche, die sich ständig abwechseln, mit schweren eisernen Ketten den Felsen halten und vor dem Absturz auf das Dorf bewahren.

Aber sind wir hier nicht im Land der Sängerpoeten und Dichter, die ihre Zuhörer nur zu gern auf den Arm nehmen?

ROUTE 9 — Porto – Cargèse – Ajaccio (82 km)

Vormittag Auf der D 81 durch die bizarren Felsen der **Calanche** nach **Piana**, weiter nach **Cargèse**: Bummel und Besichtigung der griechischen Kirche Sainte-Marie.

Nachmittag Weiter auf der D 81, vorbei an den Stränden von **Sagone**, **Liamone** und **Tiuccia**, auf den **Col de San Bastiano** und nach Mezzavia. Auf der N 194 nach **Ajaccio** (Stadtplan von Ajaccio s. S. 114).

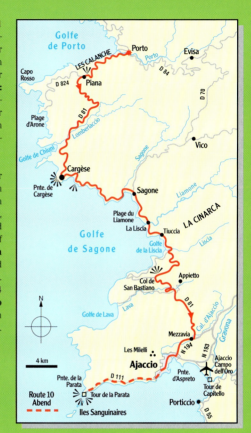

ROUTE 9 — Informationen

20130 Cargèse:

Office de Tourisme
Rue du Dr Dragacci
✆ 04 95 26 41 31, Fax 04 95 26 48 80

 Ste.-Marie
Nachfahren der griechischen Siedler, die 1676 als Flüchtlinge nach Korsika kamen, errichteten die griechisch-orthodoxe Kirche 1852–72. Im Kircheninneren

ROUTE 9 Informationen

Ikonen vom Berg Athos, u. a. Johannes der Täufer mit Engelsschwingen (16. Jh.), Grablegung Christi (13. Jh.) und ein Gemälde griechischer Kirchenlehrer (17. Jh).

A Volta
Place Chantoine Mattei
✆ 04 95 26 41 96
Ostern-Sept. geöffnet
Einfaches Restaurant mit schöner Terrasse. F-FF

Bel'Mare
Am Ende des Dorfes auf der rechten Seite
✆ 04 95 26 40 13
1. März-15. Nov. geöffnet
Weißgetünchtes Restaurant mit blauen Läden und einer kleinen Terrasse mit umwerfendem Ausblick hoch über dem Meer. F-FFF

Le Macao
Am Hafen
✆ 04 95 26 44 28
Ostern-Sept. geöffnet
Es gibt nur zwei Gerichte, deren Zutaten der Patron jedoch täglich frisch aus dem Meer fischt: Nudeln mit Langusten und eine köstliche Fischsuppe. FF

U Menasina
Links der D 81, 2 km östlich von Cargèse
✆ 04 95 26 44 11
Ostern-15. Okt. geöffnet
Phantasievolle Verbindung korsischer und griechischer Küche zwischen üppigem Grün und Blumen. FF-FFF

Col de San Bastianu
411 m hoch, Aussicht auf den Golf von Lava.

20000 Ajaccio:

Office Municipal De Tourisme
Place Maréchal-Foch (neben dem Hôtel de Ville)
✆ 04 95 51 53 03, Fax 04 95 51 53 01

Parken ist in Ajaccio ein Problem. Im Zentrum gibt es an den Straßen Plätze mit begrenzter Parkzeit, für die am Automaten (*horadateur*) ein Parkschein gezogen werden kann. Unter dem Place Général-de-Gaulle (Diamant) befindet sich ein Parkhaus. Gebührenfreie Plätze gibt es in der Nähe der Napoleon-Grotte am Ende des Cours Grandval und an der Route des Sanguinaires (ca. 30 Fußminuten vom Zentrum, es gibt auch eine Busverbindung). Gebührenpflichtige Parkplätze befinden sich am Fährhafen (Gare Maritime).

Hôtel Fesch
7, Rue Fesch
✆ 04 95 51 62 62, Fax 04 95 21 83 36
15. Dez.-15. Jan. geschl.
Moderner Komfort in traditionellem Ambiente; die Einrichtung wurde von Kunsthandwerkern entworfen. FF

San Carlu
8, boulevard Danielle-Casanova
✆ 04 95 21 13 84, Fax 04 95 21 09 99
Jan. geschl.
An der Zitadelle mit Ausblick auf den Golf. FF

Hôtel Du Golfe
5, boulevard du Roi-Jérôme
✆ 04 95 21 13 84, Fax 04 95 21 09 99
Febr. geschl.
Zentral gelegen mit Blick auf den Marktplatz und Hafen. FF

Hôtel Napoléon
4, Rue Lorenzo-Vero
✆ 04 95 51 54 00, Fax 04 95 21 80 40
Zentral gelegenes Hotel in einer ruhigen Seitenstraße des Cours Napoléon. FFFF

Da Mamma
Passage de la Guinguetta
✆ 04 95 21 39 44
Ende Dez.-Ende Jan. geschl.
Gemütliches Restaurant mit einer winzigen Terrasse unter üppigem Blätterdach in einem stillen Winkel der Altstadt. F-FF

La Calata
Oberhalb des Yacht- und Fischerhafens
✆ 04 95 21 26 77
Ostern-15. Okt geöffnet
Einfaches Menü und Pizza, im Sommer stehen die Tische unter freiem Himmel

auf einer Bastion der Zitadelle mit Blick auf den betriebsamen Hafen. F-FF

A Pampana
14, Stretta di a porta
✆ 04 95 21 19 66
So/Mo und Mitte Juni-Mitte Juli geschl.
Neuer Stern am Restauranthimmel von Ajaccio mit täglich wechselnder Speisekarte, je nachdem was der Markt bietet. FF

Le bec Fin
3 bis, boulevard du Roi-Jérôme (direkt am Markt)
So und an Feiertagen geschl.
✆ 04 95 21 30 52
Nett und originell. FF

Le 20123
2, Rue Roi de Rôme
Mo geschl.
✆ 04 95 21 50 05
Ambiente eines korsischen Dorfplatzes mitten in der Stadt. FF

Le Gran Café Napoléon
10, cours Napoléon
✆ 04 95 21 42 54
So geschl.
Kein Café, sondern ein Restaurant, dessen Patron sich dem großen Namen verpflichtet fühlt. FF

Glacier Le Cristal
Port de l'Amiraute
Eisspezialitäten in allen erdenklichen Variationen.

Casino Municipal D'Ajaccio
Boulevard Pascal Rossini
✆ 04 95 50 40 60
Tägl. 15-3 Uhr
Hier kann man bei Roulette und Black-Jack sein Glück versuchen.

Au Son des Guitares
Rue du Roi de Rôme
Klein und gemütlich; korsische Folklore und Cabaret.

Le Satellite
Routes des Sanguinaires, Santa Lina
✆ 04 95 52 05 94
Piano Bar und Live-Musik.

la 5eme avenue
Route des Sanguinaires, Santa Lina
✆ 04 95 52 09 77
Discothek mit heißen Rhythmen bis zum Morgengrauen.

Außerhalb von Ajaccio:

Hôtel Stella di Mare
Route des Sanguinaires
✆ 04 95 52 01 07, Fax 04 95 52 08 69
Ostern-30. Okt. geöffnet
Zimmer mit Blick aufs Meer; Pool. FF

Hôtel Eden Roc
Restaurant La Toque Impériale
Route des Sanguinaires

✆ 04 95 51 56 00, Fax 04 95 52 05 03
Exklusives, komfortables Hotel mit Seeblick und renommiertem Restaurant. FFF-FFFF

Hôtel Dolce Vita/Restaurant La Mer
Route des Sanguinaires
✆ 04 95 52 42 42, Fax 04 95 52 07 15
Schick und edel. FFF-FFFF

Le Maquis
Porticcio
✆ 04 95 25 05 55, Fax 04 95 25 11 70
Von außen kleine, verschachtelte weiße Bauten im Grünen mit eigenem Strand; innen gediegener Stil und Luxus; renommiertes Restaurant. FFFF

Les Mouettes
9, cours Lucien Bonaparte (Richtung Iles Sanguinaires)
✆ 04 95 50 40 40, Fax 04 95 21 71 80
15. April-31. Okt. geöffnet
Luxus, der seinen Preis hat. FFFF

Camping Barbicaja
Route des Sanguinaires
✆ 04 95 52 01 17
Schattiger Platz auf Terrassen in Strandnähe.

Tip: Wer Fischgerichte liebt, findet bei einem Ausflug Richtung Iles Sanguinaires alles, was das Herz begehrt, in allen Preisklassen – von der schlichten Strohhütte mit Strandterrasse bis zum Edelrestaurant.

9 Teufelswerk und Griechenzuflucht

Von Porto nach Ajaccio

Zahlreiche Sagen ranken sich um die bizarren roten Felsen der Calanche

Idyllisch sind die Rückblicke auf Porto, die sich von der D 81 Richtung Ajaccio eröffnen, wenn der Wald hinter einer Kurve, einer Steigung plötzlich für Sekunden noch einmal den Turm über dem kleinen Fischer-

hafen freigibt. Noch lassen einzelne bizarre Felsbrocken, verstreut zwischen Kiefern, nicht ahnen, wie dramatisch sich das Bild nach wenigen Minuten wandeln wird.

300 Meter tief stürzen die bizarren, wilden Felsen der **Calanche** (Calanca) ins Meer, blutrot und purpur, bilden Formen, die nur einer wüsten, leidenschaftlichen Phantasie entsprungen sein können und die eine entfesselte Zyklopenhand in einem zügellosen Rausch geschaffen haben muß. Das jedenfalls berichten die alten Sagen der korsischen Hirten, denen auf ihrem Weg von den Bergen zu den Winterweiden an den Küsten die wilden Felsgestalten zwischen Sonnenuntergang und Dämmerung manches Mal zu unheimlichem Leben erwacht sein mögen. Ihnen reichen Salz,

Sonne und Wind nicht aus zur Erklärung des zerklüfteten Naturwunders im Fels, da mußte eine andere Macht am Werk gewesen sein: der Teufel selbst! Der, so flüstert man, verliebte sich nämlich in grauer Vorzeit in eine schöne Hirtin. Sie wollte aber nichts von ihm wissen, und weil sie schon heimlich einen jungen Schäfer liebte, wies sie das Herz des Teufels zurück. In grenzenloser Verzweiflung und Wut stampfte der Teufel daraufhin die Calanche aus der Erde. Er vergaß nicht, sich selbst, die schöne Korsin und auch das verschmähte Herz in Stein zu bannen - wer genau hinschaut, kann es finden.

Ein paar Kilometer weiter ist in **Piana** der höllische Spuk vorüber. Nicht weit von hier wurden 1943 von U-Booten die ersten Waffen für die korsischen Widerstandskämpfer an Land gebracht und heimlich auf Maul-

tierpfaden weitertransportiert, um die Insel von der deutschen Besatzung zu befreien.

Die Straße verläßt das Meer, der erste Abschnitt ist gut ausgebaut, geht aber abrupt in die alte Schlängelstrecke über, erst das letzte Stück vor **Cargèse** (Carghjese) ist wieder neu geteert. Sie führt mitten in ein Dorf, das so gar nicht korsisch wirkt: Der Granit, Baustein der Häuser hier, verbirgt sich unter hellem Putz, blaue, grüne, rostrote Fensterläden beleben die Fassaden, dazwischen Clematisranken, duftende Büsche, üppig blühende Gärten. Palmen bilden das i-Tüpfelchen des südlichen Ambientes dieses Paradiesvogels zwischen den strengen korsischen Dörfern. Erinnerungen und Gedanken an Griechenland mischen sich mit dem betörenden Duft der Zitronenblüten.

Wir sollten den Wagen abstellen und uns eine Stunde Zeit nehmen, dem so Heiteren und gleichzeitig Fremdartigen von Cargèse nachspüren. Ein Blick auf das Kriegerdenkmal gibt erste Einblicke. Unter dem martialischen Helden – auch er ganz unkorsisch mit einem riesigen Schnauzbart – stehen Namen wie Dragacci, Capodimacci, Frangolacci, Janidacci. Sie können ihre Herkunft schwer verleugnen: Die Vorfahren hießen noch Dragakis und Iannidakis, Stephanopolis und Papadakis und lebten bis 1676 auf dem Peloponnes.

700 Menschen – die Bewohner eines ganzen Dorfes – flohen damals vor den Türken und landeten an der Westküste Korsikas, das sie begeistert *Kalliste*, die Schönste, nannten. Die schöne Insel mit ihren mißtrauischen Hirten erwiderte allerdings nicht die Begeisterung der Einwanderer. Das hatte seinen Grund, denn die Griechen wandten sich gleich an die verhaßten Genuesen, die die Küsten beherrschten. Genua sicherte sich sofort die Ergebenheit der neuen Bevölkerung im feindlichen Korsika und gab den Griechen Land in der Nähe vom heutigen Cargèse mit dem Versprechen, Religion und Sitten der Einwanderer zu respektieren.

Sie gründeten das Dorf Paomina, von dem nur Ruinen übrig sind, bauten Wein an, züchteten Vieh und brachten es auf dem guten Weide- und Ackerland mit unermüdlichem Fleiß bald zu Wohlstand. Nicht für

Über schwindelnde Abgründe und Kurven führt die Küstenstraße der Calanche

lange: Neid und die enge Beziehung der Griechen zu den verhaßten Genuesen waren wohl die Gründe, daß Korsen vom Niolo und aus Vico (Vicu) schließlich nach etlichen Feindseligkeiten die Griechen 1731 vertrieben, ihre Häuser niederbrannten, die Felder verwüsteten und die Bevölkerung ins Meer jagten. Die Flüchtlinge nahmen ihre Ikonen mit und suchten Zuflucht in Ajaccio, wo die Genuesen gleich drei Kompanien aus ihnen für ihre Kämpfe gegen die Korsen bildeten. Vier Jahre nachdem sie Korsika besetzt hatten, brachten schließlich die Franzosen die Griechen im Jahr 1774 nach Cargèse zurück und ließen ihnen Häuser und eine Kirche bauen. Erst die Genuesen als Schutzherren, dann die Franzosen – so leicht konnten das die Korsen den Griechen nicht vergessen. Es sollte noch weitere 150 Jahre lang Spannungen zwischen den Korsen und den Griechen geben, ehe sie so gute Nachbarn wurden wie die beiden Kirchen im Dorf, die einander gegenüber stehen und nur durch ein kleines Tal mit Gärten getrennt sind.

Der griechische Ursprung von Cargèse zeigt sich noch in seinen Kirchenbauten

Dabei ist der weißgetünchte, zwischen Kakteen und blühenden Büschen so griechisch anmutende Bau die römisch-katholische Kirche. Die andere, zumindest von außen viel korsischer, ist die katholische Kirche griechischen Ritus' **Sainte-Marie**.

Aber das Äußere täuscht: Die Kirche, zwischen 1852 und 1872 von der griechischen Gemeinde selbst gebaut, ist ganz nach orthodoxer Tradition eingerichtet. Durch eine Ikonostase mit Heiligenbildern ist der Chor vom Schiff getrennt. Besonders stolz ist die Gemeinde auf eine Ikone Johannes des Täufers mit

Engelsschwingen aus dem 16. Jahrhundert, die vom Berg Athos stammt. Bemerkenswert ist auch die »Grablegung Christi« aus dem 13. Jahrhundert. Eine andere Ikone zeigt ein in der griechischen Kirche gern verwendetes Motiv: die drei Kirchenlehrer Basilius der Große, Johannes Chrysostomus und Gregor von Nazianz. Wahrscheinlich war der Maler einer der Mönche, die mit den ersten Siedlern nach Korsika kamen.

Florent Marchiano ist wohl der einzige Geistliche der Welt, der abwechselnd den lateinischen und den byzantinischen Ritus liest.

Mit dem Gottesdienst wechseln die beiden Kirchen einander ab. Einen Sonntag liest der Geistliche die Messe in der römisch-katholischen Kirche und macht das Kreuzeszeichen von links nach rechts. Am nächsten Sonntag ist Messe in der griechischen Kirche – mit dem Kreuzeszeichen von rechts nach links. Alles im Zeichen der guten Nachbarschaft, die in Cargèse kein größeres Problem mehr ist als anderswo, seit aus den Urenkeln der Dragakis Dragacci wurden, die mit den Velutini und Lecca verwandt sind, und die im Lauf des letzten Jahrhunderts ihre ursprüngliche Muttersprache allmählich vergessen haben. Was – zum Glück für den Gaumen – nicht so leicht in Vergessenheit geriet, ist die griechische Küche, die sich zwar angepaßt, aber dennoch ihre Wurzeln behalten hat. Manchmal pflegt sie die Nachbarschaft mit der korsischen, manchmal ist sie eine engere, dafür um so interessantere Bindung eingegangen – ein Grund, den griechischen Ahnen von Cargèse auch beim Mittagessen nachzuspüren.

Am Meer entlang geht es weiter nach **Sagone**. Die Zeiten haben sich hier unverkennbar geändert, seit die allmächtigen Feudalherren der Cinarca im Mittelalter das Land hier von ihren Burgen aus beherrschten. Das Zepter schwingen inzwischen die Herren von Hotels, Restaurants und Feriendörfern und mit ihnen die Baugesellschaften, deren neue Steinburgen den Sandstrand dicht bedrängen.

Der Sage nach soll der Liamone-Fluß dem Teufel alljährlich ein Menschenopfer versprochen haben.

Wenn das nicht im selben Maß für den langen, feinen Sandstrand von **Liamone** gilt, so hat das seinen Grund, denn immer wieder gibt es bei hohem Wellengang und unberechenbaren Strömungen tödliche Badeunfälle. **Tiuccia** und der Strand von **Liscia** sind dagegen fest in den Händen der neuen Herren der Cinarca und der Urlauber.

Danach schwingt sich die Straße allmählich 411 Meter hoch über das Meer auf den **Col de San Bastiano**. Neue Ausblicke eröffnen sich nach Südwesten auf den schönen Golf von Lava.

Von der Höhenstraße aus kann man den Golf von Ajaccio, von dem Napoleon einmal gesagt hat, daß der von Neapel auch nicht schöner sei, schon sehen. Über den rasant wachsenden Vorort Mezzavia geht es rechts auf der N 194 geradewegs nach **Ajaccio** (Aiacciu). Die Straßennamen geben einen Vorgeschmack, was, oder besser, wer uns dort vor allem erwartet; vom Cours du Prince-Impérial, der Straße des kaiserlichen Prinzen, geht es auf dem Cours Napoléon geradewegs ins Herz der kaiserlichen Stadt. Aber ehe wir uns den Erinnerungen an den Korsen auf dem französischen Thron, seinen Taten und Untaten und seiner Verwandtschaft auf den Plätzen und in den Straßen stellen, sollten wir uns der größten Stadt Korsikas, der Hauptstadt der Region, Sitz des Regionalparlaments und der Präfektur für das Département Corse du Sud behutsam nähern – mit einem Bummel und einem guten Essen. Alles andere hat Zeit bis morgen.

Nicht zu allen Jahreszeiten ist der Liamone so harmlos wie im Sommer

ROUTE 10 — Programm: Ajaccio

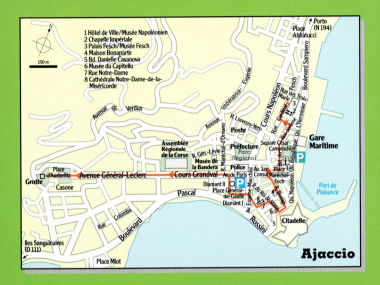

Vormittag Beginn der Stadterkundung von **Ajaccio** am Löwenbrunnen auf der **Place Maréchal-Foch**, Besichtigung des **Musée Napoléonien** im Rathaus, anschließend Besuch der Fischhalle und des Marktes auf dem **Square César-Campinchi**. Bummel durch die Einkaufsstraße **Boulevard du Roi-Jérôme**, dann links durch eine Seitenstraße in die Rue Cardinal Fesch und weiter zum **Palais Fesch**: Besichtigung des **Musée Fesch** und der **Chapelle Impériale**; Mittagessen; anschließend zurück zum Place Maréchal-Foch.

Nachmittag Vom Place **Maréchal-Foch** durch die Rue Bonaparte nach rechts in die Seitenstraße Rue St.-Charles zum Geburtshaus Napoleons (**Maison Bonaparte**). Zurück zur Rue Bonaparte und nach rechts zum Boulevard Danielle-Casanova und zum **Musée du Capitellu**, danach durch die Rue du Roi de Rôme und nach links durch die Seitenstraße Rue Notre-Dame zur **Cathédrale Notre-Dame-de-la-Miséricorde**; weiter über den **Place Général-de-Gaulle** (Diamant) bis zum Napoleon-Standbild. Spaziergang über den **Cours Grandval** und die **Avenue Général-Leclerc** bis zum Napoleon-Denkmal und der Napoleon-Grotte am **Place d'Austerlitz** (Casone).
– Über die D 111 Abendausflug zur **Halbinsel Parata** zum Sonnenuntergang über den **Iles Sanguinaires** (24 km, s. Karte S. 105).

ROUTE 10 Programm: Ajaccio

Alternative: Wer einen weiteren Museumsbesuch dem Ausflug zur Halbinsel Parata vorzieht und sich für die Geschichte Korsikas interessiert, kann im **Musée de la Bandera** (1, rue Général-Lévie, tägl. außer Sa/So und an Feiertagen 10-12 und 14-18 Uhr) besonders ihren kriegerischen Aspekt von den Kämpfen der ersten *Corsi* gegen die Torreaner bis zur Nachbildung einer deutschen Funkstation aus dem Zweiten Weltkrieg anschaulich nachverfolgen.

ROUTE 10 Informationen

20000 Ajaccio

Place Maréchal-Foch
Auf dem Platz steht der Springbrunnen mit der **Marmorstatue Napoleons** als *Premier Consul*, umgeben von vier Löwen. In einer Nische des Hauses Nr. 7 eine kleine Marienstatue, die als Schutzpatronin der Stadt bis 1747 über dem Stadttor wachte.

Musée Napoléonien
Place Maréchal-Foch (Hôtel de Ville)
Tägl. außer So und am Feiertag 9-12 und 14-18 Uhr
Napoleon gewidmeter Saal in der ersten Etage des Rathauses mit Geburtsurkunde, persönlichen Gegenständen und Totenmaske des Kaisers; am Eingang kann ein Informationsblatt mit Erläuterungen in deutscher Sprache ausgeliehen werden.

Markt (*marché*)
Square César-Campinchi (hinter dem Hôtel de Ville)
Tägl. außer Mo vom frühen Morgen bis 12 Uhr
Fischmarkt in der Halle auf der Rückseite des Rathauses. Am Sa Stände mit Antiquitäten.

Musée Fesch
50, rue Cardinal Fesch (in der 1. Etage des Palais Fesch)
Im Sommer tägl. außer So 9.30-12 und 15-19 Uhr, im Winter bis 18 Uhr
1990 wiedereröffnetes Kunstmuseum, in dem z. Z. 300 Gemälde aus dem Nachlaß des Kardinal Joseph Fesch (1763-1839), ausgestellt werden. Das Museum besitzt - nach dem Louvre - die bedeutendste französische Sammlung italienischer Malerei (14.-18. Jh.). Der linke Flügel des Palais beherbergt die 60 000 zum Teil kostbare und äußerst seltene Bände umfassende Bibliothek.

Chapelle Impériale
50, rue Cardinal Fesch (im rechten Flügel des Palais Fesch)
Im Sommer tägl. außer So 9.30-12 und 15-18.30 Uhr, im Winter tägl. außer Di 9.30-12 und 14.30-18 Uhr
Napoleon III. ließ die Grabkapelle der Familie Bonaparte 1860 im Renaissancestil erbauen. Neun Familienmitglieder, darunter Kardinal Fesch und die Eltern Napoleons, Laeticia und Charles Bonaparte, ruhen in der Krypta.

Le Don Quichotte
Rue des halles (direkt am Markt)
✆ 04 95 21 27 30
Einfach und gut. F

Le Point U
59 bis, rue Cardinal Fesch
✆ 04 95 21 59 92
So geschl.
Eine Möglichkeit, im Natursteingewölbe zu entdecken, was die korsische Küche außer dem üblichen Alltagsmenü sonst noch zu bieten hat. FF

Taverne de Colomba
3, rue des Trois-Marie
✆ 04 95 51 30 55
Kleines und nettes Lokal in einem Gewölbe. FF

ROUTE 10 — Informationen

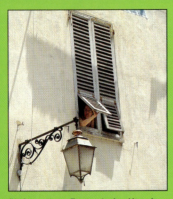

Gruß aus einem Fenster in der Altstadt

Maison Bonaparte
Rue St.-Charles
Tägl. außer So nachmittags und Mo vormittags 9–12 und 14–18 Uhr
Geburtshaus Napoleons; Nationalmuseum mit Bildern, Büsten und Gegenständen aus dem Besitz der Familie Bonaparte; Kopien der Originalmöbel. Am Eingang ist ein deutschsprachiges Faltblatt zur Erläuterung erhältlich.

Musée du Capitellu
18, boulevard Danielle-Casanova
Mitte März–Mitte Okt. tägl. außer So nachmittags und Mo vormittags 10–12 und 14–18 Uhr
Stadtgeschichtliches Museum mit Erinnerungsstücken einer alteingesessenen Familie aus mehreren Jahrhunderten. Sammlervitrine mit ständig wechselnden Ausstellungen. Eine Broschüre mit informativen deutschsprachigen Erläuterungen gibt es am Eingang.

Cathédrale Notre-Dame-de-la-Miséricorde
Rue Notre-Dame
1582 begonnene und 1593 vollendete Kirche mit Grundriß in Form eines griechischen Doppelkreuzes, die der heiligen Maria als Schutzpatronin der Stadt geweiht ist und liebevoll *Madonnuccia* genannt wird. Zu sehen gibt es Stuck aus der Werkstatt Tintorettos, ein Mariengemälde von Eugène Delacroix in der ersten linken Seitenkapelle, eine weiße Madonnenstatue aus dem 18. Jh. in der zweiten linken Seitenkapelle, in der dritten 15 Gemälde aus dem 17. Jh.

Place Général-de-Gaulle (Diamant)
1989 vollendeter Repräsentierplatz der Stadt mit **Reiterstandbild Napoleons** (1865), umgeben von seinen Brüdern.

Cours Grandval
Früher »Prachtstraße« zwischen Napoleon auf dem Löwenbrunnen (Place Maréchal-Foch) und Napoleon auf dem Casone (Place d'Austerlitz). Heute beliebte Verbindungsader, Sitz des korsischen Regionalparlaments im ehemaligen »Grand Hôtel et Continental« in einem exotischen Park und Standort der anglikanischen Kirche von 1878 (heute Tanzschule).

Place d'Austerlitz (Casone)
Napoleon-Denkmal in einer Grünanlage über dem Stadtzentrum. Die Statue ist ein Abguß der Figur, die bis 1863 die Vendôme-Säule in Paris krönte und jetzt im Ehrenhof des Hôtel des Invalides aufgestellt ist. **Felsengrotte**, in der Napoleon als Kind gespielt hat.

La Marge
Rue Emmanuel-Arène
Verlag und Buchhandlung; wohl die größte Auswahl an Büchern über Korsika.

le temps de vivre
Place Maréchal-Foch (am Löwenbrunnen)
Internationale Presse.

Hotels und Restaurants in Ajaccio s. S. 106 f.

Feste/Veranstaltungen:

Großes Fest zu Ehren Mariens am 18. März; der **Geburtstag Napoleons** wird am 15. Aug. gefeiert; der Antiquitätenmarkt **Salon des Antiquitaires** findet auf dem Place Miot Ende Nov./Anfang Dez. statt; über Konzerte und Ausstellungen informiert das Office de Tourisme.

Ein Kaiser und sein Clan

Napoleons Geburtsstadt Ajaccio

Noch ist die Morgenluft zwischen den Stadthäusern kühl, noch bahnt sich das Verkehrschaos erst an, das eine Stunde später unweigerlich die Hauptstraßen verstopfen wird. Aber er ist schon da, schwebt als Konterfei aus Glühbirnen wie eine Weihnachtsbeleuchtung über der morgendlichen Betriebsamkeit: Napoleon natürlich.

Im Fischerhafen von Ajaccio

ROUTE 10

Weihnachten ist nur einmal im Jahr, aber die Geburt des Kaisers in ihren Mauern feiert **Ajaccio** das ganze Jahr über. Seit dem 15. August 1869, dem Jahr, als Pasquale Paolis Milizen in Ponte Nuovo (Ponte Novu) den Kampf um die Unabhängigkeit gegen die französischen Truppen und Korsika damit jede Hoffnung auf Autonomie verlor.

Napoleon also. Niemand kommt in Ajaccio um ihn herum. Napoleon ist überall. In Bronze und in Gips blickt er mal grimmig, mal dümmlich aus den Schaufenstern der Souvenirläden, von Postkarten, aus Aschenbechern, von Porzellantellern. Fest liegen die Cafés fürs Frühstück in der Hand der kaiserlichen Sippe. Da bleibt nur die Wahl zwischen dem »Empéreur«, dem »Roi Jérôme«, dem »Premier Consul«, und dem »Napoléon« natürlich. Oder sind die Hörnchen bei Mutter Laeticia oder beim Onkel Fesch knuspriger? Wer es mehr kämpferisch liebt, bestellt vielleicht seinen Kaffee im »Wagram« oder im »Austerlitz«.

So für den Tag auf den Spuren des berühmten Korsen gerüstet, begibt man sich am besten erst einmal auf die **Place Maréchal-Foch**. Napoleon ist schon da. In Römertoga über edler Brust überragt er vier wasserspeiende Löwen. Die Fontänen des Springbrunnens kühlen die kai-

Napoleon im Schatten von Palmen und Platanen auf der Place Maréchal-Foch

serlichen Füße, denen einst der Boden in seiner Heimatstadt zu heiß wurde. Aber davon später.

Der ausgestreckte Steinarm des Napoleon-Bruders Jérôme weist den Weg zu den Amtsräumen des Rathauses (Hôtel de Ville). Dort sitzt der einzige Bonapartist von ganz Frankreich, der die blau-weiß-rote Amtsschärpe des Bürgermeisters bei festlichen Anlässen diagonal über den Bauch binden darf, assistiert von bonapartistischen Stadträten. Die Partei Napoleons erfreut sich sogar regen Zulaufs – vor allem von Bürgermeistern vom »Kontinent«.

Im ersten Stock des Rathauses wird denn auch im **Musée Napoléonien** sorgfältig die Erinnerung an den großen Sohn der Stadt gepflegt, von der Geburtsurkunde über einen Schlüssel, ein Reisenecessaire mit Zahnbürste und Parfüm bis zur Totenmaske. Hier sind auch die Porträts des ganzen, oft genug zerstrittenen Clans friedlich vereint, der im Schlepptau des berühmten Sohnes, Bruders und Neffen in Europa in Königswürden und einflußreiche Positionen katapultiert wurde und sich dort rücksichtslos bereicherte: vier Brüder, drei Schwestern, von ihren Untertanen mit so schmeichelhaften Titel wie »Faulenzerkönig« und »Madame Firlefanz« bedacht, und die Mutter Laeticia und ihr Stiefbruder, Napoleons Onkel Fesch.

Er stand als Kardinal politisch immer im Schatten des gleichaltrigen Neffen, aber 1990, 151 Jahre nach seinem Tod, hätte er Napoleon um ein Haar doch beinahe an Popularität den Rang abgelaufen, und das ausgerechnet in Ajaccio! Er wurde sogar wie sein Neffe als Glühbirnenschmuck über die Straße gespannt. Der Anlaß dafür war eine Museumswiedereröffnung. Eine Sensation nicht nur für die Stadt, sondern für viele Kunstfreunde in Europa.

Der Weg zu diesem **Palais Fesch** genannten Mekka von Kunstliebhabern führt zuerst einmal auf der Rückseite des Rathauses durch ganz andere Köstlichkeiten Ajaccios. In einer Halle wird Fisch verkauft, dahinter, auf dem **Square César-Campinchi**, bauen schon am frühen Morgen Bauern aus der Umgebung und Händler ihre Marktstände mit dicken, duftenden Schinken, tropfnassen *brocciu*, leuchtenden Melonen und je nach Mode knallengen oder weit flatternden Hosen auf. Ein

Spaziergang zwischen den Marktständen ist ein Bummel durch das Reich der Düfte, der Farben, der Sinne.

Der Weg führt den **Boulevard du Roi-Jérôme** entlang, eine Einkaufsstraße mit einem bunten Nebeneinander von Krämerläden, Bäckereien und schicken Boutiquen, dann links durch eine Quergasse in die Parallelstraße **Rue Cardinal Fesch**. Die Statue des Stifters beherrscht den weiten Vorplatz, als sei er zufrieden, daß sich sein letzter Wille schließlich doch noch erfüllt hat. Lange war das keineswegs selbstverständlich.

Zu Lebzeiten hinderten den Kardinal seine zahlreichen höchsten kirchlichen Weihen, zu denen ihm sein Neffe verholfen hatte, keineswegs daran, einer höchst menschlichen Leidenschaft, geradezu einer Besessenheit, zu frönen. Sie galt den Werken italienischer Maler. Als er starb, hinterließ er eine Sammlung von 16 000 Bildern, die er auf recht unterschiedliche Weise erworben hatte. So vergalt zum Beispiel Napoleon dem Onkel militärische Unterstützung, indem er ihm Bilder verschaffte, die »beschlagnahmt« wurden.

Fesch selbst »kaufte« Meisterwerke von Adeligen, denen er in der Zeit politischer Wirren seinen Schutz anbot in der festen Überzeugung, daß der Besitzer sich lieber von einem Bild als von seinem Kopf trennen mochte.

Mit einem Teil des so zusammengerafften Werkes wollte der Kardinal dann aber doch etwas Gutes tun. In seinem Testament hinterließ er seiner Heimatstadt ein Grundstück, eine stattliche Summe und etwa 2 000 Gemälde, die daraus ein gottgefälliges Bildungsinstitut für junge Menschen machen sollte. Er hatte nicht damit gerechnet, daß seine Erben nicht minder habgierig waren als der selige Onkel. Das Testament wurde angefochten, und erst Jahre später ließ Großneffe Kaiser Napoleon III. das Palais bauen, in dem die 25 000 Bände der Bibliothek Platz fanden, deren Grundstock Lucien Bonaparte und Fesch gelegt hatten.

Seit Anfang der 1980er Jahre wurden die Räume, verzögert durch Finanzprobleme, renoviert, Bilder restauriert und 300 von ihnen endlich ins rechte Licht der großen Fenster mit Meerblick gerückt, darunter

Im Salon Napoléon wird die Erinnerung an den großen Sohn der Stadt gepflegt

Werke des 15. Jahrhunderts von Sandro Botticelli, Giovanni Bellini, Giovanni Boccati und Cosimo Tura. Der frühen italienischen Malerei galt die große Leidenschaft des Joseph Fesch. Die Sammlung umfaßt aber auch Meisterwerke des 17. und 18. Jahrhunderts. Den Rundgang durch das **Musée Fesch** beginnt man am besten im dritten Stock und steigt dann allmählich ab bis in das Souterrain.

In der **Chapelle Impériale**, dem rechten Flügel des Palais, liegt Fesch begraben, umgeben von den Eltern des Kaisers und anderen Mitgliedern der Familie Bonaparte.

Inzwischen ist es Mittag und Zeit zum Essen. Es muß ja kein Menü »Empéreur« sein. Auch ein Salat »Joséphine« und eine Languste mit dem originellen Namen »Bonaparte« stehen zur Wahl.

Der Nachmittag beginnt wieder am Löwenbrunnen auf der Place Maréchal-Foch, und die **Rue Bonapar-**

te zeigt gleich, wo's lang geht: Dorthin, wo alles begann, was sich zum Größenwahn aufblähte, erst Frankreich, dann Europa erschütterte und schließlich mit der Absetzung Napoleons 1814 wie eine Seifenblase zerplatzte.

Laeticia, zu Hause in der Rue Saint-Charles, einer Seitengasse der Rue Bonaparte, hat es schon immer geahnt. »*Pourvu que ça dure*« - wenn das nur anhält -, soll sie angesichts des rasanten Aufstiegs ihres zweitgeborenen Sohnes oft geäußert haben. Für alle Fälle sorgte sie vor, indem sie mit legendärem Geiz bis zu ihrem Tod mit 86 Jahren ein Millionenvermögen zusammenraffte, und schließlich sollte sie mit ihrer Skepsis ja recht behalten.

In der kleinen Grünanlage gegenüber dem **Maison Bonaparte** ist sie als pausbäckiges Mädchen zu sehen. 14 Jahre alt war sie, eine geborene Raolino, als sie Charles Bonaparte heiratete. Die Familie stammte aus der Toskana und hieß eigentlich Buonaparte, die Mutter rief den Sohn dann auch stets Nabulione, und im Taufschein heißt er Neapoleone. Davon wollte er als junger Soldat in französischen Diensten allerdings nichts mehr wissen, als französischer Kaiser war er es, der den festen Anschluß Korsikas an Frankreich endgültig besiegelte. Da hatte er, der Junge aus Ajaccio, schon erkannt, daß der Wind vom »Kontinent« für seine Fahne der günstigste war. Vorher wollte er sich kurze Zeit dem Freiheitskampf der Paolisten anschließen, aber der »Vater des Vaterlandes« hielt den jungen Heißsporn für überdreht und mißtraute ihm – nicht zu Unrecht, wie sich bald herausstellte.

Gemäß seinen Karriereambitionen dachte Napoleon im Traum nicht daran, Korsika von Frankreich zu lösen. Das führte dazu, daß er und mit ihm die ganze Familie vor den Paolisten nach Calvi zu Verwandten flüchten mußte. Die Milizen besetzten mit den verbündeten Engländern das Haus der Bonapartes in Ajaccio, richteten dort ziemliche Verwüstungen an und benutzten es schließlich als Pulverarsenal und Soldatenunterkunft.

Viel blieb danach von der ursprünglichen Einrichtung nicht übrig. Die Möbel, Spieltische mit Intarsienarbeiten, die das Museum heute präsentiert, sind zum größten Teil Kopien oder wurden später von der »Madame Mère« von der üppigen Wiedergutmachung gekauft, die ihr zugesprochen wurde. Dennoch vermittelt ein Rundgang durch das Museum einen Einblick in das Ambiente einer nicht unvermögenden Familie des 18. Jahrhunderts.

Nicht der kleine Nabulione spielte mit den Elfenbeinfiguren der Weihnachtskrippe. Sie waren ein Geschenk für die Mutter, das er aus dem Orient mitgebracht hatte. Bilder zeigen ihn als Kind, mal solo, mal im Kreis der begeisterten Familie, nur gleicht keines der Porträts dem anderen. Der Junge Nabulione aus Ajaccio entzieht sich auch in seinem Geburtshaus, allgegenwärtig ist nur Napoleon, der Held und Kaiser.

Zurück in der Rue Bonaparte, ist es, wenn man sich rechts hält, nicht weit bis zum Boulevard Danielle-Casanova und zu einem anderen Museum, das nach dem schönen Relief über dem Eingang **Capitellu** heißt.

Napoleon überall ...

Die Erbstücke und Andenken einer alteingesessenen Familie, die ihre Herkunft bis 1443 zurückverfolgen kann, vermitteln einen ganz persönlichen Überblick über die Stadtgeschichte von der Genuesenherrschaft in der Zitadelle bis zur »Bevölkerungsexplosion« im 19. Jahrhundert, als die Stadt von 4 000 Einwohnern innerhalb von 60 Jahren auf 21 000 anwuchs und erst richtig »städtisch« wurde. Das beweist auch der Schmuck der feinen Damen, der in Glasvitrinen ausgestellt ist.

Durch die Rue du Roi de Rôme und dann links durch die Rue Notre-Dame gelangt man zu einer Dame, deren Ruhm unvergänglich scheint. Ajaccio hat nie vergessen, was es seiner *Madonuccia*, dem »Madönnchen«, zu verdanken hat und weihte ihr deshalb die 1582 begonnene und 1593 vollendete

Cathédrale Notre-Dame-de-la-Miséricorde. Nachdem die Stadt nämlich 1656 befürchtete, daß die Genuesen die Pest aus ihrer Heimatstadt einschleppten, befahlen sich die Einwohner samt Magistrat notariell verbrieft dem Schutz der heiligen Jungfrau: Die Pest wütete daraufhin in Genua, verschonte aber die korsische Hafenstadt.

Das kostbarste Werk der Kirche, ein Gemälde von Eugène Delacroix (1798–1863), ist denn auch mit dem Titel »La vierge du Sacré-Coeur« Maria gewidmet. Es befindet sich in der ersten Seitenkapelle auf der linken Seite, deren Stuck aus der Werkstatt Tintorettos stammen soll. Die zweite Kapelle, der Notre-Dame-de-la-Miséricorde geweiht, enthält eine gekrönte Madonna aus Marmor, die dritte, der Jungfrau vom Rosenkranz gewidmet, 15 kleine Bilder aus dem 17. Jahrhundert zum Mysterium des Rosenkranzes.

Geruhsamer Logenplatz mit Ausblick auf das tägliche Chaos am Cours Napoléon

Rechts vom Hauptportal, in dem weißen Taufbecken mit den pausbäckigen Engeln, wurde der zweijährige Napoleon getauft. Eine Inschrift in der Kirche wiederholt den Wunsch, den er 1821 auf Sankt Helena voll Verbitterung geäußert haben soll: Wenn man seine Leiche ebenso wie schon seine Person aus Paris verbannte, dann wolle er wenigstens in der Kathedrale von Ajaccio begraben werden. Paris wollte zwar nicht mehr den lebendigen Kaiser, aber bekanntlich seine sterblichen Überreste. Gegen das Hôtel des Invalides als Ruhestätte kam die kleine Geburtsstadt nicht an, auch wenn sie sich noch so gern elegant und weltläufig gibt.

Schon wieder Napoleon also. Wenigstens der große Platz ein paar Schritte weit nach rechts heißt nicht nach ihm, sondern **Place Général-de-Gaulle**. Aber den Namen gebraucht in Ajaccio niemand: Hier nennt man ihn »Diamant«.

Napoleon darf auf dem repräsentativen, sonnendurchglühten Geviert, das eine große Tiefgarage deckt, natürlich nicht fehlen. Monumental wie der Platz reitet er mit goldenem Lorbeer bekränzt zwischen seinen vier Brüdern, die wie ewige Leibwächter um das 1865 geschaffene Standbild des Prominenten herumstehen.

Vom Place Diamant schließlich führt der **Cours Grandval**, eine breite Straße, genau einen Kilometer lang, zum höchsten Gipfel des kaiserlichen Nachruhms. Auf der rechten Seite, versteckt hinter Palmen in einem exotischen Park verbergen sich diskret hinter der prunkvollen Fassade eines ehemaligen Hotels der Jahrhundertwende die Männer, die heute die Geschicke Korsikas mitbestimmen: Hier ist der Sitz der **Assemblée Régionale de la Corse**, des korsischen Regionalparlaments.

Eine anglikanische Kirche ein Stück weiter zeugt von der Begeisterung der Engländer, die im vorigen Jahrhundert Ajaccio gern als Zwischenstation auf dem Sprung in die Kolonien besuchten. Das Weltreich zerbröckelte, die Kirche dient heute als Tanzschule. Nun aber endlich wieder zu Napoleon.

Am Ende der schnurgeraden Straße, von 100 steilen Stufen einer Prunktreppe, hoch oben auf einer

Pyramide, fast schon im Himmel, überragt er die Stadt: Napoleon auf dem Siegertreppchen, Gewinner der Goldmedaille, verliehen von den dankbaren Hoteliers, Gastronomen, Andenkhändlern und den vielen anderen, die in dieser Stadt von seinem Nachruhm leben. Für Ajaccio ist Napoleon nie gestürzt, täglich wird der Glorienschein frisch poliert. Da steht er, in typischer Haltung, die Hand zwischen den Knöpfen. Ihm zu Füßen wurden in eine Rampe aus Stein alle seine Großtaten und Schlachten gemeißelt. Etwas abseits, als müsse sie sich angesichts der Heldentaten schämen, eine Dankinschrift der Pflanzer und Zuckerfabrikanten zum 200. Geburtstag des Förderers der Rübenkultur.

Dahinter ein paar hohe Felsen, eine **Grotte**, in der Napoleon als Kind gespielt haben soll. Und endlich wird hier doch noch der kleine Nabulione lebendig, denn noch immer dient der Park um den »Casone«, wie der **Place d'Austerlitz** in Ajaccio heißt, als Spielplatz für Kinder, die aus den stickigen Gassen aus Verkehrsgewühl und Menschengedränge mit ihren Crossrädern ins Grüne flüchten und respektlos über die Ruhmestreppe ihres berühmten Vorgängers flitzen.

Genug von Napoleon. Ein kleiner Ausflug in die Umgebung zeigt Ajaccio aus einer anderen Perspektive, nicht als kaiserliche Geburtsstadt, sondern als Stadt, die umgeben ist von einem schönen Golf.

Die Route des Sanguinaires (D 111) führt vorbei an kleinen Stränden bis zur **Halbinsel Parata**, und wenn gerade die Sonne untergeht und die felsigen, schroffen kleinen Inseln, die **Iles Sanguinaires**, gegenüber in ein glutrotes Licht taucht, dann mag man der Phantasie freien Lauf lassen und sich vorstellen, wieso sie die »Blutigen« oder gar »Blutrünstigen« heißen. Vielleicht waren früher die Leuchtturmwärter, die Alphonse Daudet (1840-97) zu einem Kapitel in »Lettres de mon moulin« inspirierten, nicht immer zuverlässig, und Schiffe strandeten an den tückischen Felsen? Napoleon soll auf der Route des Sanguinaires mit seinem Bruder Joseph diskutierend spaziert sein - man entkommt ihm einfach nicht in dieser Stadt.

ROUTE 11 — Ajaccio – Ste.-Marie-Sicché – Filitosa – Sartène (155 km)

ROUTE 11 — Ajaccio – Ste.-Marie-Sicché – Filitosa – Sartène (155 km)

Vormittag Von **Ajaccio** auf der N 196 nach **Cauro**, weiter bis zur Abzweigung der D 83 nach **Ste.-Marie-Sicché**. Im Dorf weiter Richtung Grosseto und nach 500 m links zum **Haus Sampiero Corsos** im Weiler **Vico**. Wieder zur N 196, weiter nach **Petreto-Bicchisano**, hier Mittagessen.

Nachmittag Auf der N 196 bis zum **Col de Celaccia**, dort rechts auf der D 302 durch Sollacaro und an der Gabelung hinter dem Dorf links auf der D 57 nach **Filitosa** (Besichtigung der **prähistorischen Stätten** und des **Museums**). Weiter auf der D 57 bis zur Einmündung in die D 157. Auf dieser bis zur N 196, weiter über **Propriano** und **Sartène**. 3 km hinter der Stadt Abzweigung der D 48 Richtung Tizzano. Nach 9 km links auf die D 48A zu den **prähistorischen Stätten** von **Cauria** (Hinweisschild) – Spaziergang zu den **Menhiren** und zum **Dolmen**. Zurück zur D 48, 2 km Richtung Tizzano, Parken beim Weingut Mosconi und Spaziergang zu den Menhiren von **Palaggiu**. Möglichkeit zum Abendessen im Fischerdorf **Tizzano**, Rückkehr nach **Sartène**.

ROUTE 11 Informationen

Ste.-Marie-Sicché
Im Weiler Vico steht die Ruine des befestigten Hauses des Freiheitshelden Sampiero Corso (16. Jh.) mit einer Marmorbüste, die Napoleon III. dort aufstellen ließ.

La France
Petreto-Bicchisano (an der N 196)
✆ 04 95 24 30 35
Nov.–April geschl.
Freundliches Restaurant mit korsischer Küche. F-FFF

Station Préhistorique de Filitosa
An der D 57
April–Okt. 8 Uhr bis Sonnenuntergang geöffnet

Zahlreiche Menhire aus der korsischen Steinzeit, Ausgrabungen von Befestigungsanlagen der Torreaner aus Bronze- und Eisenzeit; eine Sammlung der Funde, u. a. Waffen, Keramiken, Schmuck und steinerne Getreidemühlen, werden im **Centre de documentation archéologique** gezeigt.

Mégalithes de Cauria
Nahe der D 48A

Zu sehen gibt es die Menhir-Gruppen *Stantari* und *Renaggiu*, außerdem den **Dolmen von Fontanaccia**, das besterhaltene monumentale Steinplattengrab Korsikas.
Achtung: Für ältere und gehbehinderte Personen ist der Zugang wegen der Kletterei über Trittleitern nicht möglich!

Alignements de Palaggiu
Nahe der D 48

Mit 258 Monolithen die größte Ansammlung »stehender Steine« im ganzen Mittelmeerraum. Nur zu Fuß zu erreichen.

20100 Sartène:

Syndicat d'Initiative
6, rue Borgo
✆ 04 95 77 15 40

Villa Piana
An der N 196 nördlich von Sartène

ROUTE 11 Informationen

✆ 04 95 77 07 04, Fax 04 95 73 45 65
15. Mai–15. Okt. geöffnet
Hübsches Hotel im Bungalow-Stil etwas abseits der Straße. F

Les Roches
Avenue Jean-Jaurès (hinter der Brücke am Ortseingang links)
✆ 04 95 77 07 61, Fax 04 95 77 19 93
Von außen grauer Beton, aber Zimmer mit Balkon und wunderschönem Ausblick über den Sartenais bis zum Meer. F

Fior' di Riba
An der N 196 Richtung Ajaccio
✆ 04 95 77 02 72
Ostern–Sept. geöffnet
Originelles, verschachteltes kleines Hotel. F

Camping Olva
An der D 69
✆ 04 95 77 11 58
Ruhiger Platz außerhalb der Stadt.

Avena
Tizzano
✆ 04 95 77 02 18
Schattiger Platz, ca. 5 km vom Strand.

La Chaumière
Quartier San Bastianu
✆ 04 95 77 07 13
Jan., Okt.–Juni Mo geschl.
Rustikal und gemütlich. F–FF

A Sirinata
8, cours Général de Gaulle
✆ 04 95 77 01 39
Ostern–Okt. geöffnet
Rustikal. F–FF

Auberge Santa Barbara
Von der N 196 Richtung Ajaccio nach 1 km rechts, an der Weinkooperative vorbei
✆ 04 95 77 09 06
Ostern–15. Okt. geöffnet
Gartenterrasse im Grünen mit Blick auf die Stadt und eine Küche voller Überraschungen. FF–FFF

Feste/Veranstaltungen:

Die **Prozession des Catenacciu**, des Büßers in Ketten, findet in **Sartène** alljährlich am Karfreitag statt (s. auch S. 211 ff.).

Sagenumwobene Grabstätte aus der Steinzeit: der Dolmen von Fontanaccia

11

Ein Ehedrama und Krieger aus Granit

Durch Ornano und Sartenais

Auch wenn all die tongebackenen kleinen und bronzenen großen Kaiser von Ajaccio gern das Gegenteil glauben machen, so war Napoleon vielleicht der bekannteste, aber doch nicht der einzige Korse, der Geschichte gemacht hat.

In den Bergen oberhalb der Stadt, in Bastelica, wurde 1498 ein Mann geboren, den die Korsen bis heute als Freiheitshelden verehren: Sampiero, dessen Familienname in Vergessenheit geriet, weil sie ihm den ehrenvollen Beinamen »Corso« verliehen. Seinen Spuren werden wir an diesem Tag ein Stück weit folgen, in die Zeit der erbitterten Kämpfe gegen die Genuesen und der unerbittlichen Blutrache, in der die Ehre mehr galt als ein Menschenleben.

Folgen wir der N 196 vorbei am Flughafen Richtung Propriano, durchqueren wir nach einer halben Stunde auf gut ausgebauter, ständig ansteigender Straße das große Dorf **Cauro**. Hier nahm die Karriere des gefeierten Volkshelden in einer Schlucht in der Macchia ein jähes Ende: Sampiero wurde im Jahr 1567 im Alter von 69 Jahren in einem Hinterhalt ermordet!

Ein korsisches Schicksal. Was steckte dahinter? Politische Fallstricke? Rache der Genuesen? »*Chercher la femme*« raten die Kommissare der französischen Krimis in Fällen mit undurchsichtigem Mordmotiv – sucht die Frau, die dahinter steckt.

Der untadelige Freiheitskämpfer als Opfer einer Affäre? Tatsächlich wurde Sampiero eine Familienangelegenheit zum Verhängnis, bei der freilich die Genuesen im Verborgenen kräftig die Fäden gezogen hatten, um ihren Todfeind außer Gefecht zu setzen, jenen zu allem entschlossenen Mann an der Spitze eines Heeres von freiwilligen korsischen Bauern, denen bald der Hunger im Nacken saß, weil ihnen der Freiheitskampf mehr galt als Äcker und Herden. Genuas Truppen verschärften die Not, indem sie auf Anweisung der Generäle Doria das Prinzip der »verbrannten Erde« anwandten: Felder, Dörfer, Obstgärten, Olivenhaine gingen in Flammen auf. Sampiero sah sich gezwungen, Hilfe im europäischen Ausland zu suchen. Vielleicht wäre es ihm gelungen – wäre da nicht jene Familienangelegenheit gewesen, die so fatale Folgen haben sollte.

Sie begann 15 Kilometer weiter, in der Nähe von **Sainte-Marie-Sicché** (Santa Maria-Sicchè). Ein Umweg von sechs Kilometern führt uns geradewegs an den Ort, wo das Drama begann. Die D 83 zweigt links von der N 196 ab, wir folgen ihr bis Sainte-Marie-Sicché, im Dorf an der Kreuzung geht es Richtung Grosseto und nach 500 Metern links, dem Hinweisschild folgend, zu einem kleinen Platz mit einer wuchtigen Hausruine im Weiler **Vico**.

In diesem befestigten Haus wohnte einst Sampiero Corso: Büste und Gedenktafel erinnern an den Freiheitshelden

Sampiero hatte das Haus bauen lassen, nachdem er 1553 auf seinem Feldzug nach Korsika gekommen war und die Gelegenheit nutzte, seine Dienstreise mit einem privaten Bedürfnis zu verknüpfen: Schon fast 50 Jahre alt, fand er es an der Zeit, sich zu verehelichen, natürlich mit einer Korsin und möglichst von Adel. Seine Wahl fiel auf Vannina d'Ornano, 15 Jahre alt und aus vornehmer Familie des Nachbarweilers Prugna. Ihren Vater beeindruckten Sampieros Taten, Vannina wurde gar nicht erst gefragt, sie mußte nach Vico ziehen, und Sampiero befestigte sein Haus mit Zugbrücke, Pechnase und zwei Türmen gegen alle erdenklichen Feinde, von denen er viele besaß.

Doch alle Schutzvorrichtungen halfen nichts, als er vier Jahre lang auf Reisen ging und seine junge Frau mit dem jüngeren Sohn währenddessen in Marseille ließ: Auch bis in die Hafenstadt reichte der Arm der Genuesen. Bestochen von ihnen, überredeten zwei Vertraute Vannina, ihren Haushalt aufzulösen, ihren Mann zu verlassen und nach Genua zu fliehen – zum Wohl ihrer Kinder, die sonst geächtet und verfolgt von den genuesischen Herren, anstatt auf dem Stammsitz der Ornanos als Banditen in der Macchia oder als Galeerensklaven enden würden.

Sampiero war außer sich über den Verrat: Er ließ das Schiff, das seine Frau nach Genua bringen sollte, unterwegs stoppen und sie nach Frankreich zurückschaffen. Dort erwürgte er Vannina und gleich dazu ihre beiden Dienstmädchen – in einem Anfall von Schmerz und Wut, sagen die einen, aber erst, nachdem sie ihr Testament zu seinen Gunsten verfaßt

Zentralmonument der prähistorischen Stätte von Filitosa

hatte, halten die anderen dagegen. Auf jeden Fall trieb ihn verletzter Stolz, die gedemütigte Ehre zu seiner Tat. Die Folgen waren nur eine Frage der Zeit: Keine Heldentat für die Freiheit Korsikas, weder Zugbrücke noch Pechnase konnten ihn vor der Blutrache der Familie Ornano schützen – und die Genuesen rieben sich die Hände, weil ihre wohlkalkulierte Rechnung aufgegangen war.

Zurück zur N 196. In **Bains-de-Taccana**, einer der vielen Heilquellen Korsikas, kühlt das schwefelhaltige Wasser des Thermalbades zwar nicht die Hitze der Leidenschaft eines Sampiero Corso, hilft aber gegen Hautkrankheiten. **Petreto-Bicchisano** bietet eine gute Gelegenheit zur Rast und zum Mittagessen. Danach schwingt sich die Straße hoch über das Tal des Taravo bis auf den **Col de Celaccia**. Im Juli findet hier alljährlich ein großer Viehmarkt statt, auf dem auch die Fülle korsischen Kunsthandwerks ihren festen Platz hat.

Durch Sollacaro führt uns die D 57 hinab ins Tal des Taravo. Nach **Filitosa** geht es und damit geradewegs in die korsische Steinzeit. Ihre Zeugen aus Granit künden von Geschehnissen, die mindestens so erschütternd, umwälzend und dramatisch waren, wie die Fehden des Mittelalters und die jahrhundertelangen Freiheitskämpfe gegen die Genuesen. Nur waren die Eroberer, die übers Meer kamen, damals andere, und wir können uns sogar ein Bild davon machen, wie sie ausgesehen haben: Die ersten Corsi, selbst unbewaffnete Sammler, haben die waffenstarrenden fremden Krieger in Stein gebannt.

Besuch ab! Filitosa ist die bedeutendste prähistorische Stätte Korsikas, hier wurden nicht nur Kultstätten und Befestigungsanlagen der Torreaner gefunden, sondern 20 Menhir-Statuen und bis zu 8 000 Jahre alte Siedlungsspuren, die einen Blick in die Frühgeschichte Korsikas erlauben.

Den Besuch des kleinen Museums sollte man sich bis zum Schluß aufheben und erst einmal dem Weg durch eine schattige Allee bis zu den Ausgrabungen folgen. Man gelangt auf ein Plateau mit alten Olivenbäumen und den Behausungen der ersten Siedler, die sich, so beweist die Radiokarbonmethode, zu Beginn

Die Korsen haben Vannina, anders als ihr Gatte, bald verziehen: Ihr Name ist ein beliebter Mädchenname.

des 6. Jahrtausends v. Chr. hier niederließen. Sie bauten keine Häuser, sondern suchten Schutz unter den Hohlräumen wuchtiger Felsbrocken.

Baumeister waren die ersten Corsi nicht, aber sie waren Meister der Steinmetzkunst, die sie im Lauf der Jahrtausende zu einmaliger Vollkommenheit brachten: Mit ihren primitiven Steinwerkzeugen bearbeiteten sie den harten Granit zu übermannshohen Statuen und gaben ihnen menschliche Gesichter. Am Ende des Plateaus sind solche – waffenlosen – Menhire aufgestellt, wahrscheinlich Ebenbilder ihrer Schöpfer, vielleicht gedacht als ewiger, unzerstörbarer Sitz für ihre Seelen.

Die dicke Ringmauer, die das Plateau umgibt, die Grundmauern der Hütten auf der linken Seite, die Reste des gewaltigen Turms, das Zentralmonument ganz vorne auf dem Plateau sind nicht ihr Werk, sondern das ihrer Feinde. Die hier um 1300 v. Chr. landeten und durch das Tal des Taravo zogen, verstanden sich zwar auf den Bau von gewaltigen Befestigungsanlagen, zerstörten aber erst einmal, was sie vorfanden. Sie stürzten die Menhire der Corsi um und verwendeten sie als Baumaterial für ihre *torri*, jene Türme, die den *nuraghi* von Sardinien ähneln und nach denen die Eroberer »Torreaner« genannt werden.

Sie waren den Corsi überlegen, die Menhire zeigen den Grund: Die Fremden besaßen Waffen, Dolche und lange Schwerter, sie trugen Rüstungen und auf dem Kopf Helme, in die zur Steigerung der Abschreckung wahrscheinlich Kuhhörner gesteckt wurden.

Die jüngeren Menhire sind Abbildungen der schrecklichen Feinde der Corsi: Folgt man dem Pfad vom Plateau abwärts, so sieht man fünf von ihnen auf einer Wiese im Halbkreis aufgestellt. Wahrscheinlich waren sie ursprünglich mit roter Farbe bemalt, man fand einen Topf mit den Resten einer ockerfarbenen Masse am Fuß einer Mehir-Statue.

Niemand weiß, weshalb die Corsi die Fremden, die möglicherweise zum Seefahrervolk der Shardana gehörten, in Stein meißelten: Versuchten sie, durch das Abbild die Seelen der Feinde zu beherrschen, sie durch magische Kräfte und Beschwörungen unschädlich zu machen?

Gegen die Schwerter der Torreaner konnten die Steinmetze der Corsi mit ihren Statuen jedenfalls nichts ausrichten. Die Eroberer vertrieben die Ureinwohner, besiedelten und befestigten das Plateau, bauten eine Kultstätte (Zentraldokument) und Hütten, richteten dort ihre Töpferwerkstätten ein, gossen Bronze zu Waffen und Schmuck, gerbten Felle für Kleidung, bauten Getreide an und mahlten es mit runden Steinen in Felsmulden zu Mehl. Funde im **Centre de documentation archéologique** berichten von den vielfältigen Fertigkeiten der Torreaner, die bis ungefähr 800 v. Chr. in Filitosa lebten.

Der Erdbeerbaum gehört zum Pflanzenbestand der Macchia. Aus seinen süßen roten Früchten wird Likör hergestellt

Auf dem Weg zum kleinen Museum kommt man an einem besonders imposanten Krieger vorbei, schnöde »Filitosa V« genannt: drei Meter hoch, einen Meter breit, zwei Tonnen schwer, bewaffnet mit langem Schwert und Dolch – kein Wunder, daß die letzten Corsi vor solchen Gestalten die Flucht nach Norden ergriffen!

Filitosa ist übrigens – wir sind schließlich in Korsika – auch eine »Familienangelegenheit«: Charles-Antoine Cesari, 1954 *patron* der Schafherden auf den Wiesen unter den alten Olivenbäumen, wurde als erster auf die seltsamen, menschenähnlichen Granitmänner aufmerksam, die auf dem Gesicht in der Erde lagen und als Türstütze in die Hütten der Hirten eingebaut waren. Er setzte alles daran, Licht in die Herkunft der mysteriösen Steinkrieger zu bringen. Roger Grosjean grub sie aus – heute ist Cesaris Sohn, Jean-Dominique, als Archäologe den Geheimnissen der *stantari* auf der Spur.

Wir folgen der D 57 bis zur Einmündung in die Küstenstraße D 157 und lassen Filitosa hinter uns, aber damit noch nicht die Frühgeschichte. Über die

N 196 geht es vorbei am durch Urlauberansturm und Yachthafen aus den Fugen geratenen Fischerdorf **Propriano** (Prupia) nach **Sartène** (Sartè), wir bleiben aber noch nicht in der Stadt, die Prosper Mérimée (1803–70) wohl im Hinblick auf die alten Blutrachefehden in den schmalen Gassen einmal die »korsischste aller Städte« nannte. Später werden wir zur Übernachtung in die Granitmauern von Sartène zurückkehren und uns von seinem Urteil überzeugen. Erst einmal wollen wir aber noch einen Ausflug machen, der die Entdeckungen von Filitosa ergänzt und abrundet.

Dazu fahren wir weiter Richtung Bonifacio, biegen aber drei Kilometer hinter der Stadt auf die D 48 Rich-

Wehrhaft wirken die hohen Steinhäuser von Sartène bis heute

tung Tizzano (Tizzà) ein und folgen ihr sieben Kilometer weit. Links zweigt die D 48A nach **Cauria** ab, sie mündet in eine Piste und endet auf einem kleinen Parkplatz. Von hier aus empfiehlt es sich, ca. 15 Minuten zu Fuß weiterzugehen. Der Spaziergang führt zu der **Menhir-Gruppe Stantari**, die nach Meinung Roger Grosjeans, der auch hier die Ausgrabungen leitete, torreanische Krieger mit Schwertgehängen und Lendenschurz darstellen – aufmarschiert in zwei Reihen wie zur Schlacht.

Ein ganzes Heer von steinernen Kriegern ist 400 Meter weiter in einem Steineichenwäldchen aufmarschiert: 47 kleinere Menhire, zum Teil aufrechtstehend, zum Teil übereinandergestürzt, gehören zum

Alignement von Renaggiu. Es liegt am Fuß einer zerklüfteten Felswand mit vielen Höhlungen, davor erstreckt sich eine fruchtbare Ebene, deren Erträge den Menschen schon vor Tausenden von Jahren als Lebensgrundlage dienten. Kühe mit riesigen geschwungenen Hörnern leisten den Menhiren Gesellschaft, vielleicht jenen Rindviechern ähnlich, die einst den Torreanern die Hörner für ihre Helme lieferten.

Zurück bei den *stantari* zweigt links jenseits eines Zaunes ein Pfad ab. Eine Trittleiter führt auf die andere Seite. Der Weg führt zum größten und schönsten Steinplattengrab Korsikas, dem **Dolmen von Fontanaccia**.

Über drei Tonnen wiegt allein die 3,40 Meter lange und 2,90 Meter breite

Deckplatte – eine Mammutarbeit für die Steinzeitkorsen, sie auf die sechs aufrechten Seitenplatten zu wuchten, die sie sicher nicht für einen x-beliebigen, namenlosen Toten auf sich nahmen. Um das einsame Grab in der Macchia, dessen Rückwand nur am Tag der Wintersonnenwende vom Sonnenlicht beschienen wird, ranken sich allerhand unheimliche Geschichten. Bei den Hirten heißt es *stazzona di diavolu* – die Satansschmiede.

Auch wenn der Nachmittag schon fortgeschritten ist, lohnt sich der Besuch einer weiteren prähistorischen Stätte in der Nähe. Dazu kehren wir auf die D 48 zurück, folgen ihr zwei Kilometer weit Richtung Tizzano. Der Wagen bleibt auf dem Parkplatz des Weinguts Mosconi, denn die Piste, die leicht bergan führt zu den **Alignements de Palaggiu**, ist nicht zu befahren. Nach 1,5 Kilometer zweigt links ein Pfad ab zur größten Menhir-Gruppe des ganzen Mittelmeerraumes. 258 Monolithen aus verschiedenen Epochen stehen hier wie ein gewaltiges, versteinertes Heer, das gegen einen unsichtbaren Feind im Osten anstürmt. Einige Krieger wanken, andere sind bereits gestürzt, kreuz und quer, liegen auf dem Gesicht. In einer Ansammlung von grob behauenen Menhiren vermuten Archäologen ein Ersatzlager für ausgemusterte Steinmänner – wurden mit ihnen Lücken in den Schlachtreihen geschlossen?

Die jahrtausendealten Männer aus Granit haben ihr Geheimnis noch nicht preisgegeben. Haben hier die Corsi vor 3 500 Jahren den Schrecken der Übermacht ihrer Torreanerfeinde verewigt? In den Dörfern der Umgebung heißt die Menhir-Gruppe *campu de i morti* – Totenfeld. Oder: Schlachtfeld?

Nach so viel Geschichte ist es Zeit, in die Gegenwart zurückzukehren. **Tizzano**, nur noch fünf Kilometer entfernt, ist ein kleines Fischerdorf mit winzigem Hafen in einer tiefeingeschnittenen, geschützten Bucht, wo man von der Restaurantterrasse den Fischern beim Anlanden der Langusten und Muränen zuschauen kann.

Wen es zum Abendessen nicht nach Fisch, sondern nach Deftigerem gelüstet, der kehrt nach **Sartène** zurück, dem Nachtquartier für diesen Tag.

ROUTE 12: Sartène – Col de Bavella – Porto-Vecchio (125 km)

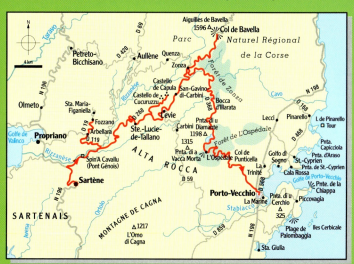

Vormittag Nach dem Frühstück auf der **Place Porta** in **Sartène** Bummel durch das mittelalterliche Stadtviertel **Manighedda**, Besuch der Pfarrkirche **Ste.-Marie** und des **prähistorischen Museums**. Von Sartène anschließend auf der N 196 Richtung Ajaccio, dann auf der D 268 vorbei an der genuesischen Brücke **Spin' A Cavallu**. Nach 4 km über eine Brücke nach links abzweigen, auf der D 119 nach Arbellara, dann auf der D 19 nach **Fozzano**: Rundgang durch das befestigte Dorf mit Wohnturm Colomba Carabellis und evtl. Besuch des **Pfeifenmuseums**. Zurück zur D 268 und weiter nach **Ste.-Lucie-de-Tallano**. Nach weiteren 6 km auf der D 268 links Abzweigung der schmalen Straße zu den Ausgrabungen von Cucuruzzu und Capula (Schild »*Sites Archéologiques de Levie*«) – Picknick.

Nachmittag Vom Parkplatz zu Fuß zur Torreaner-Festung **Cucuruzzu**, dann zu den Ausgrabungen von **Capula** und zurück zum Parkplatz. Weiter nach **Levie** (Besichtigung des **Musée départemental du Préneolithique**). Über **Zonza** zum Paß **Col de Bavella**. Zurück nach Zonza und auf der D 368 durch Wälder, vorbei an der Talsperre und durch das Dorf **L'Ospédale** nach **Porto-Vecchio**.

ROUTE 12 Informationen

> **Zusatztag:** Wer gerne einen Badetag einlegen möchte, dem sei einer der schönen Strände, die Porto-Vecchio umgeben, empfohlen:
> - **Santa Giulia:** Ein Streifen feinen, weißen Sandes zwischen Lagune und Meer, der zu Südseeträumen einladen könnte, wenn da nicht Restaurants und »Club Mediterrané« schon die gleiche Idee gehabt hätten.
>   Zufahrt: Von Porto-Vecchio 4 km auf der N 198 Richtung Bonifacio, dann links (Schild).
> - **Palombaggia:** Sandbuchten zwischen roten Felsen, umgeben von einem einmaligen Pinienwald, der vom Feuer von 1990 glücklicherweise verschont blieb. Einfache, *restos* genannte Imbißrestaurants im Schatten der Bäume bieten Erfrischungen an.
>   Zufahrt: Von Porto-Vecchio 2 km auf der N 198 Richtung Bonifacio, dann links auf die Straße, die um die ganze Halbinsel herumführt, bis zum Parkplatz am Strand von Palombaggia.
> - **Golfo di Sogno und Cala Rossa:** Buchten mit einem schmalen Sandstreifen hinter der Lagune von Stagnolo.
>   Zufahrt: Nach Norden Richtung Bastia, dann rechts auf die D 568 und am Meer entlang bis zu den Stränden.
> - **Saint-Cyprien:** Große Bucht mit feinem weißem Sand und Feriensiedlungen.
>   Zufahrt: Nach Norden Richtung Bastia, nach rechts auf die D 568, dann auf der D 468 weiter bis zur Abzweigung nach Saint-Cyprien (Schild).
> - **Pinarello:** Der von Porto-Vecchio am weitesten entfernte und deshalb ruhigste Strand. Schmaler, langer Sandstreifen in der Nähe des Dorfes mit Pinien und Blick auf einen genuesischen Wachtturm.
>   Zufahrt: Von Porto-Vecchio 15 km Richtung Bastia, dann rechts auf der D 168 nach Pinarello.

Ste.-Marie
Place Porta, Sartène
Pfarrkiche von 1766 mit Kreuz und Kette, die der Catenacciu bei der Karfreitagsprozession durch die Straßen trägt.

Musée départemental de la Préhistoire Corse
Rue Croce, Sartène

Im Sommer tägl. außer Sa 10–12 und 14–18 Uhr, im Winter tägl. außer Sa/So und an Feiertagen 10–12 und 14–17 Uhr
Sammlung von Werkzeugen, Waffen und Menhiren aus der Vor- und Frühgeschichte Korsikas.

Spin' A Cavallu
Links der D 268 Richtung Levie
Elegant geschwungene genuesische Brücke aus dem 13. Jh. Schäden durch Überschwemmungen machten eine Restauration erforderlich.

Musée de la pipe (Pfeifenmuseum)
In der Mairie (Rathaus)
Fozzano
Mo-Fr 10–12 und 16–18 Uhr; Eintritt frei
Pfeifenausstellung.

20170 Levie:

Sites Archéologiques de Levie
Castello di Cucuruzzu
Links der D 268, 3,5 km vor Levie
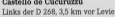
Besichtigung April-Okt. 9–17, im Sommer bis 20 Uhr.
Stätte, die im 2. Jht. v. Chr. erstmals besiedelt und im 9. Jh. v. Chr. von Torreanern zu einer Festung ausgebaut wurde. Im hinteren Teil Gewölbe (*cella*), vermutlich für den Totenkult.

Castello de Capula
Links der D 268, 3,5 km vor Levie

Besichtigung April-Okt. 9–17, im Sommer bis 20 Uhr
Wahrscheinlich von 3000 v. Chr. bis ins Mittelalter besiedelt. Menhir-Statue, Anlagen aus Bronze- und Eisenzeit; Ruinen einer mittelalterlichen Burganlage.

Musée départemental du Préneolithique
Im Rathaus (Hôtel de Ville)
Tägl. außer So 10–12 und 15–19 Uhr; außerhalb der Saison 10–12 und 14–16 Uhr

Ausstellung zu den Funden in Cucuruzzu und Capula.

Col de Bavella
1 218 m hoher Paß inmitten der Felstürme der »korsischen Dolomiten«. Aussicht auf Sartenais und Ostküste.

20137 Porto-Vecchio:

Office du Tourisme
Rue Camille de Rocca-Serra
✆ 04 9570 09 58, Fax 04 95 70 03 72
Mo-Fr 9-12 und 14-18, Sa 9-12 Uhr

Hôtel Le Goëland
La Marine
✆ 04 95 70 14 15, Fax 04 95 70 14 61
1. April-20. Okt. geöffnet
Einfaches Hotel auf einer kleinen Halbinsel direkt am Wasser. F

Le Mistral
Rue Toussaint-Culioli/Rue Jean-Nicoli
✆ 04 95 70 08 53, Fax 04 95 70 51 60
Zentral gelegen, aber trotzdem ruhig.
FF

Le Hameau de Palombaggia
Palombaggia
✆ 04 95 70 03 65, Fax 04 95 70 14 61
Okt.-März geschl.
In der Nähe des wunderschönen Strands von Palombaggia. FFF

Hôtel Castell'Verde
Baie de Santa Giulia
✆ 04 95 70 71 00, Fax 04 95 70 71 01
Okt.-März geschl.
Oberhalb der Bucht von Santa Giulia.
FFF

Hôtel/Restaurant Grand Hôtel Cala Rossa
Lecci de Porto-Vecchio
✆ 04 95 71 61 51, Fax 04 95 71 60 11
15. April-15. Nov. geöffnet
Gartenterrasse im Pinienwald 50 m vom Meer; phantasievolle französische Küche in luxuriöser Umgebung. FFFF

Hotel/Restaurant Belvédère
Route de Palombaggia
✆ 04 95 70 54 13, Fax 04 95 70 42 63
8. März-3. Jan. geöffnet
Schöne Bungalow-Anlage in einem kleinen Park an der Bucht; Halbpension.
FFFF

Camping Golfo di Sogno
Route de Cala Rossa
Lecci de Porto-Vecchio
✆ 04 95 70 08 98, Fax 04 95 70 41 43
Großer Platz in Strandnähe.

La Marine
Quai Pascal-Paoli
✆ 04 95 70 08 33
Im Dez. und Mo geschl.
Einfaches Restaurant am Wasser; Fischgerichte. F-FF

Le Lucullus
17, rue Général-de-Gaulle
✆ 04 95 70 10 17
So/Mo Mittag und Jan./Febr. geschl.
Beliebtes Restaurant mit schmackhaften Gerichten. F-FF

U Molu
Port de Plaisance
✆ 04 95 70 04 05
1. Nov.-1. Febr. geschl.
Preiswerte Gerichte mit Blick auf den Yachthafen. F-FF

Auberge Du Maquis
Route de L'Ospédale
✆ 04 95 70 20 39
Mai-Okt. geöffnet
Mitten in der Macchia korsische Spezialitäten. FF-FFF

Le Bistrot du Port
Port de Plaisance
✆ 04 95 70 22 96
So und Okt.-April geschl.
Feine Küche mit Blick auf den Yachthafen. FF-FFF

Restaurant Regina
Im Hôtel du Roi Théodore
Route de Bastia
✆ 04 95 70 14 94
Dez.-Febr. geschl.
Abendrestaurant; gehört zur *crème* der Edelrestaurants. FFF-FFFF

12

Vom Racheengel zur Madonna im Schnee

Durch die Alta Rocca

»Sein Anblick atmet Krieg und Rache« schrieb der französische Schriftsteller Paul Valéry (1871–1945) über **Sartène** (Sartè). Sitzt man in den Korbstühlen eines der Cafés auf der **Place Porta**, dem Herzen der Stadt, und betrachtet das allmorgendliche Leben zwischen Rathaus und Kriegerdenkmal, muß man den Dichter unweigerlich der böswilligen Verleumdung bezichtigen: Bauern aus der Umgebung bieten Basilikum und Bohnen aus ihren Gärten feil, und heftige Stimmen erheben sich allenfalls zur hitzigen Diskussion über Preis und Frische der Waren.

Keine Spur von finsteren Blicken auch bei den Arabern auf den Bänken, bei den Alten, die mit Krückstock und Zeitung in der Morgensonne flanieren, bei den Kindern, die um das Denkmal herum Fangen spielen, ehe die unerbittliche Schulpflicht ruft.

Dennoch hat Valéry sich nicht getäuscht. Hirten und Kinder, Bauern und Rentner waren lange Zeit von der Place Porta verbannt. Noch zu Beginn dieses Jahrhunderts schlenderten nur die reichen Großgrundbesitzer unter den Platanen umher und entschieden dabei über die Geschicke der Stadt.

Noch erinnern sich die Alten auf den Bänken, wie sie von morgens vier bis abends acht Uhr für einen der *sgios*, der Herren, für einen mageren Lohn schufteten und wenn sie ein dringendes Anliegen hatten, mit dem Hut in der Hand demütig am Rand des Platzes warten mußten, bis der Herr geruhte, sie anzuhören.

Geht man von der Place Porta durch das Tor neben dem Rathaus, hat man ein anschauliches Bild der

Noch Anfang dieses Jahrhunderts waren 99 Prozent des Bodens im Besitz von zehn Familien, die damit auch die Hirten, Bauern und Tagelöhner gleichsam als ihr Eigentum betrachteten und entsprechend mit ihnen umsprangen.

Die Gassen des alten Stadtviertels Manighedda bewahren einen Hauch von Mittelalter ▷

In Sartène regierten jahrhundertelang die Häupter allmächtiger Clans, die sogar ihren eigenen Bürgersteig in der Stadt benutzten, der nur ihren erlauchten Füßen vorbehalten war.

Kehrseite jener Verhältnisse vor Augen: Lange herrschten in den düsteren Gassen des mittelalterlichen Viertels **Manighedda** katastrophale hygienische Zustände, und hinter den dicken Mauern der lichtlosen, festungsartigen Häuser wütete die Tuberkulose und brachte jene um, die nicht in den Kriegen der Feudalherren fielen. Heute entdecken Künstler und Handwerker den malerischen Aspekt des alten Viertels und richten ihre Werkstätten in enger Nachbarschaft mit schwarzgekleideten Alten und lauten nordafrikanischen Familien ein. Die Wehrhaftigkeit der alten Häuser hatte ihren guten Grund, denn schlimmer noch als in anderen korsischen Städten lieferten sich die Familien von Sartène verheerende Blutrachefehden. Kein Wunder, daß hier der Karfreitagsbußgang des Catenacciu, des Büßers in Ketten, ein tiefverwurzelter Brauch ist – es gab wohl etliche, die unter dem schweren Holzkreuz etwas zu bereuen hatten. Das Kreuz und die 14 Kilogramm schwere Fußkette sind in der Pfarrkirche **Sainte-Marie** an der Place Porta zu besichtigen (s. auch S. 211 ff.).

Nicht auf den ersten Blick sichtbar ist eine andere Besonderheit Sartènes: Als Reaktion auf die Unterdrückung durch die Clans gründete sich zwischen den beiden Weltkriegen in Sartène eine kommunistische Gruppe. Heute sitzt im Rathaus neben der Kirche ein kommunistischer Bürgermeister, und in Sartène gibt es mehr Kommunisten als anderswo in Korsika – aber auch die alten Clans geben den Kampf um ihre verlorenen Positionen nicht auf. Diskussionen darüber sind ein Dauerbrenner bei den Spaziergängern auf der Place Porta. Spätestens gegen zehn Uhr sollten wir sie verlassen, um dem Hinweisschild zum Museum, **Musée départemental de la Préhistoire Corse**, bergan zu folgen. Es enthält eine ausgezeichnete Sammlung von Werkzeugen, Waffen und Schmuck der Vor- und Frühgeschichte Korsikas und stimmt ein auf das weitere Programm des Tages. Weil es unterwegs noch viel zu sehen gibt, sollte man Sartène mit Proviant für ein Picknick gegen halb elf auf der N 196 Richtung Ajaccio verlassen und kurz darauf der D 268 durch Felder und Weinberge folgen. Zwei Kilometer hinter der Einmündung überspannt

eine genuesische Brücke aus dem 13. Jahrhundert den Rizzanèse in einem eleganten Bogen, der ihr den Namen **Spin' A Cavallu** (Pferderücken) eintrug. Sie wurde restauriert, nachdem Überschwemmungen sie stark in Mitleidenschaft gezogen hatten.

Nach vier Kilometern überqueren wir auf einer anderen Brücke links den Fluß und halten uns sofort wieder links auf der D 119 Richtung Arbellara. Durch Korkeichenhaine und Macchia geht es hoch über das Tal des Rizzanèse hinaus, gegenüber liegt Sartène am Hang, überragt von immer höheren Bergketten. Von Arbellara führt die D 19 zum »Geburtsort« einer berühmten Erzählung, aber auch eines Klischees, das der korsischen Frau bis heute hartnäckig anhaftet, auch wenn sie längst die unförmige, schwarze *faldetta* des 19. Jahrhunderts abgelegt hat und statt über hinterhältigen Racheplänen über den Tücken von Computern brütet: In **Fozzano** (Fuzzà) nämlich lebte Colomba Carabelli, das Vorbild für Prosper Mérimées Novelle »Colomba«, die Generationen von deutschen Schülern schon Gänsehäute über den Rücken jagte.

Ihr Wohnturm aus Granit gleicht einer Festung. Fast fensterlos überragt er mitten im Dorf die anderen Häuser. Aus zwei »Pechnasen« konnte ungebetenen Besuchern ein »heißer« Empfang mit siedendem Öl bereitet werden, wenn sie es wagten, sich dem Eingang zu nähern.

Wir können es inzwischen wagen, denn heute hält sich niemand mehr zwischen den Mauern aus glatten Granitquadern verschanzt: Am Anfang des Dorfes geht es Richtung Santa Maria-Figaniella bis zu einem kleinen baumbestandenen Platz. Von dort sind es nur wenige Schritte bis zum Haus der Frau, die den französischen Dichter 1839 so nachhaltig beeindruckte.

In der Novelle treibt die schöne Colomba ihren unwilligen Bruder Orso mit allerhand List und Tücke dazu, den getöteten Vater an den Todfeinden der Familie zu rächen. Die Wirklichkeit von Fozzano war schlimmer: Im Vendettakrieg mit den Durazzos, die sich weiter oben im zweiten Wohnturm des Dorfes verbarrikadiert hielten, trieb Colomba vier junge Männer, darunter ihren eigenen Sohn mit ihren Forderungen nach Blutrache in den Tod. Es gab auch kein

Happy-End wie im Buch, sondern erst ein Friedensvertrag in der Kirche von Sartène setzte den blutigen Auseinandersetzungen ein Ende.

Weniger dramatisch geht es im Bürgermeisteramt von Fozzano zu – dort gibt es ein kleines Pfeifenmuseum, **Musée de la pipe**, zu besichtigen.

Zurück zur D 268 und weiter in die Berge. Auch **Sainte-Lucie-de-Tallano** kann mit einer Vendetta aufwarten. Für die Ehre einer betrogenen Braut mußten neben dem treulosen Bräutigam noch 18 andere Mitglieder der so verfeindeten Familie sterben – wie so häufig in diesem Land. Der Stein, der in diesem Steinbruch in der Nähe des Dorfes gefunden wird, ist dagegen eine echte Rarität. Der Kugeldiorit wird nur in Korsika und in Finnland gefunden. Wer ihn nicht in Andenkenläden suchen will, kann seine ganz eigenwillige Form am Fuß des Kriegerdenkmals von Sainte-Lucie bewundern.

Steine ganz anderer Art sind einige Kilometer weiter vor fast 3 000 Jahren zu einer wuchtigen Festung aufgeschichtet worden, die das Tal des Rizzanèse beherrscht. Sechs Kilometer hinter Sainte-Lucie zweigt links eine schmale Straße ab zu den »Sites Archéologiques de Levie«. Wir folgen ihr bis zum Parkplatz am Ende, und jetzt ist der richtige Zeitpunkt für einen Imbiß gekommen, bevor man den Rundgang zu den beiden prähistorischen Stätten von Cucuruzzu und Capula beginnt.

Eine Viertelstunde geht es dann auf einem uralten Pfad durch den Wald zum **Castello de Cucuruzzu**, das zu Recht den Namen »Burg« trägt. Es war eine Festung der Torreaner, gebaut im 9. Jahrhundert v. Chr., mit Wehrgängen, Schießscharten, unterirdischen Räumen, deren Konstruktion zum Teil noch zu erkennen ist. Eine bis zu fünf Meter dicke Mauer

Gelb leuchtender, duftender Pfriemenginster gehört zu den typischen Pflanzen des Mittelmeerraums

schützte die Krieger, die unter den tonnenschweren Steinblöcken im Zentrum der Anlage Wetter und Feinden trotzten. Fürs Seelenheil gab es im hinteren Teil der Festung ein Gewölbe, das wahrscheinlich dem Totenkult diente. Unterhalb davon lagen die Hütten des torreanischen Dorfes. Es gab Töpferwerkstätten und steinerne Getreidemühlen, und von der Plattform ganz oben hatte der Wächter alles bis zu den fernen Bergzacken der Bavella im Blick.

Allein schon der Pfad nach Capula ist ein Erlebnis. Er führt durch einen verwunschenen Wald mit uralten Steinmauern, Dickicht und moosbewachsenen Felsbrocken. Stachelige Ranken hängen von Bäumen mit langen Flechtenbärten, als wollten sie Eindringlinge vom geheimnisvollen Weg durch die unergründliche Dämmerung fernhalten. Eine Quelle rieselt, an ihrem Rand wilde Alpenveilchen und Farn.

Plötzlich dann eine Lichtung, noch eindrucksvoller als Cucuruzzu ragt das **Castello de Capula** auf wie die Burg des Meisters des Zauberwaldes. Ihre Baumeister machten sich die natürliche Felsbastion zunutze und ergänzten sie mit Mauern – die ersten vor mehr als 3 000 Jahren, die letzten im Mittelalter. Eine geborstene Menhir-Statue mit Langschwert bewacht das Bollwerk, eine Rampe, die auch von den Pferden der mittelalterlichen Feudalherren erklommen werden konnte, führt zwischen Steineichen zum Zentrum der Festung, die so vielen Herren verschiedener Kulturen als Trutzburg diente.

Vieles ist noch nicht erforscht, Ausgrabungsarbeiten sind im Gange. Man weiß inzwischen durch Funde von Nägeln, daß es Holzbauten gegeben haben muß. Wie haben sie ausgesehen? Wer lebte hier, und wie sah der Alltag der Bewohner im Lauf der Jahrtausende aus?

Auf viele Fragen gibt das **Musée départemental du Préneolithique** in **Levie** Antwort. Nach einer Viertelstunde ist der Parkplatz erreicht, zehn Autominuten später das Dorf.

Im Museum erfährt man nicht nur, daß es in Capula schon früher Eichbäume gegeben haben muß, weil die Schweine von den Eicheln lebten und Abdrücke der »Hütchen« bei ihren Hüterinnen als Dekor für

ROUTE 12

Keramikgefäße hoch im Kurs standen. Übersichtlich gegliedert, vermitteln die Schaukästen eine Vorstellung von den waffenstarrenden Männern der Bronze-

und den schmuckbegeisterten Damen der Eisenzeit und von den Werkstätten, in denen um 500 v. Chr. Schwerter gegossen und Wolle zu Kleidung gewebt wurde.

Im gläsernen Sarg ruht die besterforschte Korsin der Welt. Kein Wunder, denn sie ist schließlich mit rund 8 500 Jahren die älteste, und wie es Seniorinnen gebührt, wird sie taktvoll nur die »**Dame von Bonifacio**« genannt. Zu Lebzeiten dürfte es ihr freilich schlechter ergangen sein. Die Wissenschaftler attestierten ihr zahlreiche Knochen- und Gelenkschäden. An Rheuma leidend, muß sie den größten Teil ihres

Mit den Dolomiten werden die rötlichen Felsentürme der Bavella-Gruppe oft verglichen

Lebens in geduckter Haltung verbracht haben, ehe sie mit 35 Jahren an einer Zahninfektion starb. Als man das Skelett 1972 unter einer Felswand fand, war die Ockerfarbe, die als Symbol des Blutes und des Lebens auf einen Totenkult schließen läßt, auf den Knochen der namenlosen alten Dame noch erhalten.

Weniger rücksichtsvoll sprang der Papst im 14. Jahrhundert mit Einwohnern der Gemeinde **San-Gavino-di-Carbini** um, durch die wir auf dem Weg von Levie nach Zonza fahren. Mit den Giovannali sollte nämlich nach seinem Willen auch jede Erinnerung an die Gruppe ausgelöscht werden. Es gelang ihm nicht. Zwei Brüder, selbst aus adeliger Familie und von einem dritten Bruder um ihr Erbe betrogen, zogen im von Pestepidemien und Kriegen verwüsteten Korsika gegen die Auswüchse des Feudalismus zu Felde und propagierten, ihrer Zeit um ein paar hundert Jahre voraus, die Gleichheit der Menschen. Ein bestechendes Konzept, das auf Anhieb viele Anhänger fand, das aber sowohl den Genuesen wie den adeligen *signori* als Angriff auf die ihnen nützliche gesellschaftliche Ordnung erscheinen mußte.

Keiner der Giovannali überlebte, als die päpstlichen Soldaten gegen die »Anarchisten« zu Felde zogen und für die *signori* die bewährte Ordnung wieder herstellten.

Zonza, ein Bergdorf mit festgefügten Granithäusern, wirkt so, als sei hier die Welt niemals aus den Fugen geraten und als könnten allenfalls zu viele Wanderer im Sommer die Bewohner aus der beschaulichen Ruhe bringen.

Für Bergsteiger, Wanderer und Kletterer ist die Umgebung nämlich ein Paradies: Nicht umsonst werden die Felstürme, Zacken und Spitzen des Bavella-Massivs auch die »korsischen Dolomiten« genannt. Wir beschränken uns darauf, den 1 218 Meter hohen **Col de Bavella** mit dem Auto zu »erklimmen«, dabei ehrgeizige Mountainbike-Radler zu überholen und uns ganz oben zwischen Ziegen und Felstürmen die Füße zu vertreten und Hochgebirgsluft zu schnuppern.

Blickt man zurück ins Tal des Rizzanèse, blinkt der Golf von Valinco in der Ferne. Von hier fegt der West-

wind heran, so oft und so heftig, daß alle Äste und sogar die Kronen der Kiefern auf dem Paß sturmgebeugt nach Osten wachsen. Auf der anderen Seite leuchtet zwischen rötlichen Felszacken das Meer der Ostküste.

Altes Mauerwerk erinnert in Porto-Vecchio lebhaft an die Zeit der Genuesenherrschaft

Die »heilige Maria im Schnee« (Notre-Dame-des-Neiges) beschützt von ihrem Hügel aus kerzenwachsbedeckten und rauchgeschwärzten Felsbrocken beide Seiten der Paßhöhe, offenbar mit Erfolg, wie zahlreiche Votivtafeln um die Statue herum verkünden.

Die heimlichen Herren der Bavella, die Mufflons, sind publikumsscheu und zeigen sich nur selten: Sie verbergen sich in den riesigen Kiefernwäldern von Zonza und L'Ospédale, die wir durchqueren, wenn wir zurück nach Zonza und von dort auf der D 368 Richtung Porto-Vecchio (Porti Vechju) weiterfahren. Tief unten liegt uns kurz vor dem Dorf **L'Ospédale** die kleine Stadt mitten zwischen Buchten und Stränden zu Füßen und mit ihr ein großer Teil er südlichen Ostküste. Zügig windet sich die Straße hinunter nach **Porto-Vecchio**, der »Stadt des Salzes«, deren weiße Strände Touristen wie Magnete anziehen und die kleine, alte Genuesenstadt aus allen Nähten platzen lassen.

ROUTE 13 Porto-Vecchio – Bonifacio (27 km)

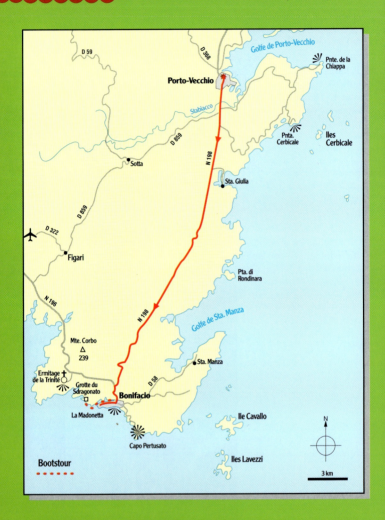

ROUTE 13 — Porto-Vecchio – Bonifacio (27 km)

Vormittag	Auf der N 198 von **Porto-Vecchio** nach **Bonifacio**. Beginn des Stadtrundgangs durch die Oberstadt von Bonifacio mit der Besichtigung der Kirche **St.-Dominique**. Über den Place Bir-Hakeim geradeaus durch die Rue St.-Dominique zum **Place du Marché** und zum angrenzenden **Place Manichella** (Aussicht auf die Steilküsten bis zum **Capo Pertusato**). Durch die Rue Doria und dann rechts zur Kirche **Ste.-Marie-Majeure**. Von der Rückseite der Kirche rechts durch die Rue du Corps de Garde zur **Bastion** der Genuesen. Durch die **Porte des Gènes** über Stufen abwärts zur Pestkapelle **St.-Roch** und weiter zum Fuß der Klippen. Zurück zum Place des Armes vor der Bastion und auf der **Rue des Deux-Empéreurs** durch das alte Stadtviertel bis zur Rue Fred Scamaroni. Links zum Place Bonaparte, dann rechts zurück zum **Place Bir-Hakeim** mit Ehrenmal der Fremdenlegion. Vorbei an den Kasernen zu den alten Windmühlen und zum **Cimetière Marin**.
Nachmittag	Bummel über den Quai Jérôme Comparetti zur Kapelle **St.-Érasme**. Dann zur Anlegestelle der Ausflugsboote im Port de Plaisance und **Bootsfahrt** entlang der Steilküsten zur Insel **La Madonetta** und durch Grotten (ca. 45 Min.).

Abstecher: Im **Aquarium Marin** werden diejenigen Meeresbewohner gezeigt, die bei einem Wettfischen von den Fischern Bonifacios gefangen wurden. – Ein Spaziergang von der Pestkapelle St.-Roch den Pfad oberhalb der Klippen entlang zum **Capo Pertusato** ist in ca. 40 Min. zu bewältigen.

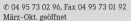

Informationen

20169 Bonifacio:

 Office de Tourisme/Syndicat d'Initiative
2, rue Fred Scamaroni (an der Auffahrt zur Oberstadt)
✆ 04 95 73 11 88, Fax 04 95 73 14 97
Tägl. außer Sa/So 9–12.30 und 14–17, im Sommer bis 20 Uhr
Vom 15. Juni–15. Sept. können die historischen Denkmäler der Oberstadt Mo–Fr 11–17.30 Uhr besichtigt werden. In den anderen Monaten sollte man die Öffnungszeiten beim Verkehrsamt erfragen, das auf Wunsch auch einen Fremdenführer stellt. Okt.–März sind die Sehenswürdigkeiten in der Oberstadt geschlossen.

 Gebührenpflichtige Parkplätze gibt es in Bonifacio am Hafen und an den Kasernen in der Oberstadt.

 Le Roi d'Aragon
13, quai Jérôme Comparetti
✆ 04 95 73 03 99, Fax 04 95 73 07 94
Frisch renoviertes, stimmungsvolles Hotel am Hafen. FF–FFF

 Solemare
Quai du Port
✆ 04 95 73 01 06, Fax 04 95 73 12 57
Ostern–30. Sept. geöffnet
Ruhiges, modernes Hotel auf der Nordseite der Marina. FF–FFF

 Hôtel/Restaurant La Caravelle
11, quai Jérôme Comparetti
✆ 04 95 73 00 03, Fax 04 95 73 00 41
Ostern–15. Okt. geöffnet
28 Zimmer; im Restaurant feine Spezialitäten aus Fisch und anderem Seegetier. FFF (Hotel), FFF–FFFF (Restaurant)

 Hôtel Genovèse
Quartier de la Citadelle
✆ 04 95 73 12 34, Fax 04 95 73 09 03
Moderner Komfort in einem umgebauten genuesischen Gebäude aus dem 13. Jh.; mitten in den Befestigungsanlagen rund um einen stimmungsvollen Patio. FFFF

 Camping L'Araguina
Avenue Sylvère-Bohn (am Ortseingang an der N 198)

✆ 04 95 73 02 96, Fax 04 95 73 01 92
März–Okt. geöffnet
Kleiner, schattiger Platz, der einzige in Stadtnähe; weitere Campingplätze gibt es am Golf von Sta.-Manza.

 St.-Dominique
Rue des Deux Moulins
Gotische Kirche mit achteckigem, zinnengekröntem Glockenturm, begonnen im 12. Jh., im 13. Jh. von Dominikanern vollendet. Charakteristische Architektur mit Spitzbögen, im Inneren Marmorrelief des heiligen Franziskus, sehenswerte Kanzel und Möbel in der Sakristei, Prozessionsfiguren.

 Place Manichella
Glasfenster im Boden gewähren einen Blick in die ehemaligen Kornspeicher der Stadt. Ausblick auf die bis zu 90 m hohen Kalkfelsen der Südspitze Korsikas, den Capo Pertusato, und bei klarer Sicht nach Sardinien.

 Ste.-Marie-Majeure
Im Zentrum der Oberstadt
Im 12. Jh. von den Pisanern begonnene, von den Genuesen mehrmals umgebaute dreischiffige Kirche. Schöner Glockenturm mit Arkaden. Im Inneren Altar und Tabernakel aus dem 15. Jh. sowie römischer Sarkophag aus dem 3. Jh. v. Chr.

 Grand Bastion
 Bollwerk der Genuesen mit kleiner Gartenanlage; im Sommer tagsüber zur Besichtigung offen, sonst muß im Verkehrsamt nachgefragt werden.

 Porte des Gênes
Doppeltes Stadttor mit Zugbrücke, von den Genuesen 1598 erbaut und bis ins 19. Jh. einziger Zugang zur Oberstadt.

 Rue des Deux Empéreurs
Im ersten Haus auf der linken Seite übernachtete 1541 Kaiser Karl V., gegenüber Napoleon Bonaparte auf seinem mißglückten Sardinienfeldzug von 1793.

 Place Bir-Hakeim
Auf dem Platz steht ein Ehrenmal der Fremdenlegion zur Erinnerung an den Algerienfeldzug von 1897–1902.

ROUTE 13 Informationen

Cimetière Marin
Großer Friedhof hoch über dem Meer mit zum Teil prunkvollen Grabhäusern alter Familien und der Franziskanerkirche St.-François (13. Jh.).

Serge Arnoux
19, rue St. Dominique (Oberstadt)
Boutique mit handbemalten und -bedruckten Kleidern, Stoffen und Tüchern.

St.-Érasme
Rue St.-Érasme
Ursprünglich Oratorium aus dem 13. Jh., mehrere Male umgebaut. Im Inneren das Gewölbe der Apsis aus dem Mittelalter mit Prozessionsfigur des heiligen Erasmus, Schutzpatron der Fischer.

Bootsfahrt entlang der Steilküste von Bonifacio

Am Ende des Yachthafens (Port de Plaisance) ankern die Ausflugsboote verschiedener Eigentümer. Die Preise sind überall einheitlich. Für Deutsche sind die Erläuterungen des Bootsführers auf einem Blatt übersetzt. Die Fahrt dauert ca. 45 Min., sie führt aus dem Hafen heraus unter der Steilküste entlang und durch Felsengrotten.

Escalier du Roi d'Aragon
(Treppe des Königs von Aragon)
197 Stufen führen vom Meer zur Oberstadt, die vom Boot aus gut zu sehen sind. Angeblich wurden sie von König Alphons V. von Aragon während der Belagerung von 1420 in den Fels geschlagen, dienten aber in Wirklichkeit wohl eher als Fluchtweg für die Einwohner der Stadt.

Aquarium Marin
71, quai Jérôme Comparetti
1. April-31. Okt. tägl. 10-19 Uhr; im Sommer länger
Meerestiere, die beim Wettfischen der Fischer von Bonifacio gefangen wurden.

U Campanile
Montée Rastello (Treppen vom Hafen zur Oberstadt)
✆ 04 95 73 04 50
Kleines, preiswertes Restaurant.
F-FF

U Castille
Rue Simon Varsi (Nähe Place Bonaparte)
✆ 04 95 73 04 99
April-Okt. geöffnet
Kleines, gemütliches Restaurant in einem schönen, uralten Bruchsteingewölbe. FF

L'Albatros
Quai Jérôme Comparetti
✆ 04 95 73 01 97
April-Okt. geöffnet
Fischrestaurant mit Blick auf den Hafen.
F-FFF

Stella d'Oru
Rue Doria (Oberstadt)
✆ 04 95 73 03 63
April-Okt. geöffnet
Ideenreiche Küche. FF-FFF

Le Voilier
Quai Jérôme Comparetti
✆ 04 95 73 07 06
Fischspezialitäten. FF-FFF

Le Grand Bleu
Quai Banda di Ferro
✆ 04 95 73 10 30
Stern am gastronomischen Himmel des Südens. FFF

Feste/Veranstaltungen:

Während der Karwoche ziehen die fünf Bruderschaften der Kirchen in farbenprächtigen Gewändern und mit schweren Holzfiguren in **Prozessionen** durch Bonifacio.

Kork wird vor allem im Süden »geerntet«

13 Kein sicherer Hafen für Odysseus

Bonifacio

Stürmisch jagten die entfesselten Winde vor rund 3 200 Jahren die Schiffe des Odysseus über das Meer und wahrscheinlich vor die Südküste Korsikas. Schnell wie der Wind erreichen auch wir nach 27 Kilometern auf der N 198 jenen »trefflichen Hafen« der »Odyssee«, in dem »nie eine Welle sich hob«, weil ihn »ringsum himmelanstrebende Felsen von beiden Seiten umschließen, und wo vorn in der Mündung sich zwei vorragende Spitzen gegeneinander drehn, ein enggeschlossener Eingang«. Eine treffende Beschreibung Homers für den 1 500 Meter langen Fjord von **Bonifacio** (Bonifaziu), der von 60 bis 90 Meter hohen Kalkfelsen beschirmt wird?

Darüber streiten sich die Gelehrten – für Odysseus und seine Gefährten erwies es sich jedenfalls als schlechte Idee, dem Frieden des stillen Hafens zu trauen, und die imposanten weißen Felsen wurden gar zur tödlichen Falle, denn hier hausten die menschenfressenden Laistrygonen. Sie hatten etwas gegen die fremden Eindringlinge, schleuderten von den Höhen Felsbrocken auf sie herab und verspeisten anschließend einige von ihnen bei einem Gelage.

Auch wenn sie den Held der »Odyssee« auf diese Weise vertrieben und er zu neuen Abenteuern entfloh, bekamen es die Einwohner von Bonifacio auch danach immer wieder mit fremden Eindringlingen zu tun, die meist vom Meer her einfielen. Die Anlage der Stadt als Festung mit Mauern und Bollwerken, hoch oben auf den Felsen der alles überragenden, an der breitesten Stelle 33 Meter schmalen Halbinsel spricht für sich. 80 Prozent der Stadtbevölkerung drängen

Wuchtig thront die Zitadelle über der schmalen Hafeneinfahrt von Bonifacio

sich hier in den schmalen, aneinander gedrängten Häusern zusammen, die auf überhängendem Fels so dicht über dem Abgrund gebaut sind, daß sie eines Tages mit den weißen Kalksteintrümmern ins Meer stürzen werden.

Aber hier oben, mit Rundblick über die bedrohten Küsten, spielte sich das Leben Bonifacios ab, und hier beginnt deshalb auch der Stadtrundgang.

Die Auffahrt zur **Oberstadt** leitet den Verkehr automatisch zu geräumigen Parkplätzen in der Nähe der Kasernen. Von hier sind es nur ein paar Schritte zum Office de Tourisme, mit dem man außerhalb der Sommersaison wegen der Besichtigung der Kirchen und der Genuesen-Festung Rücksprache nehmen sollte.

Auch wenn Bonifacio nicht vom heiligen Bonifatius, sondern 833 von einem gräflichen toskanischen Namensvetter gegründet wurde, beginnt die Stadter-

kundung mit einem Kirchenbesuch. **Saint-Dominique**, gleich hinter dem Verkehrsamt, ist eines der ganz wenigen gotischen Bauwerke Korsikas. Vermutlich wurde die Kirche Ende des 12. Jahrhunderts von Pisanern begonnen, eine Zeitlang von den Templern benutzt und gut 100 Jahre später von Dominikanern vollendet und erweitert. Über einem quadratischen Unterbau erhebt sich ein achteckiger Glockenturm mit Doppelzinnen. Im Inneren mit seinen charakteristischen Spitzbögen, Arkaden und schmalen Fenstern befindet sich ein sehenswertes Marmorrelief des heiligen Franziskus, außerdem eine prächtig geschnitzte Kanzel, wunderschöne Holzmöbel und Prozessionsfiguren.

Der schöne Glockenturm der Kirche Sainte-Marie-Majeure bildet den Mittelpunkt der Oberstadt von Bonifacio

Über den Place Bir-Hakeim, vorbei am Ehrenmal der Fremdenlegion, geht es geradeaus durch die Rue Saint-Dominique in die Altstadt bis zum **Place du Marché** und zum **Place Manichella**, unter dessen runden Steindeckeln sich früher die Kornspeicher der Stadt verbargen. Blickt man über die Mauer in die Tiefe, dann mag man etwas von den Schwindelgefühlen der Hausfrauen ahnen, wenn sie morgens aus dem meerzugewandten Fenster über der Steilküste die Betten ausschütteln und hinab auf die Felsen schauen, die schon abgestürzt sind.

Vom Place Manichella aus sieht man das Ende der korsischen Welt, den **Capo Pertusato** (Capu Pertusatu). Sein Leuchtfeuer war das letzte, was nach Sardinien verbannte Korsen auf dem Weg ins Zuchthaus von Santa Teresa-di-Gallura von ihrer Heimatinsel sahen, ohne Hoffnung auf Rückkehr, obwohl doch die beiden Inselküsten in Sichtweite voneinander liegen.

Die Kirche **Sainte-Marie-Majeure** erreicht man, wenn man ein paar Schritte zurück durch die Rue Doria und dann rechts geht. Der Eingang befindet sich auf der anderen Seite. Die Kirche im Zentrum der Oberstadt zeugt, obwohl im 12. Jahrhundert von den Pisanern begonnen, unverkennbar von der Genuesenherrschaft über die Stadt. Sie vertrieben nämlich 1196 die Pisaner, warfen alle Einwohner hinaus und ersetzten sie durch genuatreue Kolonisten, die mit der Zusage von allerhand Privilegien von Italien herübergeholt wurden – noch heute unterscheidet sich der Dialekt der Einwohner von Bonifacio von dem, der außerhalb der Stadtmauern gesprochen wird.

Den eleganten Glockenturm schmücken fein gearbeitete Reliefs und zierliche Arkaden. Das Innere kündet mit seinem reichverzierten Altar aus dem 15. Jahrhundert, einem Tabernakel von 1465, der Kanzel und dem Taufbecken genuesischer Künstler vom Reichtum der einstigen Genuesenhochburg. Ein Marmosarkophag aus dem 3. Jahrhundert v. Chr. wurde eine Zeitlang kurzerhand seiner Bestimmung als letzte Ruhestätte eines heidnischen Römers zweckentfremdet und zum Weihwasserkessel umfunktioniert.

Überhaupt lagen in Sainte-Marie-Majeure geistliche und weltliche Nutzung schon immer dicht beieinander: Das Regenwasser vom Kirchendach und den Dächern der umliegenden Häuser wurde in einer Zisterne unter dem Vorhof der Kirche aufgefangen, um in Zeiten der Belagerung standzuhalten, und in der überdachten Arkadenhalle vor dem Portal entschied man im Mittelalter über das Geschick der Stadt und ihrer Bewohner.

Heute geschieht das ein Haus weiter im Bürgermeisteramt (*Mairie*), das in einem der ältesten genuesischen Häuser mit schönem Arkadenfenster untergebracht ist. Die Bögen, die sich zwischen den alten Häusern über die Gassen spannen, sollen sie übrigens nicht nur davor bewahren, gegeneinander zu stürzen, sondern dienten auch als Regenrinnen.

Wenn man zur anderen Seite der Kirche zurückkehrt und rechts durch die Rue du Corps de Garde geht, kommt man zur **Grand Bastion** der Genuesen. Von hier führen durch die eindrucksvolle **Porte des**

Gènes mit ihrer Zugbrücke die Stufen (*escalier*) des Montée Rastello abwärts. Von 1598 bis ins 19. Jahrhundert mußte sie jeder, der hinauf in die Stadt wollte, erklimmen – da gab es aber auch noch keinen Ansturm von Reisebussen und *petit train* genannten Sightseeing-Bähnchen auf den Gassen zwischen den Mauern. Im Gegenteil, es herrschten schlechte Zeiten. Davon kündet die Kapelle **Saint-Roch**, weiß getüncht am Ende der Stufen auf weißen Felsen gelegen. Der heilige Rochus, der auf Abbildungen immer mit Pestbeule am Oberschenkel dargestellt wird, weil es ihm der Legende nach gelang, die Krankheit zu besiegen, konnte für Bonifacio in dieser Hinsicht nicht viel tun, obwohl die verzweifelten Bewohner ihm eigens eine Kapelle bauten. 1528 waren von ursprünglich 5 000 Einwohnern nach der Pestepidemie nur noch 700 übrig.

Angenehmer als diese Erinnerung ist da schon der Abstieg über einen Pfad zum Fuß der Kalkfelsen. Inmitten der schon abgestürzten Trümmer, umspült von Wellen, Häuser auf Vorsprüngen hart an der Kante der Steilküste 60 Meter hoch über dem Kopf, bietet sich ein grandioser Ausblick auf die Oberstadt, der freilich gewisser Befürchtungen für die eigene Sicherheit nicht ganz entbehrt. Also lieber wieder zurück in die wuchtige Sicherheit der Genuesen-Festung zum Place des Armes. Bei der kriegerischen Vergangenheit ist es kein Wunder, daß beinahe alle Straßennamen militärischen Bezug haben.

Da macht auch die **Rue de Deux Empéreurs** keine Ausnahme. Zwei Häuser bewahren hier die Erinnerung an zwei berühmte Männer, die in Bonifacios Mauern nächtigten. Wie einst den unseligen Odysseus trieb 1541 ein Sturm Kaiser Karl V. in den sicheren Hafen, nachdem schon sein Algerienfeldzug fehlgeschlagen war. Graf Filippo Cattaciolo, der in dem ersten Haus auf der linken Seite – mit dem schönen Relief über dem Eingang – wohnte, bot dem in Verlegenheit geratenen Herrscher Gastfreundschaft und sein bestes Pferd für den Weg vom Hafen in die Oberstadt. Danach erschoß er das Pferd, damit kein unkaiserliches Gesäß mehr seinen Rücken berühren sollte.

Nicht umsonst erzählt man sich in Bonifacio augenzwinkernd, daß es in der Oberstadt selten zu Ehestreitigkeiten kommt: Was einmal aus dem Fenster geworfen werde, sei schließlich für immer verloren.

Kühn auf Kalkfelsen sind die Häuser über schwindelndem Abgrund gebaut ▷

Unrühmlicher endete der Aufenthalt des 22jährigen Oberleutnants Napoleon Bonaparte im Haus gegenüber, in dem er bei Verwandten logierte. Er, der sich mit Mühe und »Schiebung« in seiner Heimatstadt Ajaccio an die Spitze eines Bataillons gesetzt hatte, mußte bei der Expedition gegen Sardinien, an der er von Bonifacio aus teilnahm, eine herbe Niederlage einstecken. Den Ehrgeiz des künftigen Kaisers hat sie nicht gebremst ...

Durch die Rue des Deux Empéreurs geht es geradeaus weiter durch die Altstadt, eine Welt für sich, die zwischen ihren Torbögen, engen Gassen und schmalen Durchgängen den bunten Postkarten der Andenkenläden zum Trotz die Vergangenheit bewahrt, als

In die schmalen Gassen der Oberstadt fällt selten ein Sonnenstrahl

könnten noch immer die Schiffe der gefürchteten Seeräuber vor der schmalen Hafeneinfahrt kreuzen und die Bewohner in Schrecken versetzen. Die Gasse mündet in die Rue Fred Scamaroni, der wir nach links zum Place Bonaparte bergan folgen, um dann nach rechts wieder am **Place Bir-Hakeim** herauszukommen.

Jetzt ist auch der richtige Zeitpunkt, den schnittigen, fahnenschwingenden Fremdenlegionär im Tropenhelm auf seinem Sockel näher in Augenschein zu nehmen, zumal der weitere Weg an den Kasernen der Männer vorbeiführt, die sich unter dem Wahlspruch »*Legio patria nostra*« die Söldnertruppe zu ihrer Heimat und ihrem Vaterland erwählt haben. Wie einst die Genuesen hatten sie sich bis 1983 auf den vorspringenden Kalkfelsen von Bonifacio angesiedelt, aber nicht um die Stadt, sondern um Frankreichs Interessen in Übersee zu schützen. Das Denkmal erinnert an den Algerienfeldzug von 1897 bis 1902, es stand ursprünglich in Saïda und wurde 1962 beim letzten großen Einsatz der Truppe in die »neue Heimat« der Legion nach Korsika geholt, als in Algerien »die Trikolore endgültig eingeholt« wurde. Heute sind Ranger der Armee in den Kasernen untergebracht.

Frischer Wind weht, wenn wir mit Ausblick auf den tiefgelegenen Hafen an den Kasernen vorbeispazieren. Er läßt unschwer ahnen, warum gerade hier seit 1253 die Windmühlen der Stadt stehen, in denen für alle Einwohner Korn gemahlen wurde. Zwei sind verfallen, eine wurde restauriert, nur blieben ihre Flügel gestutzt.

Noch ein Stück weiter, ganz am Ende der Halbinsel, von drei Seiten vom Meer umgeben, stehen dann noch einmal Häuser mit traumhafter Aussicht. Nur haben ihre Bewohner, die Lecca, Santucci, Serra, in den frischgetünchten Mauern nichts mehr davon: Hier liegt der **Cimetière Marin**, der »Meeresfriedhof«, dessen Lage und ganz eigentümliche Stimmung einen Besuch lohnen.

Hier steht auch die restaurierte Klosterkirche **Saint-François** aus dem 13. Jahrhundert. Eine Legende berichtet, daß der heilige Franziskus selbst Anlaß zum Bau des Klosters gegeben haben soll.

Zum Mittagessen kann man in den alten Gassen der Oberstadt hoch über dem Meer bleiben oder aber in der Unterstadt am Wasser Goldbrassen und fritierte kleine Fische dort verspeisen, wo einst die Laistrygonen die Gefährten des Odysseus aufgetischt haben. Der Nachmittag ist jedenfalls nicht mehr der Felsenfestung, sondern der Küstenstadt Bonifacio und dem Meer gewidmet.

Ein kleiner Verdauungsspaziergang auf der südlichen - älteren - Seite der Bucht führt über den Quai Jérôme Comparetti entlang an einer Reihe von Restaurants, Cafés und Souvenirläden ins Quartier der Fischer, wo Netze trocknen und Boote geschrubbt werden.

Ihrem Schutzheiligen ist auch die Kapelle **Saint-Érasme** am Fuß der Treppen zur Oberstadt geweiht, die auf den Grundmauern einer Kapelle aus dem 13. Jahrhundert errichtet wurde und deren Prozessionsfigur die Fischer behüten soll, wenn sie ausfahren, um die zahllosen Meerestiere für die vielen Touristen an Land zu ziehen, die Bonifacio fast zu allen Jahreszeiten bevölkern.

Vielleicht begleitet er ja auch uns, wenn wir am Ende des Yachthafens eines der kleinen Boote zu einem Ausflug entlang der Steilküste besteigen? 45 Minuten dauert die Fahrt, erst durch das selbst bei Sturm noch spiegelglatte Wasser des Fjords, dann hinaus in rauhere Wellen zum Leuchtturm der Insel **La Madonetta**, wo eine kleine Marienstatue dem vielbeschäftigten Sankt Erasmus bei der Betreuung der Boote zur Seite steht.

Wer Korsika einmal nicht unter den Füßen haben, sondern zu ihm aufschauen will, hat in der **Grotte du Sdragonato**, der »Drachenhöhle«, Gelegenheit dazu: Durch eine Öffnung in der Form des Inselumrisses taucht das Sonnenlicht die Unterwasserfelsen in ein vielfältiges Farbenspiel. Napoleon oder besser: sein Hut ist in der Form der **Grotte Saint-Antoine** verewigt.

Atemberaubend ist der Blick vom Meer auf die Häuser über den Kalkfelsen. Von ihnen führen 197 Stufen des **Escalier du Roi d'Aragon** bis hinab zum Meer. Der Überlieferung nach soll die Treppe von den Skla-

ven des Königs von Aragon in einer einzigen Nacht in den Fels geschlagen worden sein, als er 1420 die Stadt fünf Monate lang belagerte. Es gelang ihm nicht, sie zu stürmen, obwohl die Bewohner bitteren Hunger litten.

Der Spanier war nicht der einzige, der vom Meer her gegen die weißen Felsen anrannte. In einer »unheiligen Allianz« mit Sampiero Corso verbündet, gelang es dem Türken Dragut 1553 vorübergehend, die Genuesen aus ihrer Hochburg zu vertreiben, indem er die gesamte Besatzung der Festung umbrachte. Ihr Wasser schöpften die bedrängten Einwohner während der Belagerung aus dem Brunnen Saint-Barthélémy, der bis zu einer Quelle im Felsen unterhalb der Meeresoberfläche reicht.

Mit einer letzten kriegerischen Erinnerung macht das Schiff kehrt: Auf dem einzelnen Felsen im Meer, der das »Sandkorn« oder nach seiner Form auch das »Ruder von Korsika« heißt, wurden Szenen des Films »Die Kanonen von Navarone« gedreht – nicht verwunderlich bei der bewegten Vergangenheit von Odysseus' sicherem Hafen, der heute nicht mehr von Seeräuberschiffen und feindlichen Truppen, sondern von Heerscharen von Reisebussen bedrängt wird.

Zerklüftete Kalksteinklippen wie das »Sandkorn« sind charakteristisch für den südlichsten Zipfel der Insel

ROUTE 14 Bonifacio – Aléria – Corte (178 km)

Vormittag Von **Bonifacio** auf der N 198 über Porto-Vecchio, Solenzara und Ghisonaccia nach **Aléria**: Besichtigung der **Ausgrabungen** der antiken Stadt und des **Musée Jérôme Carcopino** – Mittagessen am **Étang de Diane**.

Nachmittag Von **Aléria** 4 km auf der N 198 zurück Richtung Porto-Vecchio, dann rechts auf die D 343 Richtung Vezzani. Nach 10 km links auf die D 343A, nach 2 km rechts auf die D 344. Durch die Schluchten **Défilé de l'Inzecca** und **Défilé des Strette** nach **Ghisoni**. Auf der D 69 über den Paß **Col de Sorba** zur N 193. Auf dieser rechts über **Vivario** und **Venaco** nach **Corte** (Stadtplan von Corte s. S. 176).

Alternative: Wem die Fahrt durch die Schluchten des Fium' Orbo zu mühsam ist, kann von Aléria aus über die N 200 schneller und auf kürzerem Weg nach Corte gelangen. Freilich fehlen die Eindrücke der wilden Natur. Sehenswert ist auf dieser Alternativ-Route die genuesische Brücke, **Pont Génois**, über den Tavignano. Noch heute hält sie dem Schwerlastverkehr auf dieser wichtigen Verbindungsstraße stand.

ROUTE 14 Informationen

 Ausgrabungen der römischen Stadt Aléria
3 km südlich von Aléria links der N 198 auf einem Hügel, 10 Min. Fußweg vom Fort de Matra.

 Musée Jérôme Carcopino
Aléria
In der Nähe der Ausgrabungen
16. Mai–30. Sept. tägl. 8–12 und 14–19 Uhr; 1. Okt.–15. Mai tägl. 8–12 und 14–17 Uhr; an Feiertagen geschl.
Im genuesischen **Fort de Matra** (1572) untergebrachte Funde aus dem Ruinenfeld und der benachbarten Nekropole u. a. von Griechen, Etruskern und Römern.

 Muscheln, Austern, Langusten
3 km auf der N 198 Richtung Bastia, dann Stichstraße rechts zum Étang
Tägl. außer So Verkauf von Austern und Muscheln am Étang de Diane.

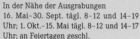 **Restaurant Aux Coquillages de Diane – Les pieds dans l'eau**
Étang de Diane (Abzweig von der N 198)
✆ 04 95 57 06 10
Austern, Muscheln, Fisch. F–FF

 Défilé de l'Inzecca/Défilé des Strette
Tiefeingeschnittene Schluchten des Fium' Orbo, die zu den Naturwundern Korsikas gehören.

 Col de Sorba
1 311 m hoher Paß und Aussichtspunkt.

20250 Corte:

 Point Information Tourisme
Quartier des 4 Fontaines (Altstadt)
✆ 04 95 46 26 70
Mai–Okt. tägl. 9–12 und 14–18 Uhr; im Winter nur vormittags

 Großer Parkplatz an der D 14; vom Cours Paoli links Richtung Gare/Université de Corte (Stufen führen zum Cours Paoli).

 Hotel Dominique Colonna
Im Tal der Restonica
✆ 04 95 45 25 65, Fax 04 95 61 03 91
Gepflegtes Haus am romantischen Wildbach. FF

 Le Refuge
Im Tal der Restonica
✆ 04 95 46 09 13, Fax 04 95 46 22 38
Kleines, familiäres Hotel. FF

 Hôtel de la Paix
Avenue du Général-de-Gaulle
✆ 04 95 46 06 72, Fax 04 95 46 23 84
Ostern–31. Okt. geöffnet
Ruhiges Haus in einer Seitenstraße. FF

 Camping de Tuani
Im Tal der Restonica (D 623)
✆ 04 95 46 11 65
Mai–Sept. geöffnet
Im herrlichen Lariccio-Kiefernwald am Wildbach.

 L'Echiquier
Rampe Sainte-Croix (Altstadt)
✆ 04 95 61 03 45
April–Okt. tägl. geöffnet
Preiswerte korsische Küche: Wildschwein, Cannelloni, Forellen. F

 L'Oliveraie
An der D 14
✆ 04 95 46 06 32
Bescheidenes Haus im Olivenhain, täglich wechselndes Menü. Wie bei Madame Mattei ißt die korsische Familie. F

 Cave A Cantina
Place de l'eglise
Kein Restaurant, sondern eine typische korsische »Cantina«: im engen Gewölbe gibt's zum Wein einen herzhaften Imbiß mit Wurst und Schinken. F

 U Museu
Rampe Ribanella
✆ 04 95 61 08 36
Im Winter geschl.
Herzhafte korsische Menüs, im Sommer auf einer luftigen Terrasse direkt an der Zitadelle. F–FF

 Auberge de la Restonica
Im Tal der Restonica (D 623)
✆ 04 95 45 25 25, Fax 04 95 61 15 79
Korsische Spezialitäten auf der Terrasse über dem brausenden Wildbach oder im gemütlichen Kaminzimmer. FF–FFF – Kleines Hotel mit Swimmingpool (Halbpension). FF

14 Ruinen einer Römerstadt

Aléria

Ausgrabungen der römischen Stadt Aleria

Von Bonifacio führt die N 198 vorbei am Golf von Santa Manza durch Buschwald und Korkeichen nach Norden. An der sumpfigen Ostküste hatten die Menschen 1 000 Jahre lang unter Insekten zu leiden, die zuerst als blinde Passagiere bei den Überfällen der

Mauren auf Korsika mit den Schiffen der Angreifer landeten. Die Anophelesmücke, Verbreiterin der Malaria, fand in den Lagunen der fruchtbaren Ostküste ideale Lebensbedingungen. Wer nicht am Fieber starb, zog sich nach Möglichkeit vor den tückischen Stechviechern in die Berge zurück. Erst 1945 machten die Amerikaner der tödlichen Plage ein Ende, indem sie von Flugzeugen aus als »Bonbon« für Korsika tonnenweise DDT über der Ostküste abwarfen.

Für die Kolonisten, die einst von den Römern in die Stadt **Aléria**, 56 Kilometer nördlich von Porto-Vecchio, geschickt wurden, muß das wohl eine Art Strafversetzung gewesen sein, nicht nur wegen der Mücken: »*Aleria, Aleria, a ch'un amazza, vituperia*« sagt ein korsisches Sprichwort – Aléria, Aléria, wer nicht mordet, muß dich meiden.

Ein finsterer Ort für Mörder und Malariakranke also, dieses alte *Alalia*, dessen Ruinen auf einem 60 Meter hohen Plateau über der Mündung des Tavignano drei Kilometer südlich des heutigen Aléria links der N 198 liegen?

Vielleicht. Aber auch ein bedeutendes Handelszentrum, eine antike Großstadt, die Verbindungen zu allen Ländern rund ums Mittelmehr unterhielt, ein Platz, der schon vor 7 000 Jahren besiedelt war. Die Spuren reichen bis in die Stein-, Bronze- und Eisenzeit zurück. Ihre Aufdeckung ist geradezu eine Familienangelegenheit: Als junges Ehepaar kamen 1954 die Archäologen Laurence und Jean Jehasse aus Lyon nach Aléria, um Hinweisen auf ein umfangreiches Ruinenfeld nachzugehen, von dem nur ein halber Torbogen, *u papa* genannt, Weinstöcke und Wirsingköpfe auf den Feldern überragte. 40 Jahre lang ließ Aléria die beiden nicht mehr los, wie es zuvor wechselnde Kulturen der Antike trotz aller Nachteile gefesselt hatte. Inzwischen teilen Sohn und Tochter der Jehasses die Leidenschaft der Eltern für die Ruinenstadt.

Was dabei zutage kam, ist in der stimmungsvollen Umgebung des wieder aufgebauten genuesischen **Forts de Matra** übersichtlich ausgestellt. Ein Rundgang durch die elf Räume des **Musée Jérôme Carcopino** ist ein Streifzug durch die bewegte Geschichte der Stadt auf dem Hügel.

Im 6. Jahrhundert v. Chr. landeten Phokäer auf der Flucht aus Kleinasien nach einer Irrfahrt durchs Mittelmeer, wo niemand die Flüchtlinge dulden wollte, schließlich an Korsikas Ostküste, an der schon andere Griechen auf den Resten älterer Kulturen siedelten. Vasen, die man vor allem in der Totenstadt (Nekropole) am Fuß des Hügels fand, sind Meisterwerke der attischen und hellenischen Kultur. Die Griechen brachten die Weinrebe mit – kein Wunder, daß auf Gefäßen trunkene Satyrn Kiepen mit Trauben schleppen und den Rebensaft für Dionysos keltern. Als Trinkhörner dienten die besonders schönen etruskischen Gefäße eines Maultier- und eines Hundekopfes.

Karthager und Etrusker neideten den Griechen den strategisch wichtigen Inselstützpunkt und schickten 535 v. Chr. ihre Flotten gegen die Griechen von *Alalia*. Zwar gewannen die Phokäer die verheerende Seeschlacht, erlitten aber dabei so große Verluste, daß es sie – wie in unserem Jahrhundert die korsische Jugend – nach *Massalia* zog, dem heutigen Marseille.

Die Korsen der Umgebung lachten sich ins Fäustchen, wenn die Eroberer sich untereinander stritten und sie auf diese Weise ihre Ruhe hatten: »*Baruffa in u Cateraghju e danza in u Niviscu*«, sagten sie: Wenn sie sich in *Cateraghju*, dem heutigen Aléria, schlagen, dann gibt es Tanz in *Niviscu*, dem heutigen Vezzani.

Das Lachen verging ihnen, als sich die Römer um 259 v. Chr. im Zuge ihrer Kämpfe um die Vorherrschaft im Mittelmeerraum für die Siedlung auf Korsika zu interessieren begannen. Zuerst ging es den letzten verbliebenen Griechen schlecht. Sie wurden vertrieben, ihre Stadt dem Erdboden gleichgemacht und darauf eine neue Stadt nach dem Muster der römischen Provinzstädte errichtet.

Das Land der Umgebung, traditionelle Winterweide der Korsen, wurde von den Römern kurzerhand eingezogen und gegen Tribut an Bauern und vor allem Kolonisten und Veteranen verpachtet, die darauf Ackerbau zu betreiben hatten. Ein System von hohen Zöllen und Steuern wurde den Einwohnern der Dörfer bis hinauf in die Berge auferlegt.

Die Korsen wehrten sich gegen die Unterdrücker: Innerhalb weniger Jahrzehnte verlor die Insel dabei

Die Rekonstruktion eines Grabes in einem alten Kamin des Museums (Raum 2) zeigt, wie die Römer mit Aufständischen umgingen. Noch im Tod trägt das Skelett des Gefangenen die eisernen Fesseln.

fast die Hälfte ihrer Bevölkerung. Wer sich nicht fügte, wurde gefangengenommen und kam auf die Sklavenmärkte im fernen Rom. Die neuen Herren hatten, wie der römische Geschichtsschreiber Strabo (63 v. Chr.-20 n. Chr.) berichtet, freilich nicht viel Freude an den aufsässigen korsischen Sklaven, die lieber starben oder sich selbst umbrachten als zu gehorchen. Aléria dagegen wuchs mit den immer höheren Abgaben, zu denen die Korsen nach jeder Niederlage gegen die römischen Heere gepreßt wurden. Die Stadt zählte schließlich 20 000 bis 30 000 Einwohner.

Trinkgefäß der Etrusker im Museum Jérôme Carcopino

Ungefähr ein Zehntel von dem, was ein Brand und schließlich 465 n. Chr. die Vandalen davon übrig ließen, ist bei den **Ausgrabungen** zehn Minuten Fußweg vom Museum entfernt zu sehen. Der Rest wartet noch unter Gras und Klatschmohn auf seine Entdeckung, viele Geheimnisse des Hügels sind noch längst nicht erforscht.

Freigelegt wurde das **Forum**, der zentrale Platz für Rechtsprechung und Geschäfte, einst gesäumt von Säulengängen, deren Reste aus unverputzten Ziegeln noch sichtbar sind. Östlich davon ein dem Augustus geweihter **Tempel** und der Sitz des Statthalters, das **Praetorium**. Früher müssen die Mauerreste einmal zu einer kunstvollen Anlage mit Wasserspielen und -becken gehört haben. Wasser, über Aquädukte herangeführt, in Zisternen aufgefangen und in einem ausgeklügelten System von Rinnen und unterirdischer Kanalisation durch die ganze Stadt geleitet, spielte eine wichtige Rolle. Es gab gleich mehrere Bäder, unter anderem ein großes **Balneum** im nördlichen Teil der Stadt mit mosaikgefliesten Becken, Ölbehältern und einer Bodenheizung (*Hypokauste*), zwischen deren kleinen Ziegelpfeilern heiße Luft unter dem Fußboden der Anlagen zirkulierte. Wenig-

stens innerhalb ihrer Mauern wollten die Römer im rauhen, feindlichen Land keine kalten Füße bekommen!

Auf Straßen wurde das Holz zum Heizen der Öfen durch die Stadt transportiert. **Thermen** lagen auch am Fuß des Hügels in der Schleife des Tavignano. Sie sind von Macchia überwuchert. Keine Wasserspiele, sondern Gladiatorenkämpfe gab es wahrscheinlich im **Amphitheater**, das 200 Meter entfernt vom Südtor der Stadt in unmittelbarer Nachbarschaft des etwa 15 Quadratkilometer großen Gräberfeldes entdeckt wurde. Beide sind nicht zu besichtigen.

Der Gefangene, der zur Römerzeit starb und im Museum ausgestellt ist, hat nämlich Leidensgenossen: Das Gelände gehört zum Zuchthaus von **Casabianda**. Im Strafvollzug hat sich seitdem allerdings einiges geändert. Das Vollzugssystem von Casabianda gilt als liberal, die Gefangenen arbeiten auf den ausgedehnten Feldern in der Landwirtschaft und waren auch schon an den Ausgrabungen beteiligt.

Auf der anderen Seite der Stadt, ganz im Norden hinter dem Balneum, waren die Werkstätten, Geschäfte und Küchen. Zahllose Austernschalen, die man hier fand, beweisen, wie sehr schon die Römer die Mollusken zu schätzen wußten.

Gefangen wurden sie im **Étang de Diane**, der großen Lagune zu Füßen der ehemaligen Stadt, die früher allerdings noch einen breiten Zugang zum Meer besaß und viel tiefer war als heute. Sie diente den römischen Schiffen als Kriegshafen.

Heute könnte kein Kriegsschiff mehr in dem verlandeten »Teich« vor Anker gehen, die flachen Boote der Austernfischer aber setzen die Tradition der Römer im Dienst von Feinschmeckern fort.

Wer neugierig geworden ist, kann den Austernfischern von heute auf die Finger und den Muscheln zwischen die Schalen schauen, es ist nicht weit. Drei Kilometer nördlich von Aléria zweigt von der N 198 rechts eine Stichstraße zum Étang ab. Der Fischgeruch weist unweigerlich den Weg zu der Halle, in der an Schnüre zementierte Austern und Miesmuscheln abgeschnitten, gewaschen und sortiert werden – harte Arbeit, bei der sich im römischen *Aleria* Sklaven

blutige Finger holten. Heute sind es nordafrikanische Gastarbeiter.

Sollte jemand der Mund wässrig geworden sein, so kann er neben Austern und Muscheln auch allerhand anderes, frisch gefangenes Meeresgetier in dem Restaurant am Ufer des Étangs kosten, es ist ohnehin Zeit zum Mittagessen. Durch das Fenster gelingt vielleicht ein Blick auf die zum Teil seltenen Wasservögel, die in der Lagune ein paradiesisches Leben führen, solange sie nicht ins Visier der allgegenwärtigen korsischen Jagdflinten geraten.

Die Weiterfahrt führt zunächst von Aléria aus vier Kilometer weit zurück auf der N 198, ehe wir rechts auf die D 343 einbiegen. Schnurgerade fahren wir auf die Berge zu, in die einst die Korsen vor den römischen Invasoren und der Malaria flohen.

Die endlosen Weinfelder rechts und links erzählen die Geschichte einer anderen »Kolonisation«. So jedenfalls wurde es von vielen Korsen empfunden, als zwischen 1955 und 1962 insgesamt 17 500 Algerienfranzosen, »Schwarzfüße«, auf die Insel kamen, mit staatlicher Hilfe und großzügigen Krediten versehen, von denen korsische Bauern nur träumen konnten,

Schon Lucius Cornelius Sulla ließ hier mehr Austern fischen, als er mit seinen Veteranen essen konnte. Den Überschuß schickte man nach Rom.

Mit Zement werden die Austern an Schnüren befestigt, damit sie später leichter »geerntet« werden können

auf dem fruchtbaren Land der Ostküste siedelten und riesige Weinmonokulturen anzulegen begannen. Panscherei und betrügerische Manipulationen im großen Stil führten 1975 zum Eklat. Aus Protest besetzten einige Nationalisten um den Arzt Edmond Simeoni ein Weingut bei Aléria. Der französische Staat schickte als Demonstration seiner Macht über 1 000 Polizisten gegen ein Dutzend Männer mit Jagdflinten ins Feld. Zwei Tote und ein Jahrzehnt eskalierender Gewalt auf beiden Seiten waren die Folgen.

Mit den Weinfeldern von Aléria lassen wir die Ostküste mit ihrer bewegten Geschichte von Kolonien und Kolonisatoren hinter uns. Über die D 343A und die D 344 kommen wir ins Tal des **Fium' Orbo**, der

Forsthaus im Wald bei Vivario

sich ein paar Kilometer weiter südöstlich so breit in den Sümpfen bei Ghisonaccia verzweigt. Hier allerdings ist von Behäbigkeit keine Spur. Ungestüm hat er sich auf dem Weg zum Meer ein wildes Tal durch die Felsen geschnitten. In den beiden engen Schluchten **Défilé de l'Inzecca** und **Défilé des Strette** scheint ein übermütiger Bergriese sein Spiel getrieben zu haben: herabgeschleuderte Steinbrocken im Wasser, ein schmaler Himmelsstreifen zwischen hohen gezackten Felsen, ein Fluß, der im Frühjahr wütend gegen jedes Hindernis anbraust – zwölf Kilometer, die zu den Naturwundern Korsikas gehören.

Dann **Ghisoni**, eines der wenigen Dörfer, das im Tal zwischen hohen Gipfeln und nicht auf einem Bergrücken liegt – fühlten sich die Bewohner jenseits der wilden Schluchten sicher vor den Eroberern von Aléria?

Zwei kahle Bergzacken, der **Kyrie-Eleïson** (1535 Meter) und der **Christe-Eleïson** (1260 Meter), sind stumme Zeugen dafür, daß sich jedenfalls das Christentum von Aléria aus über die Insel verbreitete und nicht halt machte vor dem Nadelöhr von Défilé de l'Inzecca und Défilé des Strette.

Im 14. Jahrhundert sollen hier die letzten Angehörigen einer ketzerischen Sekte auf dem Scheiterhaufen verbrannt worden sein. Ein alter Priester, so die Sage, erbarmte sich wenn schon nicht der Opfer, so doch wenigstens ihrer Seelen und las die Totenmesse. Eine Taube kreiste über dem Scheiterhaufen, als die Uglücklichen ihr Leben im Feuer aushauchten. Erschrocken stimmten die Schaulustigen aus Ghisoni in das »Kyrie eleison« des Priesters mit ein. Die Worte hallten von den Bergen wider – und gaben ihnen ihren Namen.

Von Ghisoni geht es auf der D 69 weiter hinauf in die Berge bis zur Paßhöhe des **Col de Sorba**. Von hier aus ist schon klein und unscheinbar in der Ferne Corte mit seiner Zitadelle zu sehen, das Ziel des heutigen Tages. Aber noch ist es nicht soweit. Durch den herrlichen Wald von Sorba, der in der Antike Lariccio-Stämme und Harz für die Flotten der jeweiligen Herren in Aléria liefern mußte, geht es auf die N 193 nach Vivario und weiter nach **Corte**, dem Ziel dieser Route.

Bei Vivario gibt es vielleicht einen Aufenthalt an den Bahngleisen, wenn schnaufend und keuchend die über 100 Jahre alte Inselbahn auf ihrem schwindelnden Weg von Ajaccio quer über den Hauptkamm des Gebirges nach Bastia vorüberrumpelt. »Chemins de fer de la Corse« nennt sich die Bahnlinie stolz, aber die Korsen sprechen lieber von ihrer »micheline«.

ROUTE 15 — Corte – Gorges de la Restonica – Corte (26 km)

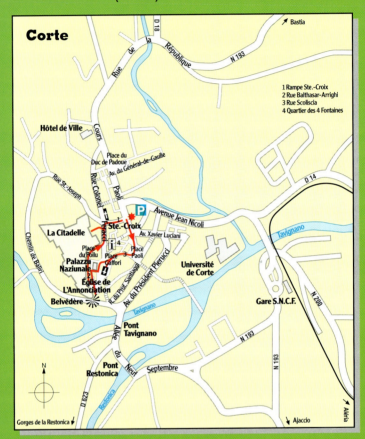

Vormittag	In **Corte** vom Parkplatz an der D 14 über eine Treppe zum **Cours Paoli**, von hier bis zum **Place Paoli**, weiter nach rechts bergan über die Stufen der Rue Scoliscia zum **Place Gaffori**, Besichtigung der **Église de l'Annonciation**; anschließend weiter zum **Belvédère** (Schilder) und am Fuß der Zitadelle durch die Rue Balthasar-Arrighi vorbei am **Palazzu Naziunale** zum **Place du Poilu** und zur **Zitadelle** (Besichtigung und Besuch der Museen).

ROUTE 15 Corte – Gorges de la Restonica – Corte (26 km)

Nachmittag Ausflug ins **Tal der Restonica** (Gorges de la Restonica – ca. 3 1/2 Std.): vom Cours Paoli Richtung Ajaccio bis zum Ortsausgang, dann nach rechts und auf der D 623 durch das Restonica-Tal bis zum Parkplatz an der **Bergerie de Grotelle**, von dort aus Wanderung zum **Lac de Melo** und zum **Lac de Capitello**; Rückkehr nach Corte.

Hinweis: Von November bis Mai ist auf der D 623 und auf dem Wanderweg mit Schnee zu rechnen, erkundigen Sie sich vorher in Corte! Wohnmobile dürfen ganzjährig nur bis Camping Tuani fahren.

ROUTE 15 Informationen

20250 Corte:

Point Information Tourisme
Quartier des 4 Fontaines
✆ 04 95 46 26 70

Place Paoli
Auf dem Platz steht das Denkmal Pasquale Paolis, das der Bildhauer Oscar Huguenin aus Bronze (1864) fertigte.

Place Gaffori
Wohnhaus des Freiheitshelden Ghjuvan Petru Gaffori mit Einschüssen von 1750. Denkmal Gafforis, an seinem Fuß Reliefs mit den Taten seiner Frau Faustina.

Église de l'Annonciation
Place Gaffori
Pfarrkirche von 1450, erweitert im 17. Jh. Aus dieser Zeit stammen Kanzel und Kruzifix; weiße Madonna aus Marmor (17. Jh.), Altar aus Restonica-Marmor (19. Jh.), Wachsfigur und Fotokopie der Geburtsurkunde des Ortsheiligen St.-Théophile.

ROUTE 15 Informationen

Belvédère
Aussicht auf die Zitadelle und die Stadt.

Palazzu Naziunale (Palais National)
Genuesisches Gebäude, Sitz der Regierung Paolis von 1755-69. Hier wurde 1765 die erste korsische Universität gegründet.
Heute ist im Obergeschoß das Institut für korsische Studien der Université de Corte und die Bibliothek untergebracht.
Im Erdgeschoß Kunstausstellungen tägl. 10-12 und 15-19 Uhr.

Place du Poilu
Geburtshaus von Joseph Bonaparte (Nr. 1).

Zitadelle (La Citadelle)
Mai-Okt. tägl. 9-12 und 14-18 Uhr
Begonnen im 9. Jh., von den Genuesen erweitert, war die Zitadelle bis 1962 Kaserne der Fremdenlegion.
Im Sommer finden hier Theateraufführungen und Konzerte statt. Von den Befestigungsanlagen hat man eine großartige Aussicht auf Corte, die Täler und Berge der Umgebung.

Musée de la Corse (Regionales Museum für Völkerkunde)
In der Zitadelle
Tägl. außer So/Mo 10-17 Uhr
Die moderne Architektur fügt sich geschickt ins historische Ensemble der Zitadelle ein. Sammlung von Werkzeugen, Dokumenten, Kostümen, Fotos, Tondokumenten, die einen lebendigen Eindruck von Geschichte und Kultur der Insel vermitteln.

Musée d'art et d'histoire de la Ville de Corte
(Museum für Stadtgeschichte)
In der Zitadelle
Tägl. außer So/Mo 9-19 Uhr
Sammlung von Bildern, die Kardinal Fesch der Stadt Corte geschenkt hat. Wechselnde Ausstellungen moderner korsischer Kunst.

Jouet en bois
Place Gaffori
Originelles Holzspielzeug.

U Telaghju
2, rue du Prof. Santiaggi
Handgewebte Textilien.

Maison de la Presse
P. Valentini
Cours Paoli
Internationale Presse; Landkarten und Bücher.

Bureau d'Information Restonica
Im Restonicatal gegenüber vom Campingplatz Tuani
Sommer tägl. geöffnet

Lac de Melo
Eiszeitlicher Gletschersee in 1711 m Höhe.

Lac de Capitello
Der Gletschersee ist in 1 930 m Höhe der tiefste See Korsikas.

Bergerie de Grotelle
Sandwiches und Getränke, Verkauf von Ziegenkäse.

Wanderung von der Bergerie de Grotelle zum Lac de Melo und zum Lac de Capitello

(Wegen früher Dämmerung nur Mai-Okt. als Nachmittagstour zu empfehlen.)
Der Pfad ist gelb und orange markiert und führt in einer leichten Kletterpartie über eine Steilstufe (gelbe Markierung, Schild »Accès difficile«); leichtere Variante: nach ca. $1/2$ Std. links den Bach überqueren und der orangen Markierung (Schild »Accès facile«) folgen.
Bergerie de Grotelle - Lac de Melo: Dauer ca. 1-1 $1/2$ Std., Höhenunterschied 400 m.
Lac de Melo - Lac de Capitello: auf der rechten Seite des Bachs auf gelb markiertem Pfad ca. 1 Std., Höhenunterschied 219 m.
Mit Kindern sollte man auf jeden Fall den »Accès facile« wählen und auf den Aufstieg zum Lac de Capitello verzichten. Feste Schuhe sind unbedingt erforderlich, eventuell auch Regen- und Kälteschutz.

Hotels, Campingplatz und Restaurants in Corte s. S. 166.

Die heimliche Hauptstadt

Corte

Nur rund 5 000 Einwohner klein ist die Stadt, eingekesselt von hohen Bergen, gegen die sich die imposante Zitadelle auf ihrem Felssporn wie eine Sandkastenburg ausnimmt. Und doch ist **Corte** (Corti) für viele Korsen noch immer die eigentliche Hauptstadt. In Corte wird Politik gemacht. Nicht die offizielle Regionalpolitik Ajaccios. Auch nicht die fürs nördliche Département, zu dem Corte gehört. Die überläßt man Bastia. In Corte dagegen gibt man korsischen Forderungen nach mehr Eigenständigkeit Ausdruck, hier war in den 70er Jahren das Zentrum des Aufbegehrens gegen zuviel Bevormundung durch Paris.

Man trägt unter Berufung auf die Geschichte die politische Nase gern ein wenig höher als die beiden großen Rivalinnen. Die Kleinstadt zwischen den Wildwassern von Restonica und Tavignano besitzt nämlich etwas, das ihr die beiden Städte vergebens neiden: Während sowohl Bastia wie Ajaccio fest in genuesischer Hand lagen, war Corte 14 Jahre lang Regierungssitz der – fast – freien korsischen Nation. In den Küstenstädten wie Calvi, Bastia und Bonifacio hielten die Genuesen hartnäckig ihre Festungen besetzt und bekämpften von dort aus das seit Jahrhunderten unerschütterte Unabhängigkeitsstreben der Bergkorsen. Ihrem Stolz kam Paoli, selbst im nahegelegenen Bergland der Castagniccia geboren, mit der Wahl Cortes zur Hauptstadt Korsikas entgegen. Die Einwohner von Corte haben es ihm nie vergessen. Zu wertvoll ist ihnen das Andenken des großen Staatsmannes, um es hemmungslos als Aschenbecher oder Nougatkugel zu vermarkten, wie es die Ajaccienser mit Napoleon tun. Der Kitsch in den Andenkenläden am **Cours Paoli**, der Hauptstraße, hält sich in Grenzen.

Pasquale Paoli, der »Vater des Vaterlandes«, der Korsika eine demokratische Verfassung gab, ehe man in Paris an die Erstürmung der Bastille und im amerikanischen Boston an die Tea Party, die Unabhängigkeitserklärung und die Menschenrechte auch nur dachte, machte die Stadt in den Bergen 1755 zur Hauptstadt der jungen korsischen Nation.

Dafür führt sie schnurgerade bergan zum größten Platz von Corte, dem **Place Paoli**, wo die Bronzestatue des Freiheitshelden einen Ehrenplatz einnimmt. Kein martialischer Held, der kriegerisch sein Schwert schwingt, sondern einer, der in der rechten Hand eine Schriftrolle hält: Paoli, der Aufklärer, der Förderer von Volksbildung und Wissenschaft, der Stifter der Verfassung. Ein volkstümlicher Held, der nur notgedrungen die Soldatenuniform vertauschte gegen den grün-goldenen Rock und die Weste aus derber, brauner Wolle, wie sie die Bauern in den Bergen trugen.

Er sieht hinab auf die Schüler und Studenten, die sich zu seinen Füßen zum Plausch oder erregten Diskussionen niederlassen und die ihm in den hitzigen Auseinandersetzungen um die Anerkennung der korsischen Eigenständigkeit in den 70er Jahren die Fahne mit dem Mohrenkopf in die Bronzehand drückten. Paoli ist nicht mehr verwickelt in Auseinandersetzungen. Er steht darüber. Von seinem erhöhten Standort sieht er auf den sommerlichen Verkehrsinfarkt, der »seine« Straße heimsucht, auf die buntgekleideten Urlauber auf den Terrassen der Cafés und Restaurants mit seinem Namen, die die Einheimischen zum Kartenspiel ins kühle Innere der Bars verdrängen.

Jugend gibt es in den alten Mauern mehr als anderswo auf der Insel. Schon früh besaß Corte, heute Standort weiterführender Schulen, ein Kolleg, wahrscheinlich in der Rue Scoliscia, die wir zum **Place Gaffori** hinaufsteigen.

Ghjuvan Petru (Gianpietro) Gaffori ist der zweite berühmte Freiheitsheld der Stadt, ein unermüdlicher Kämpfer gegen die Genuesen. Er steht in Bronze gegossen vor seinem Haus - zu Lebzeiten war er wegen seiner kriegerischen Ambitionen allerdings nur selten zu Hause.

Gleich gegenüber dem Haus der Gafforis steht die **Église de l'Annonciation**. Sie bewahrt das Andenken an einen Mann, der sich durch ganz andere Heldentaten hervorgetan hat. Blaise Arrighi, 1676 im Haus neben der Kirche geboren, wurde kein Soldat, sondern Franziskanermönch im Kloster von Zuani im Kanton Sermano. Trotzdem blieb es ihm nicht erspart, in kriegerische Ereignisse verwickelt zu werden. Der Prinz von Württemberg, von den Genuesen gerufen, um die korsische Rebellion niederzuschlagen, belagerte nämlich Dorf und Kloster. Die Bevölkerung flehte den Mönch an, dafür zu sorgen, daß Zuani vor der Zerstörung verschont blieb. Bruder Théophile, wie der Mönch sich nannte, sprach mit dem Prinzen. Der war so beeindruckt, daß er gesagt haben soll: »Hier leben die Einsiedler in Zurückgezogenheit. Ziehen auch wir uns zurück.«

1930 wurde Théophile von Papst Pius XI. heiliggesprochen. Ein Wandbild in der Verkündigungskirche von Corte zeigt den heiligen Théophile bei den Verhandlungen mit dem Prinzen. Eine Kopie seiner Geburtsurkunde wird ausgestellt. Sehenswert ist in der Kirche von 1450 mit ihrer Fassade aus dem 17. Jahrhundert noch die holzgeschnitzte Kanzel und die Marienstatue aus Marmor (17. Jahrhundert) in der Sakristei.

Hält man sich von der Kirche aus links und folgt den Schildern **Belvédère** bergan, dann gelangt man zu einem Felsen, der früher als Ausguck nach Feinden gedient haben mag. Corte und die beiden Täler von Restonica und Tavignano liegen zu Füßen, vor allem aber erhebt sich gewaltig der 100 Meter hohe Fels mit seiner Zitadellenkrone.

Wenn man wieder hinuntersteigt auf die Gasse und sich dort links hält, dann ist man auf dem besten Weg, der einst so heißumkämpften und unnahbaren Festung näherzukommen. Zuvor passiert man aber noch ein anderes Bauwerk, das für Corte und die korsische Geschichte wenigstens ebenso wichtig ist wie die alles überragende Zitadelle: der **Palazzu Naziunale**. Er darf tatsächlich offiziell so heißen, obwohl die französische Verwaltung ihn noch immer lieber französisch »Palais National« nennt und den korsischen Namen nur widerwillig zu Papier oder über die Lippen bringt. So oder so: Er war von 1755 bis 1769 der Sitz der Regierung Paolis, der Nationalpalast.

Von 1765 an beherbergte der Palazzu die erste korsische Universität – der Nachwuchs für den neuen Staat sollte nicht länger nach Italien auswandern, sondern die künftigen Intellektuellen sollten ihre Bildung im Herzen der Insel erhalten. 1769, im Schicksalsjahr

Gaffori-Denkmal vor dem Wohnhaus des berühmten Freiheitshelden

In dem wuchtigen, von Genuesen gebauten Palazzu Naziunale wurde nicht nur regiert: Hinter meterdicken Mauern und armstarken Gitterstäben vor den Fensterluken war ganz unten, wo heute Kunstausstellungen die düstere Bestimmung des Ortes vergessen lassen, das Gefängnis.

der korsischen Unabhängigkeit, als die Franzosen die Insel von Genua kauften und Paoli besiegten, schlossen sie als erstes die Universität. Über 200 Jahre lang mußte die korsische Jugend, wie sie zuvor nach Italien gegangen war, auf dem »Kontinent« studieren. In den 70er Jahren unseres Jahrhunderts wuchs der Druck auf die Regierung in Paris im Zuge eines wieder aufflammenden korsischen Bewußtseins. Nationalisten und »Exilkorsen«, die auf dem französischen Festland lebten und arbeiteten, organisierten »Sommeruniversitäten«. Die Regierung mußten nachgeben: zunächst nur auf dem Papier, sechs Jahre später, im Jahr 1983, dann auch in der Praxis. Seitdem hat Corte wieder eine Universität mit heute über 2 000 Studenten. Die neuen Gebäudekomplexe liegen im Tal im Osten der Stadt, aber im Palazzu Naziunale ist das Institut für korsische Studien – ein stolzes Symbol insularen Selbstbewußtseins.

Angesichts dessen gedenkt man am **Place du Poilu** im Haus Nummer 1 nur mit einer schlichten Marmortafel der Geburt Joseph Bonapartes. Auch in den Broschüren des Fremdenverkehrsbüros mußte der Bruder Napoleons zugunsten Paolis und der Zitadelle zurückstecken – schließlich ist Corte die Hauptstadt der *corsitude*, des bewußten Korsentums.

Eben wegen dieses Selbstbewußtseins litten nicht nur die Einwohner von Corte darunter, daß ausgerechnet ihr Wahrzeichen, die **Zitadelle**, die im 9. Jahrhundert gebaut und 1419 von Vicentello d'Istria erweitert wurde, viele Jahre von Fremden besetzt war: von Genuesen, ungeliebten adeligen *signori*, dann von den Franzosen, deren König Ludwig XV. die Häuser und die Kapelle innerhalb der Mauern niederreißen ließ. In den bedrückenden Kasematten ließen die Franzosen politische Gefangene verschwinden, italienische Faschisten nahmen sich im Zweiten Weltkrieg ein Beispiel daran und sperrten korsische Patrioten in die feuchten und lichtlosen Verliese. Schließlich zog die Fremdenlegion ein und hinterließ 1962 bei ihrem Abzug in die Wälder des Niolo zum Teil Ruinen. Seit 1984 gehört die Festung der Stadt Corte. Heute wird ein Teil der Räume von der Universität genutzt. Der größte Teil beherbergt das neue **Musée de la Corse**

Einst Symbol der Fremdherrschaft, heute Kulturzentrum: die Zitadelle von Corte ▷

(Museu di a Corsica), eine anthropologische Sammlung, die sich noch im Aufbau befindet. Sonderausstellungen informieren über verschiedene Epochen der Geschichte oder besondere kulturelle Entwicklungen. Eine umfangreiche Fotodokumentation und eine Sammlung von Musikdokumenten sorgt dafür, daß volkstümliche Traditionen der Vergangenheit nicht ganz in Vergessenheit geraten. Das **Musée d'art et d'histoire** ist mit seinen wechselnden Ausstellungen vor allem der modernen korsischen Kunst gewidmet.

Nach dem Besuch des Museums lohnt es sich, die 166 ausgetretenen Stufen aus Restonica-Marmor zu den Befestigungsanlagen hinaufzusteigen und schließlich das »Adlernest« zu erklimmen. Der Ausblick auf die Stadt, die gelben Hügel gegenüber und die Bergriesen im Rücken ist phantastisch. Tief unten schließt die Restonica zwischen den steinernen Wächtern ihres Tals hervor, das Ziel des Ausflugs am Nachmittag ist.

Corte atmet nicht das Meer, sondern den Schnee und den wilden Thymian des Gebirges.

Corte liegt nämlich mitten im **Parc Naturel Régional de la Corse**, und das **Restonica-Tal** gilt als eines seiner Highlights. Eigentlich sollten nach den Vorstellungen einiger Naturfreunde und Wissenschaftler, darunter der deutsche Bergsteiger Felix von Cube, große Teile Korsikas als Nationalpark geschützt werden: 2 500 Hektar Landschaft ohne Menschen, ein »lebendes Museum« nur für seltene Pflanzen, Macchia, Hirsche und Mufflons. Das Experiment wäre unweigerlich am Widerstand der korsischen Hirten gescheitert, die seit Jahrtausenden ihre Ziegenherden in den Bergen weiden. Sie waren auch noch mißtrauisch, als die Pläne schließlich in abgemilderter Form als Regionalpark 1972 Wirklichkeit wurden. Zögernd stellten sie jedoch fest, daß niemand sie vertreiben wollte. Im Gegenteil: Hilfen ermutigen sie zum Bleiben. Über 130 *bergerien*, Sommerweiden für das Vieh in den Bergen, wurden unter Regie der Agenten des Parks wieder aufgebaut.

Schnell vergänglich ist die Schönheit der Zistrosenblüte

Nur ein Katzen- oder besser Ziegensprung ist es von Corte am Fuß alpiner Hänge bis in die eigentliche Bergwelt, das Herz Korsikas. Vielfältige Flora begleitet die schmale, kurvenreiche D 623 entlang des Wildbachs allmählich bergan. Es ist ein Aufstieg durch fast alle Vegetationsstufen der Insel. Macht sich am Talausgang noch duftende Macchia breit, so weicht sie bald Kastanien, Pinien und noch höher hinauf den mächtigen, kerzengeraden Lariccio-Kiefern. Im immer felsiger werdenden Gelände begleiten diese Baumriesen schließlich nur noch als sturmzerzauste Einzelgänger die Straße bis zu ihrem Ende. Hier, am Fuß des **Capo a u Chiostro** (2 295 Meter), dem »Schlußberg«, geht es nur noch zu Fuß weiter.

Am Parkplatz über der Bergerie de Grotelle, eines der Hirtendörfer des Parks, beginnt ein gelb und orange markierter Pfad, der zu den beiden Bergseen Lac de Melo und Lac de Capitello führt. Allmählich nur steigt er anfangs bergan, quert Quellen und kleine Wasserläufe und läßt die letzten gewaltigen Lariccio-Kiefern wie Wächter des Zugangs zu den »Perlen der korsischen Berge« zurück. Durch Erlengebüsch, das sich im Gegensatz zu unseren heimischen Erlen mit eigenwilligem Duft gegen die Knabberwut der allgegenwärtigen Ziegen schützt, geht es bis zu einer Felsbarriere.

Kurz vorher, nach ungefähr 30 Minuten Aufstieg, scheiden sich die Geister beziehungsweise die Wege: Fühlt man sich fit genug für eine Kletterpartie, folgt man dem rechten gelb markierten Pfad. Er führt über eine Steilstufe, die von der Verwaltung des Parc Naturel Régional de la Corse mit Halteketten gesichert wurde. Sie ist nicht schwierig zu überwinden, kann aber bei Nässe oder Frost gefährlich werden. Weniger abenteuerlich, dafür bequemer und auch für Kinder leicht zu gehen ist eine Variante des Pfades, der nach links den Restonica-Bach überquert und orange gekennzeichnet ist. Sein Verlauf im Bogen über die Felshänge an der linken Seite ist von der Abzweigung aus teilweise zu erkennen. Dieser Pfad ist ein bißchen länger als der direkte Weg über die Kletterstellen.

Überraschend taucht jenseits der Felsbarriere der dunkle Kreis des **Lac de Melo** auf, umgeben von hohen Felsen, die ihren Schatten auf sein Wasser werfen und sich darin spiegeln. Hin und wieder weiden Kühe an den grünen Ufern. Er gehört zu den kleinen Seen, die den zweithöchsten Berg der Insel, den Monte Rotondo (2 622 Meter), wie eine Perlenkette umgeben. Der Lac de Melo ist eine Hinterlassenschaft eiszeitli-

Die wildromantische Restonica-Schlucht gehört zu den landschaftlichen Höhepunkten im Parc Naturel Régional

Seltene Blumen begleiten den Aufstieg: Akelei, Anemonen, gelbe Veilchen. Sie sind streng geschützt! Wollte man sie abpflücken, würde man nicht nur der Natur Schaden zufügen, sondern erlebte überdies eine Enttäuschung: Schon nach fünf Minuten verwelken sie oder werfen ihre Blätter ab.

Ein echter Korse: der Brocciu

Frischer als in der Bergerie können Käse und »brocciu«, der aus Molke, Milch und Salz im dampfenden Kessel über kleinem Feuer wie ein vorgeschichtlicher Zaubertrunk plötzlich Gestalt annimmt, nicht sein.

cher Gletscher, die auch die Felsbarriere glatt poliert und ihre Schrammen in den Steinplatten deutlich sichtbar hinterlassen haben. Sein Wasser ist eiskalt, es speist die Restonica, die sich stürmisch über den Rand der kleinen Hochfläche zu Tal stürzt. Fünf bis sechs Monate im Jahr ist der See zugefroren, die Geröllhalden an den Hängen lassen darauf schließen, daß er in früheren Zeiten einmal größer als heute gewesen sein muß.

Der Lac de Melo bietet nur einen Vorgeschmack auf den höher gelegenen Lac de Capitello, der vielfach als der schönste Gletschersee Korsikas bezeichnet wird – dabei ist die Konkurrenz recht groß. Um ihn zu erreichen, folgt man den gelben Farbmarken auf der rechten Seite des Bachlaufs am Westufer des Sees. Der Pfad, von zahllosen Wandererfüßen ausgetreten, ist nicht zu verfehlen. Nach etwa 20 Minuten wird der Bach überquert, danach geht es erst sanft, später noch einmal steiler bergan. Unvermittelt steht man vor dem klaren **Lac de Capitello**, beeindruckt vom steilen Nordufer und voller Staunen über die großartige Landschaft, in die der kleine See eingebettet liegt. Je nach Wetter und Lichteinfall wirkt die Oberfläche des mit 42 Metern tiefsten korsischen Sees mal rätselhaft und geheimnisvoll, mal dramatisch, wenn sich Wolken über den umliegenden Gipfeln zusammenballen. Sieben Monate lang ist das Wasser in seinem Bassin aus Granit von einer Eiskruste bedeckt – immerhin liegt der See 1 930 Meter hoch und damit nicht viel niedriger als die ihn überragenden Zweitausender.

Nach einer ausgiebigen Rast in dieser luftigen Höhe geht der Abstieg zur **Bergerie de Grotelle** viel schneller als der Aufstieg. Im letzten Abschnitt begleiten uns dabei vielleicht die Ziegen mit ihren bimmelnden Halsglocken, die ihren Weg zum Hirtendorf an jedem Nachmittag von ganz allein ohne Farbmarkierungen finden.

Die Hirten der acht Bergerien von Grotelle, die in den Steinhütten die Sommermonate verbringen, verkaufen unter ein paar bunten Sonnenschirmen, die einen seltsamen Kontrast zu den felsengrauen Steinhäusern bilden, außer den Produkten ihrer Ziegenherden auch kalte Getränke und Sandwiches. Aber daneben trocknen wie eh und je nach dem Melken die

Milchkannen auf Holzgestellen aus Ästen, und die Hirten, darunter auch junge Leute, stellen vom Frühjahr bis zum Herbst vor allem Käse und *brocciu* her.

Vielleicht weiht ja einer von ihnen den neugierigen Wanderer in die Geheimnisse von *casgiu* und *furmagliu*, den würzigen Ziegenkäse, ein und läßt ihn einen Blick in das kühle Gewölbe der Bergerie tun, wo auf Gestellen die gesalzenen Köstlichkeiten reifen? Sie tragen noch das Muster der Körbchen, in denen sie gemacht wurden. Später bekommt manch ein Käse eine schwarze Schicht aus Holzasche – eine alte Methode der Hirten, um den Schimmel fern und den Käse frisch zu halten.

Hirte zu werden, heißt für Korsen, die daheim bleiben anstatt ins bequemere Leben auf den »Kontinent« auszuwandern, noch immer, einen ebenso alten wie angesehenen Beruf zu ergreifen. Seit die Rückbesinnung auf die eigene Geschichte sich zu paaren beginnt mit einem wachsenden Bewußtsein für ökologische Probleme, interessieren sich auch, wie in der Bergerie de Grotelle, wieder junge Leute für die Wanderweidewirtschaft, die noch vor einigen Jahren beinahe zum Aussterben verurteilt schien.

Sonst sollte man sich schnell auf den Rückweg nach Corte machen und ausprobieren, was man mit der weißen korsischen Köstlichkeit alles anstellen kann: Fladen auf Kastanienblättern (*migliacci* und *falculelle*) oder Kuchen (*fiadone*) gibt es in den Bäckereien am Place und auf dem Cours Paoli, Omeletts mit *brocciu* und Minze, gefüllte *cannelloni* und fettgebackene Krapfen (*fritelle*) vielleicht im Restaurant. Die Reihe ließe sich beliebig fortsetzen. Brocciu schmeckt aber auch ganz frisch mit gebranntem Tresterschnaps (*eau-de-vie*) und Zucker und weckt so die Lebensgeister nach einer anstrengenden Wanderung in vielleicht kühler Höhenluft.

Auch junge Leute ergreifen wieder gern den traditionellen Hirtenberuf

Corte – Morosaglia – Cervione – Moriani-Plage (136 km)

Vormittag	Von **Corte** auf der N 193 nach **Ponte Leccia**, nach rechts und auf der D 71 nach **Morosaglia** (Besichtigung des **Geburtshauses Pasquale Paolis** und evtl. Besuch der Kirche **Sta. Reparata**). Weiter über den **Col de Prato** und nach 500 m links auf die schmale D 205 nach **Quercitello**, an der nächsten Straßengabelung rechts und auf der D 515 nach **La Porta** (Besichtigung der Kirche **St.-Jean-Baptiste**). Weiter über **Croce** bis zur Einmündung in die D 71. Links Richtung Piedicroce, nach 2 km in **Campana** Besichtigung der Kirche **St.-André**. Nach weiteren 3 km liegen links die Ruinen des **Couvent d'Orezza**. Mittagessen in **Piedicroce**.
Nachmittag	Von Piedicroce auf der D 506 talwärts nach **Rapaggio** (Kostprobe der Mineralquelle »Eaux d'Orezza«). Weiter auf der D 506 Richtung Folelli, nach 3 km rechts auf die D 46 bis **Piazzole** (Besichtigung der Kirchentür). Zurück nach Piedicroce und weiter auf der D 71 nach **Carcheto** (Besichtigung der Barockkirche **Ste.-Marguerite**). Über den **Col d'Arcarotta** nach **Valle-d'Alesani** und **Cervione**: Besuch des **Musée Ethnographique** im Bischofspalast und der Kathedrale **Ste.-Marie et St.-Érasme**. Anschließend weiter nach Prunete, hier links und auf der N 198 nach **Moriani-Plage**.

ROUTE 16 Corte – Morosaglia – Cervione – Moriani-Plage (136 km)

> **Extratour:** Wer gerne einen zusätzlichen Tag einlegen möchte, dem sei eine Wandertour auf den **Monte San Petrone** empfohlen:
>
> An der Paßhöhe **Col de Prato** (985 m) beginnt rechts von der Straße der Weg zwischen zwei Gebäuden, Hinweisschild »San Petrone«. Spaziergang zunächst zur **Chapelle San Petrucciulu d'Accia**. Die 596 im Auftrag von Papst Gregor dem Großen errichtete Kapelle, von der nur noch Ruinen übrig blieben, ist in 10 Min. über einen Maultierpfad zu erreichen (nach 50 m an der Gabelung des Weges links). Alljährlich zieht am 1. August auf diesem Weg eine Wallfahrt.
>
> Zurück geht es weiter hoch auf den Monte San Petrone. Es ist eine leichte Wanderung durch schattige Wälder, nur der Gipfelanstieg ist beschwerlicher. Der Weg ist mit roter Farbe und Steinmännern markiert (Aufstieg ca. 2 $^1/_2$-3 Std., Abstieg ca. 1 Std.). Vom Gipfel des »großen Petrus«, dem schönsten Aussichtsberg Korsikas mit seinen 1 767 Metern, hat man einen grandiosen Rundblick auf die Castagniccia, auf Cap Corse und die Gipfelkette des Hauptkamms.

ROUTE 16 Informationen

Lana Corsa
An der N 193, am Ortseingang von Ponte Leccia auf der linken Seite
Korsische Wolle, auch pflanzengefärbt; Pullover und Strickjacken mit alten traditionellen Mustern.

Geburtshaus Pasquale Paolis mit Paolimuseum
Morosaglia (im Ortsteil Stretta)
Sommer tägl. außer Di 9-12 und 14.30-19.30, Winter 9-12 und 13-17 Uhr, Febr. geschl.
Sammlung von Briefen, Dokumenten, Waffen des »Vaters des Vaterlandes«. Eine Videokassette führt ein in die Geschichte des für Korsika bedeutendsten Mannes und seine Zeit. In der Grabkapelle neben dem Museum ist Paoli beigesetzt.

Sta.-Reparata
Morosaglia
Frühromanische Kirche mit einem Tympanon aus dem 12. Jh. (Westportal), volkstümlichem Kreuzweg aus dem 18. Jh. und einer Gedenktafel Clemens Paolis. Außerhalb der Gottesdienstzeiten ist die Kirche häufig verschlossen.

Col de Prato
985 m hoch gelegener Paß mit Aussicht auf das Tal von Orezza.

St.-Jean-Baptiste
La Porta
Barockkirche mit schöner Fassade von 1707 und einem markanten Glockenturm. Berühmte italienische Orgel aus dem 18. Jh.; im Sommer finden Orgelkonzerte statt.

Restaurant l'Ampugnani
Chez Elisabeth
La Porta (an der D 515)
✆ 04 95 39 22 00
15. Juni-15. Okt. geöffnet; im Winter nur nach Voranmeldung
Reichhaltiges Menü mit korsischen Spezialitäten. FF

St.-André
Campana
Das Altargemälde »Anbetung der Hirten« im Inneren der Pfarrkirche wird dem spanischen Maler Francisco Zurbarán (1598-1664) oder seiner Werkstatt zugeschrieben; den Schlüssel erhalten Sie im Haus unterhalb der Kirche.

ROUTE 16 Informationen

Restaurant Sant Andria
Campana
1. Mai–15. Sept geöffnet
Preiswertes Menü mit Weitblick von der verglasten Terrasse. F

Couvent d'Orezza
Nördlich von Piedicroce (links der D 71)
Klosterruine; das ehemalige Franziskanerkloster wurde im Zweiten Weltkrieg von den Deutschen zerstört. Es war einst das Zentrum der korsischen Unabhängigkeitsbewegung gegen Genua unter Pasquale Paoli.
Wegen Einsturzgefahr darf die Ruine nicht betreten werden.

Le Refuge
Piedicroce
✆ 04 95 35 82 65
Korsische Spezialitäten mit *brocciu* und Kastanienmehl; im Winter ist eine Vorbestellung ratsam. FF

Eaux d'Orezza
Rapaggio
Stark eisenhaltige Mineralquelle; die Abfüllstation des Tafelwassers »Orezza« wird zur Zeit renoviert, die Quelle ist aber zugänglich.

Ste.-Marguerite
Carcheto (unterhalb der D 71)
Barockkirche aus Naturstein mit einer naiven Darstellung des Kreuzweges (1790); den Schlüssel bekommt man beim Bürgermeister (*Mairie*).

Col d'Arcarotta
Paß in 819 m Höhe mit Ausblick in die Täler von Orezza und Alesani.

20221 Cervione:

Musée Ethnographique
Im Bischofspalast
Tägl. außer So und an Feiertagen 10–12 und 14.30–18 Uhr

Reichhaltige, übersichtlich gegliederte Sammlung von Geräten, Hausrat, Gegenständen des täglichen Gebrauchs; Werkstatteinrichtungen aus der korsischen Vergangenheit; Abteilung für Archäologie und sakrale Kunst.

Cathédrale Ste.-Marie et St.-Érasme
Der Ende des 16. Jh. im Auftrag des Bischofs von Aléria errichtete Kuppelbau besitzt ein kunstvoll geschnitztes Chorgestühl und dekorative, auf optische Täuschung zielende Malereien aus dem Barock.

20230 Moriani-Plage:

Syndicat d'Initiative du Morianincu
20230 San-Nicolao (Ortsteil Moriani-Plage)
✆ 04 95 38 41 73

Le Petit Trianon
An der N 198
✆ 04 95 38 50 41, Fax 04 95 38 56 06
Kleines, sauberes Haus an der Durchgangsstraße. F

Camping Kalypso
Sta.-Maria-Poggio
✆ 04 95 38 56 74, Fax 04 95 38 44 95
1. April–10. Okt. geöffnet
Am Strand; 170 Stellplätze.

Essences Naturelles Corses »Bordéo«
San Nicolao (Ortsteil Bordeo)
✆ 04 95 38 46 04
Mo–Fr 14–17, im Sommer 16–20 Uhr
Ätherische Öle und Aromapflanzen aus biologischem Anbau.

Restaurant/Hôtel Lido-Plage
An der Strandpromenade
✆ 04 95 38 50 03

1. April–15. Okt. geöffnet
Reichhaltige Auswahl an Fischgerichten auf einer Terrasse direkt am Strand. F–FF (Restaurant), F (Hotel)

A l'Abri Des Flots
Route de la Plage
✆ 04 95 38 40 76
»Gerichte aus dem Meer« und Pizza unter einem schattigen Blätterdach; im Sommer betriebsam.
F–FF

U Lampione
An der D 34 Richtung San-Nicolao
✆ 04 95 38 56 64
1. April–15. Okt. geöffnet

ROUTE 16 Informationen

Intimes, sehr nettes Restaurant mit kleiner, bewachsener Terrasse; leichte korsische Küche und Fisch. FF-FFF

Restaurants und Hotels in der Umgebung von Moriani-Plage:

Résidence Santa Lucia
Ste.-Lucie-de-Moriani
✆ 04 95 38 56 38, Fax 04 95 38 44 31
120 Appartements in einem großen Komplex am Strand. FF

Résidence Sole e Mare
Vanga di l'Oro
Sta.-Maria-Poggio
✆ 04 95 38 40 06, Fax 04 95 38 48 39
24 Appartements in mehreren Häusern am Rand einer neuen Villensiedlung direkt am Meer. FF

Hôtel/Restaurant E Catarelle
San-Giovanni-di-Moriani
Kleines Berghotel 7 km von der Küste entfernt mit korscher Spezialitätenküche und Ausblick auf Ostküstenebene, Meer und Wälder. FF

Hôtel San Pellegrino
Plage de San Pellegrino (Zufahrt über die D 506 von Folelli zum Meer)
Penta-Folelli
✆ 04 95 36 90 61, Fax 04 95 36 85 42
7. April–30. Sept. geöffnet
Sehr schönes Bungalow-Hotel in einem blühenden, grünen Parkgelände direkt am sauberen Sandstrand. FFF (Halbpension)

Le Rustic
Ste.-Lucie-de-Moriani
✆ 04 95 38 50 20
1. Mai–30. Sept. geöffnet
Einfaches Restaurant mit schattiger Terrasse und rustikalem Saal. F-FF

Chez Castelli
Folelli
✆ 04 95 36 90 09
Nettes Spezialitäten-Restaurant. FF

Chez Theresa
San Giuliano
✆ 04 95 38 02 61
Ostern–15. Sept geöffnet
Meeresfrüchte und korsische Küche. FF

A Cinderella
Östlich von Sta.-Maria-Poggio (an der N 198)
Von außen ein schlichtes Steinhaus, innen gemütlich mit interessanter Küche. FF-FFF

Spezialtips in der weiteren Umgebung:

Restaurant U Rataghju
Loreto-di-Casinca
✆ 04 95 36 30 66 (Vorbestellung erforderlich)
In einer urigen Kastanienrösterei mit altem Gerät und flackerndem Feuer im *fucone* genießt man ein Menü mit deftigen, einheimischen Spezialitäten wie *pulenta* oder Brocciu-Krapfen mit Räucherwürsten und Ziegenkäse.
FF

Restaurant U Campanile
Loreto-di-Casinca
✆ 04 95 36 31 18
Nur Juli/Aug. geöffnet
Einmaliger Blick auf die Ostküste und das Meer von einer luftigen Terrasse bei leichter Küche.
FF

E Panarette
Valle-di-Campoloro
✆ 04 95 38 16 30
Korsische Käse, Räucherwaren und Kastanienmehl.

Jean-Fernand Orsoni
Folelli (an der N 198)
Eigenwillige Fayencen.

Feste/Veranstaltungen:

Am ersten Wochenende im Aug. findet auf dem **Col de Prato** ein **Markt** (*fiera*) statt. Vieh und Landesprodukte werden verkauft, und abends treffen sich Hirten und Dorfbewohner der Umgebung zu einem Fest mit improvisierten Wechselgesängen.

16

Klöster, Kastanien, Freiheitshelden

Durch die Castagniccia

Folgt man von Corte der N 193 Richtung Bastia, so gelangt man von der Hochburg korsischer Freiheitsliebe und Unabhängigkeit nach wenigen Kilometern im Tal des Golo zu ihrem Schicksalsort, wo im Jahre 1769 in der Schlacht von Ponte Nuovo (Ponte Novu) nach acht Jahren Demokratie unter den Milizen Paolis die korsische Nation und damit alle Hoffnungen auf Eigenständigkeit besiegt wurden. Rechts und links der Straße, wo heute auf den kahlgebrannten Hängen Ziegen notdürftig Futter finden, ging damals die Übermacht von 15 000 gut bewaffneten Franzosen in Stellung, um für ihren König Ludwig XV. die eben von Genua gekaufte Insel von den aufrührerischen Anhängern des »Vaters des Vaterlandes« mit ihren ungeheuerlichen Ideen von Selbstbestimmung und Unabhängigkeit zu säubern.

An der nächsten Golo-Brücke hinter Ponte-Leccia, Ponte Nuovo, verloren die Freiwilligen von Paolis Hirten- und Bauernheer die entscheidende Schlacht um

Große Pause im Schulhof: Pasquale Paoli selbst soll die Schule von Morosaglia gegründet haben

die Freiheit der Insel. Verrat, heißt es, soll dabei mit im Spiel gewesen sein. Seitdem gehört Korsika zu Frankreich – ein unseliger Anfang für eine schwierige Beziehung zum »Mutterland«, das von vielen Korsen eher als »böse« Stiefmutter erlebt wird. Umgekehrt stöhnt man in Paris über das *mal Corse*, das »korsische Übel«, mit der widerspenstigen Erwerbung im Mittelmeer, die Frankreich von Anfang an in jeder Beziehung teuer zu stehen kam.

Wir folgen dem Lauf des Golo nur bis **Ponte Leccia**, von dort führt uns die D 71 an den Ort, wo alles begann, was schließlich am Golo so schmerzlich für die Korsen endete: In **Morosaglia** (Merusaglia) wurde Pasquale Paoli geboren. Sein Standbild blickt am Dorfeingang über die ersten grünen Berge der Castagniccia, seiner Heimat, hinüber zu den bis zum Frühsommer schneebedeckten Gipfeln über Corte. Ein bescheidenes dörfliches Haus im Weiler Stretta ist das **Geburtshaus Pasquale Paolis**, des Mannes, der der kleinen Insel eine demokratische Verfassung und ein modernes Staatswesen gab, in dem die Bürger sich ihre Regierung selbst wählten und das die Gewaltenteilung zum Prinzip erhob. In den Räumen ist ein Museum eingerichtet. Dokumente, Briefe Paolis, korsische Münzen, die er schlagen ließ, seine Möbel sind dort ebenso zusammengetragen wie zwei Fahnen mit dem Mohrenkopf. Auf der einen trägt der Mohr wie ein Sklave oder Gefangener die weiße Binde über den Augen. Paoli rückte sie ihm wie einem Fürsten und Freien auf die Stirn, zum ersten Mal diente der Mohrenkopf als Symbol für Korsikas nationale Identität und Unabhängigkeit.

Heute verschwinden die Schiefermauern des Geburtshauses unter einer dicken rosafarbenen Putzschicht. Das lange Zeit vernachlässigte, 1991 wiedereröffnete »Heiligtum des Unabhängigkeitsstrebens« wurde fein herausgeputzt, wie es sich für eine nationale – *pardon* – regionale Gedenkstätte gehört. Paoli, der selbst nach seinem Tod in London noch 100 Jahre von seiner Heimaterde verbannt blieb, ehe er in der Kapelle neben seinem Wohnhaus beigesetzt wurde, würde sich angesichts der Veränderungen vielleicht im Grabe umdrehen. Hielt er doch als echter Korse auch

Als Paoli von seinen Landsleuten aus dem Exil zurückgerufen und zu ihrem General gemacht wurde, ließ sein Bruder Clemens, als Überraschung in dessen Zimmer teure Glasfenster einsetzen. Aber Pasquale soll beim Anblick der Fenster alle Scheiben zerschlagen haben mit der Bemerkung, er wolle im Haus seines Vaters nicht wie ein Graf, sondern wie ein Landeskind wohnen.

Eine Gedenktafel in der Kirche Santa Reparata in Morosaglia erinnert an Clemens Paoli: »Für 40 Jahre Kampf an der Seite seines Bruders, nicht für weltlichen Ruhm, sondern für die Freiheit bis zur ewigen Ruhe«, ist dort in Stein gemeißelt.

zu Lebzeiten nicht viel von Modernisierungen seines Elternhauses.

Clemens Paoli, der als Mönch im Kloster von Morosaglia lebte, führte in den folgenden Jahren für die Sache seines Bruders ein Doppelleben, teils aus Überzeugung für die Unabhängigkeit, teils aus korsischer Familientreue, die über alles andere geht. Für Clemens stand sie sogar höher als das christliche Verbot zu töten.

Gleich neben der Kirche **Santa Reparata** in Morosaglia steht das Denkmal, das sich Pasquale Paoli mit seinem Nachlaß setzte. Nein, es ist kein martialischer Held aus Marmor oder Bronze – es ist eine Schule. Als Aufklärer war ihm die Volksbildung so wichtig, daß mit seinem Erbe die Kinder aus Morosaglia nicht nur lesen, schreiben und die lateinische Sprache lernen sollten, sondern auch selbst über ihre Zukunft zu bestimmen. Heute versammelt sich nur noch eine Handvoll Kinder unter dem verblichenen Namen des Gründers in der »École Paoli«, vor 50 Jahren waren es noch an die 100 Schüler. Wie alle Dörfer des Landesinneren ist Morosaglia vor allem von alten Leuten bewohnt, die jungen Familien sind fortgezogen in die Städte oder zum »Kontinent«. Der Stifter, der als kleine Büste in der abgeblätterten Fassade dem Treiben auf dem kleinen Schulhof zuschaut, mag sich damals auch den Schulbetrieb etwas anders vorgestellt haben: Nur zwei Stunden in der Woche dürfen die Kinder in ihrer Muttersprache Korsisch unterrichtet werden – falls der Lehrer oder die Lehrerin es überhaupt kann und will. Nur ganz allmählich setzen sich durch Druck von Korsen mehr auf die Insel bezogene Lerninhalte in der Schule durch.

Neun Kilometer hinter Morosaglia bietet sich vom **Col de Prato** ein erster weiter Blick über die Heimat der korsischen Freiheitskämpfer. Riesige Kastanienwälder bedeckten die Berghänge. Wo sie vom Feuer vernichtet wurden oder an Baumkrankheiten sterben, sorgt Farn für ein üppiges Grün. Die **Castagniccia** ist das »grüne Herz« der Insel, sie war ihre am dichtesten besiedelte Landschaft, ehe Kriege und Auswanderung die grauen Dörfer auf den Bergrücken entvölkerten.

Quercitello gehört dazu, das wir auf der schmalen, abschüssigen D 205 berühren. Ein Blick vom Brunnen am Dorfplatz eröffnet einen überraschenden Blick auf La Porta im Tal, unser nächstes Ziel. Danach führt die Straße in einer scharfen Kehre weiter hinunter durch Tunnel von Kastanienbäumen direkt auf den Dorfplatz von **La Porta** (A Purta). Ein Blick auf die elegante, gelbe Fassade und ins Innere der Barockkirche **Saint-Jean-Baptiste** lohnt sich. Der Glockenturm, der vor seiner Renovierung zu den schönsten Baudenkmälern Korsikas gehörte, droht nun zwar nicht mehr zu verfallen, hat aber sein ursprüngliches Gesicht unter dem Verputz verloren.

Fürs leibliche Wohl der Besucher steht im Restaurant des Dorfes die *patronne*, Risabetta Mattei, selbst am Herd, falls es nicht noch zu früh zum Mittagessen ist.

Über **Croce** geht es zurück zur D 71. **Campana** wartet ebenfalls mit einer Kirche auf. **Saint-André** verbirgt ihren Schatz im dämmrigen Inneren über dem Altar. Auf Wunsch rückt die Hüterin des Schlüssels das Gemälde des spanischen Malers Francisco Zurbarán oder eines seiner Schüler aber ins rechte Licht eines Strahlers. Dann treten die Kontraste und Farben des ergreifenden Bildes zutage. Die »Anbetung der Hirten« fügt sich harmonisch ins ländliche Milieu eines Dorfes wie Campana ein. Könnte der Hirtenjunge, der dem Jesuskind ein Körbchen Eier und ein an den Füßen gebundenes Lamm bringt, nicht ebensogut einen kleinen Korsen wie ein andalusisches Kind zum Vorbild gehabt haben?

Der Barockturm der Kirche von La Porta gilt als der höchste Korsikas

Weiter auf der D 71 gelangt man zu einem weiteren religiösen Ort. Oder ist das **Kloster von Orezza** (Couvent d'Orezza) ein politischer? Oder beides? Jedenfalls spielte es, wie alle Klöster in der Castagniccia, während der Kämpfe um die Unabhängigkeit im 18. Jahrhundert eine bedeutende Rolle, und damit sind wir wieder bei Paoli. Er wählte die Kloster nämlich als Versammlungsorte für die Volksvertreter, die *cunsulta*. Die Glocken vom *campanile*, der das Tal von Orezza beherrscht, riefen nicht nur zum Gebet, sondern zu politischen Entscheidungen über Krieg, Frieden und über das Schicksal der Insel. Die Klöster waren zentral gelegen, allen bekannt, und sie boten als Gotteshäuser Schutz vor etwaigen Feinden, die sich bis ins Inselinnere vorwagten.

Die Mönche, in Orezza waren es Franziskaner, machten mit, etliche aus Überzeugung oder verwandtschaftlichen Banden wie Clemens Paoli, andere fügten sich wohl oder übel in die Umfunktionierung der Klöster in Zentren der Unabhängigkeitsbewegung. Paoli als Aufklärer hatte nämlich ein zwiespältiges Verhältnis zur Kirche: Etliche Klöster ließ er kurzerhand schließen. In Orezza arrangierte man sich. Erst die Französische Revolution vertrieb die Mönche, und die Deutschen zerstörten im Zweiten Weltkrieg den traditionsreichen Bau. Heute ragt noch ein Teil des Glockenturms efeuüberwachsen und einsturzgefährdet über die Ruinen der Klosterkirche.

Ein Essen in **Piedicroce** bietet Gelegenheit, darüber nachzudenken. Was liegt näher, als inmitten der Kastanienwälder ein Gericht aus Kastanienmehl zu probieren? Nur allzulange sollte man sich dabei nicht Zeit lassen und gegen 13 Uhr wieder aufbrechen, sonst reicht die Zeit nicht mehr für den Besuch des Museums in Cervione, und das wäre schade.

Zum Essen gehört das Trinken, und vielleicht steht neben dem Wein eine Karaffe mit eiskaltem Wasser, das in der Castagniccia so reichlich überall von den Hängen rinnt, durch Gräben rauscht und aus Brunnen plätschert. Das Mineralwasser »Orezza« sprudelt nicht weit von Piedicroce im Talgrund bei **Rapaggio** aus einer Quelle. Die D 506 führt vorbei an einem längst vergessenen Hotel, dann sieht man schon die riesigen

Platanen, die die flachen, langgestreckten Gebäude der Abfüllstation beschatten. Zur Zeit liegt die Anlage still und wird umfassend renoviert, auch das Tempelchen mit der eigentlichen Quelle. Rostrot schimmert die Fassung vom Eisen im kohlensäureprickelnden Wasser, das Orezza zu Anfang unseres Jahrhunderts zu einem beliebten Kurort machte.

Einmal im Tal der Wasser von Orezza, die sich zum Fium'Alto vereinigen und zur Ostküste streben, sollte man noch sechs Kilometer weiter fahren und sich in **Piazzole** eine bemerkenswerte Kirchentür anschauen. Man weiß zwar, daß sie 1774 entstanden ist, nicht aber, wer die Szenen schnitzte und bemalte. Ein reuiger Bandit? Wenn es so war, erging es ihm besser als seinem Kollegen mit der korsischen Mütze auf den farbigen Bildern der Tür: Der verlor nämlich seinen Kopf. Da konnte auch das aufgeregte Burgfräulein mit wehendem Schleier am spitzen Zuckertütenhut ganz oben an der Tür nicht mehr helfen.

Schnitzerei an der Kirchentür von Piazzole

Zurück zur D 71 und wieder zu einer Kirche, der von **Carcheto**. Der Glockenturm von **Sainte-Marguerite** blieb vom Renovierungseifer à La Porta verschont, dafür dringt Wasser durch die zerbrochenen Fensterscheiben und beginnt die Bilder des sehenswerten Kreuzweges zu zerstören. Wie in Piazzole war hier ohne Zweifel ein Korse aus der Castagniccia am Werk. Aus der Umgebung könnten die Vorbilder für die Gesichter stammen, und die Frauen, die Jesus ins Grab legen, sind korsische Klageweiber, die im *lamentu* den Verlust des Verstorbenen besingen. Oder handelt es sich etwa um einen *voceru*, der zur Rache an den Mördern auffordert? Schuldig, so sieht es der unbekannte Künstler, sind jedenfalls viele, sogar der kleine lockenköpfige Junge, der Hammer und Nägel für die Kreuzigung hält.

Nicht nur der Maler des Kreuzweges suchte seine Modelle in Carcheto und Umgebung. Auch der Schriftsteller Jean-Claude Rogliano, der weiter unten im Dorf wohnt, nahm seine Nachbarn aus der Castagniccia als Vorbilder für seinen Roman »Le berger des morts«. Dabei geht es um die Macht des »bösen Blicks«, um Seelenjäger aus dem Jenseits, nächtliche Prozessionen von Toten auf der Suche nach neuen Opfern. Aber-

Am Col d'Arcarotta wurde der grüne Marmor für die Säulen der Pariser Oper gebrochen.

glaube in einer Gegend mit so vielen Kirchen? Jedes Dorf hier hat eine *signadora*, eine weise Frau, die ihr Wissen in der Weihnachtsnacht von einer anderen geerbt hat und die sich darauf versteht, Kinder nicht nur vom »bösen Blick«, sondern auch von Würmern und Sonnenbrand zu heilen – im Einvernehmen mit Jesus. Deshalb sieht die Kirche großzügig über die tatsächlich oft ebenso erfolgreichen wie ungewöhnlichen Heilpraktiken hinweg. Der Pfarrer versteht sich nur aufs Seelenheil und kommt ohnehin nur alle paar Wochen in Dörfer wie Carcheto, aber die *signadora* wohnt gleich nebenan.

Kulturelles in einer ganz anderen Spielart ist dem **Col d'Arcarotta** zu verdanken, der nach sechs Kilometern erreicht ist. Der Paß ein großartiger Aussichtspunkt: Zurück blickt man ins Tal von Orezza mit seinen Dörfern und dem alles überragenden Monte San Petrone, zur anderen Seite öffnet sich das Tal von Alesani. Von jetzt an geht es ständig abwärts bis zum Meer.

Historisches Recycling: neue Verwendung für einen alten Mühlstein

Von **Valle-d'Alesani** aus kann man rechts tief unten im grünen Meer der Wälder die hellen Schieferdächer des **Klosters von Alesani** (Couvent d'Alesani) erkennen. Es ruft die Erinnerung an einen Deutschen wach, der abenteuerlich gewandet mit Turban und rotem Mantel 1736 auf einem englischen Schiff in die Geschichte Korsikas segelte, um der erste und einzige König der Insel zu werden, nachdem es ihn in anderen Teilen der Welt umhergetrieben hatte. Weniger die kuriose Erscheinung des westfälischen Adeligen Theodor von Neuhoff wird wohl so ernsthafte Männer wie den Vater von Pasquale Paoli, Ghiacintu, beeindruckt haben als vielmehr seine Schiffsladung: Pulver, Waffen, Getreide und

Kleidung waren von dem ständigen Krieg gegen die Genuesen verarmten Korsen nur zu willkommen. Dafür erfüllten sie dem titelversessenen Nordländer *Tiadoru* den Wunsch, König zu werden.

Als Palast wählte er den Bischofssitz in **Cervione**. Acht Monate später war es vorbei mit der Königsherrlichkeit, der Glanz der Krone blätterte ab, denn von Neuhoff war bis über beide Ohren verschuldet und mußte die Korsen, die auf Nachschub für ihren Freiheitskampf warteten, enttäuschen. Immerhin, bereiste ganz Europa, um doch noch einen Geldgeber zu finden. Der König von Korsika starb fern von seinem sonnigen Inselkönigreich im Schuldturm von London.

Im **Bischofspalast**, wo Theodor, den die Korsen auch *tianu d'oru* die »Goldpfanne« nennen, besonders gern dem Rosèwein der Gegend zugesprochen haben soll, ist heute weniger über den unseligen König als über die Herstellung des edlen Rebensafts und andere Handwerke zu erfahren. Und nicht nur darüber: Ganze Werkstätten sind aufgebaut, eine Küche, eine Ölpresse, eine Weberei, Hausrat. Dazu die fertigen Produkte, die auf diese Weise entstanden, vom eisernen Topf bis zum braunen, zottigen Umhang der Hirten, der sie selbst wie ein unheimliches Fabeltier aussehen ließ. Eine archäologische Abteilung und eine Sammlung sakraler Kunst – kein Wunder bei all den Kirchen in der Castagniccia – ergänzen den ausgezeichneten Überblick dieses reichhaltigen, übersichtlich gegliederten Museums für korsische Volkskunde (**Musée Ethnographique**). Ein letzter Blick durch ein Kirchenportal ergänzt die Besichtigung. Alexander Sauli, Bischof von Aléria, ließ die **Cathédrale Sainte-Marie et Saint-Érasme** Ende des 16. Jahrhunderts aus eigenen Mitteln bauen.

An der Küste, im Yachthafen Campoloro und im Badeort **Moriani-Plage**, übernehmen wieder die Badehandtücher und die T-Shirts mit dem Mohrenkopf das Regiment und erinnern daran, daß auch der flache Sandstrand mit Sonnenschirmen und Surfbrettern zur selben Insel Korsika gehört wie die herbe, grüne Landschaft der Castagniccia mit ihren Kastanienwäldern, den schwarzgekleideten Alten und den tief verwurzelten uralten Traditionen.

Baron von Neuhoff löste mit seiner Krönung im Kloster von Alesani die Jungfrau Maria als Inhaberin der korsischen Königswürde ab.

Ein paar Häuser unterhalb der Kirche wird nochmals offensichtlich, daß wir uns im Land der Freiheitshelden befinden: Parolen auf Wänden und Straßen, ein Büro der nationalistischen ANC – hier sitzen, nach ihrem Selbstverständnis, die Erben Paolis.

ROUTE 17: Moriani-Plage – Fouilles de Mariana – Bastia (50 km)

Vormittag Von **Moriani-Plage** auf der N 198 Richtung Bastia, 500 m hinter Casamozza rechts abbiegen auf die D 210 und weiter auf die D 10, an der nächsten Strassengabelung rechts und auf der D 107 zur ehemaligen römischen Siedlung **Mariana**: Besichtigung der Kirchen **La Canonica** und **San Parteo**; anschließend auf der N 193 nach **Bastia** (Stadtplan von Bastia s. S. 21).

Nachmittag Abreise von Bastia.

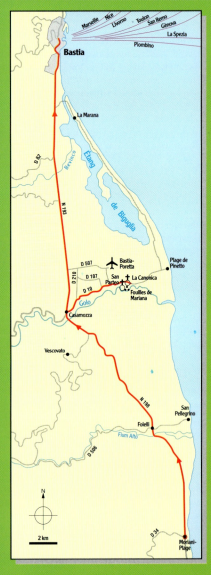

ROUTE 17

Informationen

Fouilles de Mariana
Die Ausgrabungen der römischen Siedlung Mariana befinden sich auf dem Gelände südlich von Sta. Maria Assunta.

Cathédrale Sta. Maria Assunta (La Canonica)
An der D 107
Im Sommer 10-12 und 14-17 Uhr
Eventuell Führungen, sonst nur von außen zu besichtigen. Die einstige Kathedrale des Erzbistums Mariana wurde im romanisch-pisanischen Stil des 12. Jh. auf dem Boden der ehemaligen römischen Siedlung Mariana errichtet.

San Parteo
Südlich der D 107, über einen Feldweg zu erreichen
Romanische Kirche aus dem 11. Jh. mit interessantem Skulpturenschmuck an Kapitellen und Bögen.

Romanische Kirchen und Kapellen

Norditalien hat in der romanischen Kunst eine bedeutende Rolle gespielt. Waren es in Frankreich, England und Deutschland die *maestri comacini*, als Gastarbeiter tätige, wandernde Baumeister und Bauleute, die die Formensprache ihrer Kunst mitbrachten, so gehen in Korsika die Hinterlassenschaften des italienisch-romanischen Stils auf die Herrschaft der Pisaner vom 11. bis zum 13. Jahrhundert zurück. Wie so oft in Randgebieten großer Kunstströmungen hat sich der importierte Stil dann sehr lange erhalten, in Korsika bis ins 15. und 16. Jahrhundert (z. B. in St.-Jean in Carbini).

Die meisten Bauten haben recht bescheidene Dimensionen, sind eher Kapellen als Kathedralen. Sie gewinnen aber großen Reiz durch die schichtweise farbig abgesetzte Mauerweise,

Dreifaltigkeitskirche von Aregno

zu der wie in San Michele (Murato; s. S. 55) noch das Einfügen rötlicher Marmorplatten in die weiß-grüne Außenhaut treten kann. Die Kathedralen Korsikas folgen dem basilikalen Grundriß, haben jedoch keine Querhäuser (so La Canonica in Mariana und die Kathedrale des Nebbio, Santa Maria Assunta bei St.-Florent, s. S. 51 f.). Daneben findet sich auch der Typus der Saalkirche. Die Mittelschiffe der Basiliken besitzen offene Dachstühle, die Seitenschiffe dagegen Rund- oder Halbtonnen bzw. Kreuzgratgewölbe. Die Chorräume sind kurz und schließen mit gewölbten Apsiden. Die Fenster sind schmal, oft schießschartenähnlich, und werden gern in der Achse der Pfeiler des Innenraums angeordnet. Markant sind die quadratischen Türme mit langgezogenen pryramidalen bzw. polygonalen Helmen. Einen Sonderfall stellt San Michele dar, aus deren Vorhalle der Turm, auf zwei Säulen und der Westwand ruhend, aufsteigt. Die für die norditalienische Romanik so typischen Bogenfriese und Lisenen verstärken Außenmauern, Giebel, Apsiden und Türme.

Dagmar v. Naredi-Rainer

17

Kirchen und Kämpfe bis zuletzt

Abschied von Korsika

Wer schon am Morgen abreist, braucht von **Moriani-Plage** bis zur Fähre in Bastia kaum mehr als eine dreiviertel Stunde. Geht das Schiff erst am Nachmittag oder Abend, dann bleibt noch ein bißchen Zeit, sozusagen en passant auf dem Weg zur Hafenstadt diesen Abschnitt der Ostküste zu entdecken.

wo heute Scharen von Nordländern auf der Suche nach Urlaubsträumen den endlosen Sandstrand bevölkern, landeten früher Seeräuber, Sarazenen und Römer. Da, wo Autowerkstätten mit Tomatentreibhäusern und Gemüsefeldern wechseln, entspannten sich dramatische Kämpfe zwischen Korsen und Eindringlingen, aber auch zwischen Korsen untereinander.

Von Moriani-Plage aus geht es auf der N 198 Richtung Norden. Am **Flughafen Bastia-Poretta** (Puretta)

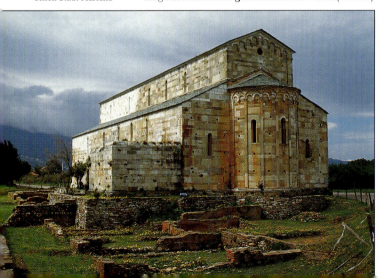

Die Kathedrale »La Canonica« mit den Ausgrabungen der römischen Stadt Mariana

kommen wir vorbei, wenn wir 500 Meter hinter Casamozza rechts auf die D 210 einbiegen. Der Weg führt weiter über die D 10 und D 107 zu einer einsamen Kirche an der Straße, weit und breit ist sie das einzige größere Bauwerk, sieht man einmal von den Tanks des riesigen Treibstofflagers am nahen Strand von Pinetto ab.

Es ist nur schwer vorstellbar, daß hier an der Mündung des Golo einmal die große **römische Kolonie Mariana** stand. Nach der Zerstörung durch Vandalen und Langobarden spülte der Golo alljährlich Erde aus den Bergen und von den Feldern über ihre Grundmauern. Auch das gleichnamige Erzbistum erlitt dasselbe Schicksal, die letzten Einwohner verließen es schließlich wegen der Malaria und der ständigen Überfälle vom Meer her.

Übrig blieb nur die **Cathédrale Santa Maria Assunta**, die auch **La Canonica** genannt wird. Sie gilt mit ihrem polychrom gemusterten Mauerwerk aus Blöcken und schmalen Steinplatten zusammen mit San Michele in Murato (s. S. 55) als schönste romanische Kirche pisanischen Stils aus dem 12. Jahrhundert. Sie besticht durch ihre harmonischen Proportionen. Sehenswert sind die symbolischen Tierdarstellungen auf dem Fries über dem Haupteingang: Löwe, Lamm und ein springender Hirsch, dem ein Hund dicht auf den Fersen ist.

Neben La Canonica wurden die Grundmauern einer noch älteren Vorgängerin gefunden, einer frühchristlichen Kirche vom Ende des 4. Jahrhunderts, die im 5. bis 10. Jahrhundert erneuert wurde. Stufen führen hinab zum tiefer gelegenen Mosaikboden des kreuzförmigen Taufbeckens im ehemaligen Baptisterium. Hirsche, Fische und Delphine sind christliche Symbole. Die bärtigen Männergesichter nach Art der antiken Flußgötter stellen wohl die vier Flüsse des Paradieses dar. Die Mauern ringsum gehören teils zum ehemaligen Bischofspalast, teils sind sie Überreste eines römischen Bades und eines Kanals.

Schon die ersten Christen auf Korsika bauten 300 Meter weiter in südwestlicher Richtung im 5. Jahrhun-

Der französische Schriftsteller Antoine Saint-Exupéry, Vater des »Kleinen Prinzen« und Flieger im Zweiten Weltkrieg, startete vom Flughafen Bastia-Poretta 1944 zu seinem letzten Flug, von dem er nie mehr zurückkehren sollte.

Relief an der Kirche San Parteo

dert eine Kirche, die dem heiligen Parteo geweiht war und wahrscheinlich dessen Reliquien bewahrte. Die spätere Kirche **San Parteo** wurde über ihren Grundmauern und über Gräbern aus vor- und frühchristlicher Zeit erbaut. Die Sarazenen machten den Bewohnern von Mariana zu schaffen, deshalb brachte man die Reliquien des Heiligen nach Noli in Ligurien in Sicherheit. Die Kirche mit den schönen Reliefs wurde im 11. Jahrhundert wieder aufgebaut.

In der Folklore ist die Erinnerung an die Mauren und ihre ständigen Überfälle lebendig geblieben. So soll der wie ein Kriegstanz anmutenden »Moreska«, ein grotesker Waffentanz, eine historische Begebenheit von Mariana zugrunde liegen: Die Stadt war im 8. Jahrhundert von plündernden Sarazenen besetzt, die ganze Familien in die Sklaverei verschleppten. Da schickte Papst Leo III. ein Heer von 2 000 Soldaten und mit ihnen den Adeligen Ugo Colonna. Für den jungen Mann war das als Himmelfahrtskommando gedacht, denn er hatte es gewagt, gegen den Papst zu rebellieren und sollte im Kampf gegen die »Heiden« seine Treue beweisen. Colonna gelang es nach 20 Jahren Kampf, die Mauren – wenn auch nur vorübergehend – zu vertreiben. Er legte danach offenbar keinen Wert mehr darauf, nach Rom zurückzukehren, sondern blieb lieber auf Korsika und gründete dort eine Adelsdynastie.

Der Tanz soll eine künstlerische Rekonstruktion des Kampfes von Colonnas Heer gegen die Besetzer von Mariana sein. Eine andere Legende behauptet allerdings, beim Vorbild für den Waffentanz habe es sich um die Entführung einer jungen Christin aus der Stadt gehandelt, die von ihrem Verlobten von den heidnischen Mauren zurückerobert wurde.

Ob die Knirpse mit schuhcremeschwarzen Gesichtern und Handtuchturbanen im Kindergarten oder auf Schulfesten wirklich an diese Begebenheit denken, wenn sie vor freudig erregten Eltern zum Schuljahresabschluß im Sommer die »Moreska« vorführen?

Wie auch immer – für uns ist der Augenblick des Abschieds von Korsika gekommen. Von **Bastia** aus fahren wir mit dem Verkehrsmittel, mit dem nicht nur die Mauren, sondern alle Eroberer nach Korsika kamen, anderen Küsten entgegen: mit dem Schiff.

Heißgeliebt, halb vergessen

Kastanien in der Castagniccia

Knisternd platzen die braunen Früchte an der Schnittstelle über der Glut, verheißungsvoll verspricht der Duft einen köstlichen Kern in der harten Schale, wenn die Kastanien in einem eisernen Topf mit durchlöchertem Boden, dem *testu*, so lange über den Flammen geschüttelt werden, bis die Funken stieben.

Nur noch ein kleiner Teil des herbstlichen Überflusses wird aufgesammelt, meist für den direkten Verbrauch. Daß es einmal anders gewesen sein muß, verkünden Tausende und Abertausende von Kastanienbäumen. Ihr Laub macht die Castagniccia, das »Kastanienwäldchen«, so üppig grün: 10 000 Hektar Kastanienhaine ziehen sich dort an den Berghängen zwischen 500 und 1000 Meter Höhe hinauf, ungefähr die Hälfte der gesamten Fläche dieser Landschaft.

15 Jahre muß man auf die erste Ernte warten, so lange dauert es, bis der junge Baum vom *pollone* zum

60 Prozent der französischen Kastanienbäume wachsen auf Korsika.

Feuriges Herbstvergnügen: Kastanien rösten

castagnu wird und zum ersten Mal Früchte trägt. Damit er es jedes Jahr tut, muß er gepflegt und beschnitten werden wie ein Obstbaum.

Die eigentliche Arbeit beginnt Mitte Oktober, wenn die Maroni reif sind. Dann werden die zur Erde gefallenen Früchte mit einer hölzernen Harke, der *ruspula*, zusammengekratzt und in der *spórta*, einem Korb aus Kastanienspänen, gesammelt. In Säcken schafft man die glänzenden braunen Kastanien ins Haus.

Dort wird ihnen erst einmal tüchtig eingeheizt. Zu diesem Zweck breitet man sie auf einem Trockenboden, *rataghju*, aus, dessen rauchgeschwärzter Boden aus gespaltenen Kastanienästen besteht. Durch die Zwischenräume dringt ungehindert der Rauch des *fucone*, einer viereckigen Feuerstelle, in der während der Wintermonate ständig ein Schwelfeuer aus Kastanienholz brennt, das einen Monat lang nicht ausgehen darf.

Dann sind die Kastanien trocken genug, um ihre äußere Hülle einzubüßen. Früher wurden sie dazu in Säcke gesteckt, die immer wieder auf einen Holzblock geschlagen wurden. Heute erleichtern Maschinen diese Arbeit. Selbst nach dieser Prozedur ist der Kern noch immer nicht von allen rauhen Schalen befreit, es gilt, ihre letzte Haut noch einmal im Ofen zu trocknen, damit auch diese abgeschüttelt werden kann. Erst wenn sie ganz weiß und hart sind, können sie weiterverarbeitet werden.

22 Gerichte aus Kastanienmehl gehörten in Valled'Alesani zu jedem Hochzeitsmahl, von dem festen Breikloß *pulenta* bis zu feinen Kuchen und Torten. In der Castagniccia, die mit 105 Einwohnern pro Quadratkilometer bis zu Anfang dieses Jahrhunderts dicht bevölkert war, bewahrte der Kastanienbaum die Menschen vor den verheerenden Hungersnöten, die überall sonst in Europa grassierten. Er lieferte, so ein korsisches Sprichwort, »das Brot des Winters und des Sommers, das Brot von gestern, heute und morgen«.

Seit den beiden Weltkriegen fehlen die Menschen für die Pflege der Wälder – statt 105 Einwohner leben in der Castagniccia nur noch knapp zehn auf einem Quadratkilometer, zu wenig, um die alten Haine zu pflegen und zu verjüngen.

Jäger oder Hirten nehmen für den Zeitvertreib unterwegs eine Tasche voll getrockneter Kastanien mit, eine Art Kaugummiersatz, den man langsam im Mund zergehen läßt. Nur ist die Kastanie nahrhafter als der klebrige amerikanische Kollege.

Blutrache und Banditen

Was ist ein Necessaire? Klarer Fall. Es enthält, was man unterwegs so braucht: Nagelschere, Zahnbürste, Deo und Duft, bei Herren auch noch den Rasierapparat.

Wenn bis zu Anfang unseres Jahrhunderts korsische Männer das Haus mit ihrem »Necessaire« verließen, so hatten sie ebenfalls das alltäglich Notwendige dabei: ein Gewehr, eine Pistole und statt der Rasierklinge zum Bartscheren ein schmales Messer mit dem bezeichnenden Beinamen *vendetta*.

Klagelied und Racheschwur am Totenbett eines Ermordeten: Frauen beim »voceru«

Damit ist der Verwendungszweck der Reiseutensilien klar, und es bestand damals auch kein Zweifel an ihrer absoluten Notwendigkeit. Es gab kaum eine Familie, die nicht in eine Vendetta, eine Blutrachefehde, verstrickt war.

»*Guardati - eiu mi guardu!*« - Nimm dich in acht - ich werde mich in acht nehmen!, hieß in Korsika viele Jahrhunderte lang die Kriegserklärung. Wer sie zu hören bekam, war seines Lebens nicht mehr sicher. Aber auch die männlichen Verwandten mußten mit einem plötzlichen und vorzeitigen Tod durch eine Kugel oder einen Messerstich rechnen.

Wenn es keine Männer mehr in der Familie gab, nahmen die Korsinnen die Rache selbst in die Hand.

Immer war eine Verletzung der Ehre der Anlaß, sei es durch den Steinwurf nach einer Ziege, einen toten Esel auf dem Weg eines Brautzugs, einen herausfordernden Blick auf die Schwester oder die Frau eines anderen. Nur mit Blut konnte die Schande abgewaschen werden, aber jeder Mord schrie wiederum nach Rache. Zwischen 1683 und 1715 ließen auf diese Weise 28 715 Menschen ihr Leben, durchschnittlich 900 pro Jahr, und auch im 19. Jahrhundert setzte sich das Morden fort. Kein Wunder, daß die korsischen Frauen gar

> *Daß in den Häusern die Trauergesänge um Verstorbene nicht verstummten, verführte den deutschen Reiseschriftsteller Ferdinand Gregorovius 1852 zu dem Irrglauben, die korsische Musik bestehe nur aus Totenklagen.*

nicht mehr dazu kamen, ihre schwarze Trauerkleidung abzulegen, bis man sie schließlich für eine Art von Tracht hielt.

War ein Familienmitglied tot, versammelten sich um seinen Leichnam die Klageweiber, um schrill den Verlust für die Familie zu besingen. War der Verblichene einem Mord zum Opfer gefallen, und das war häufig der Fall, steigerte sich die Klage zu einem *voceru*. Das blutige Hemd in der Hand, trieb die Frau, die Tochter oder die Schwester des Toten die männlichen Verwandten zum Racheschwur, mit dem die unglücklichen Rächer dann bereits ihr eigenes Todesurteil besiegelten und neue Klagelieder heraufbeschworen.

Die Kirche zog vergebens gegen die Vendetta zu Felde. Am meisten Erfolg versprach noch Pasquale Paolis Kampf gegen die Blutrache, doch 13 Jahre einer korsischen Nation waren zu kurz, um ihren Ursachen wirkungsvoll zu begegnen.

Die Verfechter der Ehre sind die tragischen Helden ungezählter Lieder und Geschichten. Einerseits bedauert wegen ihres Schicksals, andererseits romantisch verklärt, verkörpern sie als uneigennützige Kämpfer, die sich edel für die Familienehre opferten, das korsische Ideal der Freiheit. Sie waren nämlich vom Augenblick des Mordes an verbannt aus der menschlichen Gesellschaft, mußten Heim und Beruf aufgeben und als Banditen in die Macchia fliehen.

Was Kirche und Staat jahrhundertelang nicht fertiggebracht hatten, das schaffte der Erste Weltkrieg. Mit 40 000 Korsen starb auch das Banditentum auf den Schlachtfeldern Europas.

Die Macchia, jener stachelige Buschwald aus Zistrosen, Rosmarin, Baumheide, Erdbeerbäumen und Myrten, hat seine Banditenbevölkerung verloren, wie auch die korsischen Dörfer leer geworden sind. Aber noch immer ist sie ein ideales Versteck, ein Schlupfwinkel für den, der sich darin auskennt: Im Zweiten Weltkrieg wurde dort von Widerstandskämpfern die Befreiung Korsikas vorbereitet, und wenn heute die nationalistische Untergrundorganisation FLNC etwas mitzuteilen hat, dann halten ihre Mitglieder vermummt und bis an die Zähne bewaffnet eine nächtliche Pressekonferenz irgendwo mitten in der Macchia.

Wilde Jagd auf schwarze Schweine

Wenn die stacheligen Hüllen der Eßkastanien aufplatzen und die braunen Früchte prasselnd in den üppig wuchernden Farn fallen, wird es in Macchia und Kastanienwäldern gefährlich – nicht nur für die Wildschweine. Unverhofft kracht da im Unterholz neben dem ahnungslosen Wanderer ein Schuß, oder er sieht sich von einer Meute heulender Jagdhunde umstellt, die sich von seinen Spuren verwirren ließen, anstatt die Wildschweine aufzuspüren.

Kaum ein Korse, der nicht zumindest am Sonntag sein *fucile*, das Gewehr, hinter der Tür hervorholt, um an dem beliebten gesellschaftlichen Spektakel der Männerwelt teilzunehmen. *Cignale* – Wildschwein – heißt das Zauberwort des Herbstes. Zwar beginnt die Jagdzeit schon Ende August oder Anfang September, doch da wird den schwarzen Vettern der halbwilden Hausschweine noch ein wenig Ruhe gegönnt. Noch sind bei den korsischen Familien die Verwandten vom »Kontinent« zu Besuch, noch ist man nicht unter sich in den Dörfern. Die richtigen Kenner warten, bis die dünnen Schweine sich an den Kastanien runder gefressen haben und bis die Herbstnebel über die Berghänge ziehen. Dann freilich sind den Ausbrüchen der Jagdleidenschaft kaum noch Grenzen gesetzt. Das Wochenende gehört der Jagd, auch der Mittwoch, und obwohl das Gesetz den Verfolgten zwei Tage in der Woche Ruhe gönnt, wird es oft genug heimlich übertreten.

Die Frauen kennen das und quittieren die Beute mit einem unergründlichen Lächeln. Die Jagd? Das ist eben ein Spiel, ein männliches Vergnügen, dem sie selbst nichts abgewinnen könnten, selbst wenn ihnen offiziell niemand die Teilnahme verwehren würde – ein bißchen kindisch, na ja, aber die Männer brauchen das halt, und wer wollte ihnen diesen Spaß verwehren.

Weniger nachsichtig und verständnisvoll als die Frauen reagieren Naturschützer auf die jährlich ausbrechende Jagdwut. Sie haben es schwer, sich im Schußhagel und Gewehrknallen zur Herbst- und Winterzeit überhaupt Gehör zu verschaffen, doch ihre Warnungen sind deshalb nicht weniger eindringlich. Zwar vermehren sich die Wildschweine bei dem üppigen Nahrungsangebot in den Kastanienhainen schnell, doch es gibt zu denken, daß sie abgesehen von Vögeln das einzige Wild sind, das es in Korsikas Wäldern überhaupt noch gibt. Die Hirsche sind ausgerottet, und man versucht sie mühsam von Sardinien aus, wo noch ein Rudel die mediterrane Jagdwut überlebt hat, wieder heimisch zu machen. Vom Mufflon, der *muvra*, einst überall auf der gebirgigen Insel heimisch, gibt es nur noch ein paar streng geschützte Exemplare in Reservaten. Von den Tauben, die Korsika als Winterquartier bevorzugen, sind im Frühling nicht mehr viele übrig, weil sie überall, selbst in den Gärten der Dörfer, beschossen werden. Still ist es in den Wäldern, denn massenhaft werden Amseln erlegt, um gespickt und gebraten auf dem Teller oder, häufiger noch, gewürzt mit Myrten in der berühmten Amselpastete, einer korsischen Spezialität, zu landen.

Heimkehr aus den Bergen nach erfolgreicher Jagd

Aber wer von den 20 000 lizenzierten und ungezählten »inoffiziellen« Jägern will das schon hören, wenn im Herbst die Jagdzeit beginnt? »Ihr macht Urlaub!« hält Charles, der Bauer, der den ganzen heißen Sommer auf seinen Gemüsefeldern in der sonnendurchglühten Ostküste geackert hat, den kritischen Nordeuropäern entgegen. »Wir haben statt dessen die Jagd.«

Buße in Ketten

Der Catenacciu von Sartène

Gründonnerstag in Sartène. Nähert man sich der Stadt von Bonifacio her, liegt sie wie eine Festung im letzten Sonnenlicht. Fünf, sechs Stockwerke hoch ragen die alten Häuser aus Granit in den blaßblauen Himmel, grau und beinahe abweisend, als wollten sie sich gegen Feinde verteidigen.

Viele Menschen sind nach Sartène gekommen, um einen alten religiösen Brauch mitzuerleben, der dort Jahr für Jahr am Karfreitag gepflegt wird. Eine kirchliche Tradition aus dem Mittelalter, eine Manifestation des Glaubens.

Das erste Gebäude der wehrhaften Stadt, noch ein wenig außerhalb, ist das alte Franziskanerkloster San Damianu. Hinter diesen dicken Mauern sitzt jetzt ein Mann, der sich darauf vorbereitet, am nächsten Tag einen Bußgang durch die Stadt zu tun. Nur die Mönche des Klosters und der Priester kennen seine Identität. Jahrelang hat der Mann wahrscheinlich auf diesen Tag gewartet: Bis auf mehrere Jahr in voraus reicht die Liste der Anwärter für den Catenacciu.

Der Catenacciu büßt, so versichern die Mönche des Klosters, die den Büßer bis zum Beginn der Prozession betreuen und ihn auf seinen schmerzhaften und qualvollen Gang vorbereiten, für eine schwere Sünde, oft genug für einen Mord. In früheren Zeiten waren die Büßer häufig Banditen, die aus ihrem Versteck in der Macchia kamen, um den Catenacciu, den Angeketteten, zu verkörpern.

Heute gibt es keine Blutrache und keine Banditen mehr in Korsika. Aber der Brauch lebt weiter. »Es gibt überall noch immer genug Menschen, die etwas zu bereuen haben«, sagt man in Sartène, und der Andrang auf die Wartelisten scheint das zu bestätigen.

Nur einmal im Leben darf ein Mann Catenacciu sein. Es gilt als besondere Ehre, denn indem sich jemand bis zum Äußersten demütigt, repräsentiert er keinen Geringeren als Jesus selbst.

Aus ganz Korsika sind die Menschen angereist, um den mittelalterlichen Brauch nicht zu verpassen, der von spanischen Eroberern eingeführt wurde, als sie im Jahr 1419 Sartène gründeten.

Lange vor Beginn der Prozession, sichern sich die ersten Zuschauer die besten Plätze hinter den errichteten Absperrungen. Von Minute zu Minute wächst die Menschenmenge. In den Fenstern werden Kerzen und Pechfackeln aufgestellt, die mit ihrem zuckenden Lichtschein die Straße und den Kirchplatz notdürftig erleuchten. Gegen 21.30 Uhr hat es den Anschein, als ob die ganze Stadt den Atem anhält. »*Eccu!*« Da kommt er! »*Voilà le Catenacciu!*« Der Ruf pflanzt sich in vielen Sprachen fort. Ein Blitzlichtgewitter als krasser Kontrast zum Kerzenlicht empfängt den Mann an der Kirche Sainte-Marie, dem Beginn des Kreuzweges, und läßt ihn geblendet zögern.

Er trägt ein scharlachrotes Gewand. Sein Kopf ist mit einer roten Kapuze verhüllt, die über dem Kopf zusammengeknotet ist und nur die Augen freiläßt. Sogar die Hände, die ihn verraten könnten, stecken in roten Handschuhen. Niemand soll den Catenacciu erkennen, der sich langsam und schwerfällig vorwärtsbewegt, gebeugt unter der Last eines über dreieinhalb Meter hohen und fast drei Meter breiten, dunklen Kreuzes aus Eichenholz. An seinem rechten Fußknöchel schleppt er eine schwere Eisenkette von über 40 Kilogramm Gewicht hinter sich her.

Das korsische Wort *catena* gab dem Büßer seinen Namen »Catenacciu« – der Angekettete. Das Klirren begleitet ihn, wenn er sie mühsam hinter sich herzieht. Er geht barfuß, die Kette reibt und scheuert an seinem Fußknöchel. Ihm folgen singend und betend die Priester der Gemeinde, weiß gekleidet und mit Kerzen in der Hand. Vor der Kirche Sainte-Anne fällt er zum ersten Mal, stürzt unter der Last des Kreuzes. Eineinhalb Kilometer muß er durchhalten. Unterwegs gesellt sich ein Mann in weißem Gewand mit weißer Kapuze zu ihm, hilft ihm, das Kreuz zu tragen: der

Früher begegneten sich oft genug Todfeinde unter der roten, der weißen oder den schwarzen Büßerkapuzen wieder.

BUBE IN KETTEN – DER CATENACCIU VON SARTÈNE

pénitent blanc, der weiße Büßer, der Simon von Kyrene symbolisiert. Auch er ist wie der Catenacciu ein echter Büßer, ebenso wie die acht schwarz vermummten Gestalten, die auf einer Bahre die Statue des gekreuzigten Jesus unter einem Baldachin hinter dem Mann mit dem Kreuz hertragen.

Der Zug, dem sich mehr und mehr Menschen anschließen, hält vor der Marienstatue im Trauergewand, bewegt sich weiter zu den Kirchen Saint-Sébastien und Sainte-Claire. Wie der Brauch es will, stürzt der Büßer noch zweimal unter dem Kreuz, um schließlich zur Pfarrkirche Sainte-Marie zurückzukehren, wo die symbolische Kreuzigung stattfindet. Ein Augenblick, in dem selbst die Menge am Straßenrand verstummt und sich der eigenartigen Stimmung auf dem Kirchplatz nicht entziehen kann, wenn das Kreuz aufgerichtet wird und sich der einzige Lichtstrahl auf den Mann mit der scharlachroten Kapuze richtet.

In Kapuze und Ketten durchlebt der Catenacciu die Stationen des Kreuzweges

Der Priester betet, stimmt nach einer uralten korsischen Melodie eine Litanei mit unzähligen Strophen an, und mit hoher, vibrierender Stimme fallen die Korsen unter den Zuschauern ein in den Refrain, der sich ständig wiederholt: »*Perdonu, mio Dio, mio Dio, perdonu, perdonu, mio Dio, perdonu, pietà*«. Die schweren Kirchentore schließen sich hinter dem Catenacciu, die Menge zerstreut sich, strömt in die Restaurants, die an diesem Abend nur Fischgerichte anbieten.

Spät in der Nacht, wenn die letzten Lichter in den schmalen, düsteren Gassen verloschen sind, wenn auch die Nachzügler unter den Einheimischen und Touristen in ihre Häuser und Hotelzimmer zurückgekehrt sind, verläßt der Catenacciu die Stadt, um unerkannt in sein Dorf, in seine Stadt oder an seinen Zufluchtsort zurückzukehren.

SERVICE

REISEPLANUNG

An- und Einreise 214
Ärztliche Vorsorge 216
Auskunft 216
Automiete. 217
Geld/Devisen 217
Gepäck/Kleidung 218
Landkarten 218
Reisezeit/Klima. 219

REISEDATEN

Auskunft vor Ort 220
Autofahren 220

Einkaufen. 221
Essen. 222
Feiertage/Feste. 223
Feuer. 223
Kinder 224
Notfälle/Konsulate 224
Presse/Radio/TV 225
Sport 225
Telefonieren/Post. 227
Unruhen 227
Unterkunft/Restaurants 228

SPRACHHILFEN

Korsisch 230
Französisch für den Alltag . . . 231

SERVICE Reiseplanung

An- und Einreise

Mit dem Auto:
Es empfiehlt sich, nach Korsika, mit dem Auto zu reisen, um auf der Insel beweglich zu sein. Für die Anreise zu den Fähren gibt es drei Hauptrouten:
- durch Österreich: von München über Innsbruck, den Brenner und Verona nach Livorno
- durch die Schweiz: von Karlsruhe über Basel, Luzern, durch den St. Gotthard-Tunnel, über Mailand nach Savona, Genua oder Livorno
- durch Frankreich: von Freiburg über Mühlhausen, Besançon, Lyon nach Marseille, Toulon oder Nizza.

Für Österreich braucht man eine Autobahnvignette, der Preis richtet sich nach der Gültigkeitsdauer. (Kleinste Einheit: 10 Tage). Es gibt sie bei Automobilclubs oder an Rasthöfen vor der Grenze. Auf der Brenner-Autobahn werden zusätzlich Mautgebühren verlangt, für die Schweiz ist in jedem Jahr eine neue Vignette erforderlich. Sie ist bei deutschen Automobilclubs oder an der Grenze erhältlich. Autobahngebühren, gestaffelt nach Fahrzeugtyp, werden auf den italienischen und französischen Autobahnen kassiert.

Für Italien ist bei Automobilclubs eine Automatenkarte (Viacard) erhältlich, mit ihr kommt man an den Zahlstellen auf der Autobahn schneller vorwärts.

SERVICE Reiseplanung

Mit der Fähre:
Von Frankreich und Italien aus gibt es verschiedene Möglichkeiten, nach Korsika überzusetzen. Die Preise richten sich nach der Größe des Fahrzeugs, in der Vor- und Nachsaison gibt es häufig Ermäßigungen. Reservierungen sind von Deutschland aus möglich und in der Hauptsaison und auch zu Beginn der Osterferien unbedingt zu empfehlen.

Die französische Fährgesellschaft **SNCM** fährt von Marseille, Nizza und Toulon. Bastia und Ajaccio werden ganzjährig angefahren. L'Ile-Rousse, Calvi und Propriano nur während der Saison. Die Überfahrt von Marseille nach Bastia dauert 10 Stunden, häufig gibt es Nachtpassagen. April-Sept. gibt es Schnellfähren auf der Route Nizza - Bastia und Nizza - Calvi. Die Überfahrt dauert dann nur 3 $^1/_2$ Stunden. Wegen der begrenzten Zahl der Plätze ist eine Reservierung unbedingt erforderlich. Bei schlechtem Wetter, vor allem bei Wind verkehren keine Schnellfähren. Fahrpläne, Preise und Buchungen bei:

SNCM
Berliner Str. 31-35
65760 Eschborn
✆ (0 61 96) 4 29 11, Fax (0 61 96) 48 30 15

Von Livorno (Italien) aus fahren die Schiffe der Linie **Corsica Marittima**, der »italienischen Tochter« der SNCM, Mitte April-Ende Sept. Sa/So nach Bastia. Mit 3 $^1/_2$ Stunden Fahrzeit sind sie die schnellsten, die Preise liegen etwas über denen der italienischen Fährgesellschaften. Fahrpläne, Preise und Buchungen über die Fährgesellschaft SNCM.

Die italienische Linie **NAVARMA** fährt März-Okt. von Livorno nach Bastia, in der Saison auch von Genua und Piombino und Porto San Stefano. Bei gleichzeitiger Buchung von Hin- und Rückfahrt gibt es je nach Datum der Rückfahrt Rabatt für das Fahrzeug. Fahrzeiten: Genua - Bastia 6 Stunden, Livorno - Bastia 4 Stunden. Generalvertretung für Deutschland:

Seetours International
Seilerstr. 23
60313 Frankfurt
✆ (0 69) 13 33-2 60, Fax (0 69) 13 33-2 18
e-mail: Seetours@t-online.de

Die italienische Linie **Corsica Ferries** fährt ganzjährig von Savona und Livorno nach Bastia, im Sommer auch nach L'Ile Rousse. Bei Buchungen am Hafen in letzter Minute gibt es Stand-By-Tarife, bei gleichzeitiger Buchung von Hin- und Rückfahrt gibt es an bestimmten Tagen 50 % Rabatt für das Fahrzeug. In der Saison verkehren mehrmals täglich Fähren zwischen Livorno und Bastia (Shuttle). Fahrzeit 4 Stunden. Zwischen Savona und Bastia werden in der Saison Expressfähren eingesetzt. Sie brauchen nur 3 Stunden, es wird ein Zuschlag verlangt und es gibt keine Rabatte. Schnellfähren verbinden April-Ende Okt. auch Nizza mit Bastia. Buchungsbüro:

Corsica & Sardinia Ferries
Georgenstr. 38
80799 München
✆ (0 89) 33 73 83, Fax (0 89) 33 85 76

Mit dem Flugzeug:
Direktflüge von Deutschland nach Korsika gibt es während der Saison als Charterreisen, ansonsten geht die Route über Nizza (Auskunft in den Reisebüros).
Französische Fluggesellschaften fliegen von Paris und Nizza aus Ajaccio, Bastia und Calvi an: Air France und Air Inter ganzjährig, TAT im Sommer. Flugzeit Paris - Bastia 1 $^1/_2$ Stunden.

Sowohl für die Durchreise durch Österreich, die Schweiz und Italien wie zur Einreise nach Korsika ist ein Personalaus-

SERVICE — Reiseplanung

weis oder Reisepaß erforderlich. Kinder brauchen einen Kinderausweis oder die Eintragung im Paß der Eltern.

Hunde müssen gegen Tollwut geimpft sein, die Impfung muß mindestens drei Monate, darf aber nicht länger als ein Jahr zurückliegen. (Über die jeweils aktuellen Bestimmungen informieren Tierärzte und Veterinärämter.)

Für den Wagen braucht man Führerschein und KFZ-Papiere, eine grüne Versicherungskarte ist nicht Pflicht, aber empfehlenswert, weil sie die Abwicklung der Formalitäten im Falle eines Unfalls erleichtert.

Für den Zoll gelten die allgemeinen EU-Bestimmungen, pro erwachsener Person dürfen 800 Zigaretten, 90 Liter Wein oder 10 Liter Spirituosen ein- oder ausgeführt werden.

Auf den Fähren gibt es Duty-free-Shops. In der Schalterhalle des Gare Maritime in Bastia ist eine Wechselstube ganztägig auch am Wochenende geöffnet. Dort erhält man auch Gebührenkarten für die öffentlichen Fernsprecher.

Ärztliche Vorsorge

Es gibt zwischen Deutschland und Frankreich ein gegenseitiges Abkommen über die Behandlung auf Krankenschein. Dafür muß man sich von der eigenen Krankenkasse einen Auslandskrankenschein ausstellen lassen. Im Krankheitsfall kann dieser bei der örtlichen Krankenkasse (*caisse primaire d'assurance maladie*), manchmal auch beim Bürgermeister (*Mairie*) in einen französischen Krankenschein (*feuille de soins d'assurance maladie*) umgetauscht werden. Die französische Krankenkasse erstattet die Kosten dann nach den dort üblichen Sätzen. Rechnungen von Ärzten, Zahnärzten und Apotheken müssen ohnehin bar bezahlt werden. Die Quittung kann dann der französischen Krankenkasse eingereicht werden oder auch – je nach Versicherungsbedingungen – der deutschen.

Weniger kompliziert ist es, vor Reiseantritt eine Reisekrankenversicherung abzuschließen.

Die Adressen deutschsprachiger Ärzte kann man in Automobilclubs erfragen.

Auskunft

Informationsmaterial für den ersten Überblick über das Reiseziel Korsika erhält man in Deutschland:

Französisches Fremdenverkehrsamt
Maison de la France
Westendstr. 47
60325 Frankfurt/M.
✆ (0 69) 97 58 01 48, Fax 01 90-59 90 61
e-mail: maison_de_france@t-online.de.
Internet: http://www.maison-de-la-france.com
Auskünfte und Broschürenversand des Fremdenverkehrsamts unter der Servicenummer ✆ 01 90-57 00 25

In Österreich:
Maison de la France
Argentinier Str. 41
A – 1040 Wien
✆ (01) 5 03 28 90, Fax (01) 5 03 28 71

In der Schweiz:
Maison de la France
Löwenstr. 59
CH – Zürich
✆ (01) 2 11 30 85, Fax (01) 2 12 16 44

Broschüren über Hotels, Campingplätze (*camping/caravaning*), Feriendörfer (*villages de vacances*), FKK-Anlagen (*naturisme*), Wohnungen auf dem Land (*gîtes rural*) und ein Heft mit nützlichen Adressen (»Korsika – praktische Informationen«) gibt heraus:

SERVICE Reiseplanung

Agence du Tourisme de la Corse
17, boulevard Du Roi Jérôme
F - 20000 Ajaccio
✆ 00 33 (0)4 95 51 77 77
Fax 00 33 (0)4 95 51 14 40
Internet: www2.sitec.fr/atc

Umfangreichere Informationen erhält man, wenn man die örtlichen Verkehrsämter anschreibt. Viele, besonders in den kleineren Orten, sind allerdings im Winter geschlossen. (Adressen auf den Info-Seiten der jeweiligen Orte.)

Automiete

Auf Korsika sind internationale Leihwagenfirmen wie zum Beispiel AVIS, Hertz, Budget, Citer, Europcar vertreten. Es ist empfehlenswert, einen Mietwagen schon zu Hause zu bestellen und auch zu bezahlen - das ist meist billiger als vor Ort. Ausnahmen sind lokale Firmen wie Corscar, Corsoto, Mattei. Büros der Autovermieter gibt es an den Flughäfen, in Bastia, Ajaccio und Calvi, sowie in einigen Badeorten.

Geld/Devisen

Das Geld für die Reise durch die Schweiz bzw. Österreich und Italien (Autobahngebühr!) sollte man schon zu Hause tauschen, ebenso die Francs für den Ankunftstag. Fast überall verfügen die Banken inzwischen über Geldautomaten, dort kann man jeweils bis zu 1400 Francs pro Aktion mit Kreditkarten, Eurocard, Euroscheckkarte vom deutschen Konto abheben. Nicht alle Banken wechseln Schecks ein. Geld gewechselt wird im Sommer häufig an Schaltern außerhalb der Geschäftsräume, weil der Andrang der Touristen von den Sicherheitsschleusen nicht zu bewältigen wäre. Muß man in die Bank, funktionieren die Eingangstüren per Knopfdruck, man muß auf das grüne Signal warten, um sie zu öffnen. In einem Zwischenraum zwischen zwei Türen muß man wieder den Knopf bedienen und auf Grün warten, ehe man in die Geschäftsräume eingelassen wird.

Euroschecks dürfen bis zu einem Höchstbetrag von 1400 Francs ausgestellt werden, oft muß der Personalausweis vorgelegt werden. Auch größere Postämter nehmen Euroschecks, wenn ein entsprechender Hinweis am Eingang steht. Sie sind, im Gegensatz zu den Banken, auch Samstagvormittag geöffnet.

Bargeld darf zwar in unbegrenzter Höhe eingeführt werden, allerdings werden hohe Gebühren für den Umtausch verlangt.

Wechselstuben (*bureaux de change* oder *change*) haben im allgemeinen noch geöffnet, wenn alle Banken längst geschlossen sind, dort ist aber das Geldwechseln teurer. Provisionsabgaben von bis zu 50 Francs pro Scheck sind üblich. Die Schecks dürfen dort nicht in Francs, sondern nur in Deutscher Mark (DM) ausgestellt werden.

Viele Hotels und Restaurants akzeptieren Euroschecks als Zahlungsmittel, aber vor allem in ländlichen Gebieten nicht alle. Es empfiehlt sich deshalb, vorher nachzufragen. Kreditkarten sind auf Korsika auf dem Vormarsch, vor allem VISA/Carte Bleue, auch Eurocard/Mastercard, seltener American Express- und DINERS-Karte. Allerdings sind in der Regel nur größere Hotels und Restaurants mit dem »Plastikgeld« vertraut.

Währung auf Korsika ist der französische Franc. Sollte man sich in einem ländlichen Metzgerladen aber darüber wundern, daß man 2000 Francs für ein Steak bezahlen soll, dann ist das kein Wucher, sondern eine Rechnung in alten Francs, die mit zwei 10-Francs-Stücken beglichen ist. Obwohl es die alten Francs seit 1960 nicht mehr gibt, wird in Korsika noch häu-

SERVICE Reiseplanung

fig mit ihnen gerechnet, nicht nur in dörflichen Läden, sondern auch bei größeren Transaktionen. Die Umrechnung in die neuen Francs ist einfach: ein alter Franc entspricht einem Centime. Sogar Zeitungen drucken bisweilen Summen in Centimes. So erklärt es sich, daß Winterstürme schon mal Schäden anrichten, die in die Milliarden gehen – alte Francs, versteht sich.

Frankreich ist unter den elf Ländern der europäischen Währungsunion, dann gilt auch in Korsika der Euro.

Gepäck/Kleidung

Bei der Auswahl der Kleidung für den Koffer sollte man sich nicht nur von der Vorstellung einer Ferieninsel in südlicher Sonne leiten lassen. Zwar sind von Mai bis in den Herbst hinein die Tage heiß und die Abende lau – das gilt aber nur für die Küsten. Sobald man ins Gebirge kommt, herrschen andere Temperaturverhältnisse: Nicht umsonst flüchten die Einwohner von Bastia und Ajaccio in den »Hundstagen« in die Sommerfrische der höhergelegenen Dörfer. Oft trennt nur eine halbe Autostunde die heißen Küsten von 800 Meter hoch gelegenen Berggegenden. Dort kann es auch mitten im Sommer nach Sonnenuntergang empfindlich kühl werden, warme Kleidung sollte man deshalb auch im Juli und August nicht vergessen. Manchmal muß man besonders in den Bergen mit heftigen Sommergewittern und Nebel rechnen. Im Frühjahr und im Herbst folgen schon – oder noch – warmen Sonnentagen oft kalte Nächte.

Auch wenn vom französischen Festland der Mistral am Meer für frischen Wind sorgt und in den Bergen die Nähe der Schneefelder und die Höhenluft erhitzte Wanderer abkühlen, sollte man auf einen Sonnenschutz nicht verzichten: Hier ist die Sonnenstrahlung besonders intensiv.

Für alle Wanderungen versteht sich festes Schuhwerk von selbst, nicht nur für Bergsteiger.

Mückenschutz sollte im Gepäck nicht fehlen. Zwar gibt es auf Korsika keine Malariamücken mehr, aber in einigen Gegenden an den Küsten etliche ihrer harmloseren Artgenossen.

Leichte Sommerkleidung fällt im Sommer, wenn die Verwandten vom »Kontinent« die Dörfer bevölkern, nicht mehr auf. Zu anderen Jahreszeiten kann es im Inselinneren allerdings passieren, daß Shorts besonders von älteren Leuten mit mißbilligenden Blicken und abfälligen Bemerkungen bedacht werden. Angemessene Kleidung wird bei Besichtigung von Kirchen erwartet.

Verboten ist überall das Nacktbaden, noch vor einigen Jahren wurden allzu freizügige Touristen dabei von erbosten Einheimischen mit Farbe bemalt. Nur in einigen FKK-Anlagen darf man alle Hüllen fallen lassen, die meisten dieser Feriendörfer und Campingplätze liegen an der Ostküste. Das Bikinioberteil kann man mittlerweile aber an allen Stränden ablegen, ohne Mißfallen zu erregen.

Waschsalons wird man häufig vergeblich suchen, selbst in den Badeorten setzt sich nur sehr zögernd die Erkenntnis durch, daß Urlauber auch mal Wäsche waschen wollen.

Korsika ist kein Eldorado für Autoknacker. Dennoch sollte man sein Gepäck besonders am Strand und in den größeren Städten nach Möglichkeit nicht unbeaufsichtigt im Wagen lassen. Im Sommer haben Diebe überall Saison – da macht auch die Insel keine Ausnahme.

Landkarten

Karten über Korsika können über den deutschen Buchhandel bestellt werden, auf der Insel sind sie in großen Schreib-

SERVICE Reiseplanung

warengeschäften erhältlich. Eine schnelle Orientierung und Übersicht ermöglicht die *Carte Michelin* Nr. 90 im Maßstab 1:200 000. Genauer und detaillierter sind die Karten der Folge *Série verte* des Institut Géographique National (IGN) Nr. 73 »Corse Nord« und Nr. 74 »Corse Sud« im Maßstab 1:100 000. Für Wanderungen sind die beiden Wanderkarten des IGN »Corse Nord« und »Corse Sud« der *Itinéraires pédestres* zu empfehlen. Nützlich für Ausflüge außerhalb der bekannten Routen und für Wanderungen sind die sehr präzisen Regionalkarten *Cartes Topographiques* im Maßstab 1:25 000 und 1:50 000. Das IGN hat sie für alle Regionen der Insel herausgegeben.

Reisezeit/Klima

Richtig »Saison« hat Korsika eigentlich nur von Mitte Juli bis Ende August während der französischen Schulferien. Dann sind die Strände voll, im Restaurant muß man manchmal auf einen freien Tisch warten, der Service leidet unter der Hektik, und die Fahrt auf den schmalen Küstenstraßen wird wegen des regen Verkehrs zum Abenteuer. Zimmer und Ferienwohnungen sind ohne Vorbestellung kaum zu haben, weil sie seit dem Vorjahr schon ausgebucht sind.

Schätzt man den freien Liegestuhl auf der Fähre und ein paar hundert Meter Strand für sich allein, dann sollte man nach Möglichkeit diese nicht nur klimatisch »heißen« sechs Wochen meiden. Andereseits ist der Sommer die hohe Zeit von Märkten, Konzerten, Ausstellungen, Festen und anderen Veranstaltungen. Zu keiner anderen Zeit präsentiert sich kulturelles Leben in Korsika so bunt, so vielfältig wie im Juli und August. Für ein paar Wochen kehrt das Leben selbst in sonst beinah verlassene Bergdörfer zurück.

Schlagartig ändert sich mit der Abreise der Verwandtschaft und der Sonnenhungrigen Anfang September das Bild. Dann gibt es überall freie Zimmer und Muße, dazu Sonnentage bis weit in den Herbst. Bis Ende Oktober ist das Meer mit 20 Grad noch warm genug zum Baden. Selbst der November hat mit durchschnittlich fünf täglichen Sonnenstunden noch schöne Tage, warm genug zum Essen auf der Terrasse. Junger Wein, reife Kastanien, Wildschweinbraten und andere herbstliche kulinarische Köstlichkeiten trösten schnell über den einen oder anderen Regenschauer hinweg.

Richtig Winter und ungemütlich wird es erst nach Weihnachten bis Ende Februar. Anfang März beginnen an der Ostküste schon die Mandelbäume zu blühen, kurz danach auch die Kirschen. Überall finden in der Karwoche Prozessionen statt, vom uralten Frühlingsritual der *granitula* aus heidnischer Zeit bis zum mittelalterlichen Bußgang in Ketten. Danach wird es richtig Frühling, der mit Durchschnittstemperaturen um 20 Grad für unsere Verhältnisse schon beinahe sommerlich ist. Manchmal erlaubt das flache Wasser an der Ostküste schon Ende April ein Bad, auf jeden Fall aber im Mai. An der windigen Westküste dauert es etwas länger, dafür ist dort LIle-Rousse der Ort mit dem wärmsten Klima der Insel.

Mit Temperaturen um 25 Grad ist der Juni schon ein Sommermonat, ehe die große Hitze im Juli und August einsetzt.

SERVICE Reisedaten

Auskunft vor Ort

Über Hotels, Veranstaltungen, Weinfeste, Märkte usw. informieren etwa 25 lokale Fremdenverkehrsbüros. Werden sie in kommunaler Regie betrieben, heißen sie *Office du/de Tourisme*, sind sie ein Zusammenschluß örtlicher Gewerbetreibender, nennen sie sich *Syndicat d'Initiative* – gelegentlich ist beides kombiniert. Die Qualität der Büros hängt weniger von ihrem Träger als von der personellen Besetzung ab. Ein schwarzes i auf weißem Grund weist den Weg zu den Verkehrsämtern. Ihre Öffnungszeiten sind unterschiedlich: Die Büros in den kleineren Orten sind nur in den Sommermonaten besetzt, die in den großen Städten arbeiten ganzjährig und während der Hochsaison oft über die offiziellen Öffnungszeiten hinaus. Das heißt, man kann dort unter Umständen auch mittags und abends Auskunft erhalten. Sie halten Stadtpläne und Hotelverzeichnisse bereit, meist auch eine kostenlose Broschüre, die über Besonderheiten der Gegend informiert. Detaillierte Beschreibungen von Sehenswürdigkeiten, Stadtgeschichte usw. können käuflich erworben werden. Adressen von regionalen Verkehrsämtern erhält man durch:

Fédération Régionale des Offices de Tourisme et Syndicats d'Initative
1, place Maréchal-Foch, B.P. 21
F – 20181 Ajaccio Cedex 1
✆ 04 95 51 53 03, Fax 04 95 51 53 01

Viele nützliche Informationen über Nordkorsika enthält die Broschüre »*Destination Haute-Corse*« (auch auf deutsch), herausgegeben vom:

Comité Départementale Du Tourisme Et Des Loisirs
11 bis, boulevard du Fango
F – 20200 Bastia
✆ 04 95 34 00 55, Fax 04 95 34 16 69

Wo es kein Verkehrsamt gibt, erhält man eventuell Auskünfte beim Bürgermeister (*Mairie*). Er verwahrt auch oft die Kirchenschlüssel für Besichtigungen oder weiß, wo sie abgeholt werden können.

Der Naturpark (Parc Naturel Régional de la Corse) unterhält fünf Informationsbüros: Aïtone, Zonza, Corte, Porte-Vecchio, Ajaccio. Die Zentrale in Ajaccio ist ganzjährig geöffnet, die anderen nur während der Sommermonate. Man erhält dort Informationsmaterial über die Aktivitäten des Parks, über Flora, Fauna und sehr genaue Beschreibungen von Wanderwegen, außerdem die Adressen von Bergführervereinigungen. Sitz der Parkverwaltung:

Parc Naturel Régional de la Corse
2, rue Major Lambrocchini B.P. 417
20184 Ajaccio Cedex 1
✆ 04 95 51 79 10, Fax 04 95 21 88 17

Bei der Planung von Wanderungen und Bootsfahrten können Auskünfte über die Wetterverhältnisse von Nutzen sein. Man erhält diese Informationen bei den Wetterämtern in Ajaccio (✆ 04 95 23 76 70), Bastia (✆ 04 95 30 09 40) und Figari (✆ 04 95 71 00 20).

Autofahren

Die korsischen Straßenverhältnisse erlauben keinen »heißen Reifen«. Obwohl die Hauptverbindungswege in den letzten Jahren ausgebaut wurden, sind noch immer viele Straßen schmal und sehr kurvenreich, mit Hindernissen muß überall gerechnet werden. Das können Schlaglöcher, entgegenkommende Busse, auf der Straße liegende Felsbrocken oder auch eine Herde von Kühen oder Schweine sein, die hinter der nächsten Biegung auftauchen. Das kann sogar hin und wieder auf den bestausgebauten Straßen der Insel,

SERVICE Reisedaten

der N 198 zwischen Casamozza und Bonifacio und der N 193 zwischen Bastia und Ajaccio und der N 1197 »Balanina« zwischen Ponte Leccia und Lozari, passieren.

Korsika ist ein »Gebirge im Meer« deshalb gibt es mit Ausnahme der flachen Ostküste überall mehr oder weniger starke Steigungen und Gefälle. Selbst wenn die Landkarte bessere Straßenverhältnisse verheißt, muß man damit rechnen, nicht schneller als mit 40 km/h vorwärtszukommen. Alles andere würde bedeuten, daß man sich auf eine »Rallye à la Tour de Corse« einläßt, die nicht umsonst von einem Aufgebot an Notärzten begleitet wird. Vor Straßenschäden warnt oft nur ein rot-weißes Absperrungsband, ein Schild *route déformé* – kaputte Straße – ersetzt lange Zeit die notwendige Reparatur. Absperrungen an Abgründen bestehen nicht aus Leitplanken, sondern aus einer kleinen Reihe von Steinbrocken. Kreuze und Gedenktafeln erinnern überall an Opfer, deren Fahrt meist wegen zu hoher Geschwindigkeit in einer Kurve oder an einem Steilhang ein jähes Ende nahm. Zur Vorsicht sollte vor jeder unübersichtlichen Kurve gehupt werden. Wer bergauf fährt, hat Vorfahrt.

Daß man dann auch tatsächlich wie erlaubt 90 km/h auf korsischen Landstraßen fahren darf, kann man also mit wenigen Ausnahmen ruhig vergessen. In Ortschaften sind 50 km/h erlaubt, wenn nicht Schilder die Geschwindigkeit noch mehr beschränken. Autofahrer werden manchmal auch in Dörfern, die nur aus drei Häusern bestehen, durch nicht angekündigte hohe Schwellen gebremst, die ohne Achsenbruch nur im Schrittempo überfahren werden können.

Autobahnen gibt es nicht, nur der Abschnitt der N 193 zwischen Bastia und dem Flughafen Bastia-Poretta ist vierspurig, die neue, gerade N 1197 durch das Tal des Ostriconi in die Balagne endet unverhofft in engen Kurven.

In Ortschaften gilt, wenn nicht anders beschildert, grundsätzlich rechts vor links. Im Kreisverkehr hat Vorfahrt, wer sich schon im Kreis befindet.

Tankstellen sind an Sonn- und Feiertagen und in der Mittagszeit häufig selbst an den Durchgangsstraßen geschlossen. Bleifreies Benzin (*sans plomb*) gibt es nur als Super, nicht als Normalbenzin. Benzin ist noch teurer als bei uns und auf dem französischen Festland.

Einkaufen

In den Supermärkten an den Durchgangsstraßen und in der Nähe von Städten und Badeorten gibt es beinahe alles, in den dörflichen Krämerläden (*epicerie*) dagegen zu etwas höheren Preisen ein kleineres Warenangebot. Dafür haben sie etwas, das mit Geld nicht zu bezahlen ist: Sie sind Treffpunkt und Informationsbörse.

Kleinere Läden haben über Mittag 12-15 oder 16 Uhr geschlossen und bleiben dann bis 19 Uhr geöffnet, Supermärkte und Läden in den Touristenorten haben ganztägig bis 20 Uhr geöffnet, im Sommer gelegentlich auch am Sonntagvormittag. Kleine dörfliche Läden, Metzgereien (*boucherie/charcuterie*), und Bäckereien (*boulangerie*) haben auch sonntags geöffnet, meist vormittags 10-12 Uhr. Dagegen steht man bei allen Bäckern und bei vielen Geschäften mit Ausnahme der Supermärkte montags vor verschlossenen Türen.

Apotheken (*pharmacie*) sind auch Samstagvormittag und -nachmittag geöffnet. Es gibt dort nicht nur Medikamente, sondern vieles, was bei uns in Drogerien erhältlich ist.

Obst und Gemüse wird an der Ostküste frisch vom Feld an Straßenständen verkauft. Landesprodukte wie Wein, Käse, Olivenöl, Kastanienmehl, korsischen Honig findet man eher in Supermärkten als in

 Reisedaten

Dorfläden, auf jeden Fall aber in Geschäften, die sich darauf spezialisiert haben (*produits de pays/artisanat*).

Auch in den Läden der Kunsthandwerkervereinigung CORSICADA, »Casa di l'Artigiani«, und in den Geschäften »Casa Paesana« gibt es neben Körben, Schnitzereien aus Kastanien- und Olivenholz, Webarbeiten, Keramik und anderen Andenken auch Landesprodukte.

Korsische Musik erhält man in Fachgeschäften mit Platte, CD und Kassette. Kassetten korsischer Gruppen verkaufen auch Andenkenläden und manchmal große Tankstellen.

Bücher über Land und Leute kauft man am besten in einer Buchhandlung (*librairie*) oder im Schreibwaren- und Zeitungsgeschäft (*maison de presse*).

Essen

Die korsische Küche nahm in den Restaurants lange einen Platz am »Katzentisch« ein. Zu Unrecht! Sie ist nicht raffiniert, dafür einfach und herzhaft, setzt absolut auf frische Zutaten und kann mit etlichen Spezialitäten aufwarten, die sich wie in jeder ländlichen Küche nach der Jahreszeit richten. Mittlerweile besinnen sich die Küchenchefs der Restaurants mehr und mehr auf die kulinarischen Schätze der Insel, und fast überall steht auf der Speisekarte ein »*Menu corse*«. Einige zeigen sich experimentierfreudig und bieten leichte, kreative Kombinationen aus französischer und korsischer Küche an.

Die Hauptmahlzeit nimmt man in Korsika mittags ein, am Abend kommt in den Familien mit der Gemüsesuppe noch einmal ein warmes Essen auf den Tisch. Längst haben sich aber die Restaurants auf den Geschmack der Urlauber eingestellt, die tagsüber lieber die Gegend erforschen und die Strände belagern, und bieten auch am Abend die komplette Speisekarte an.

Einige Restaurants in den Touristenorten schließen im Sommer während der Mittagszeit sogar ganz.

Immer ist ein Essen auf Korsika eine ausführliche Angelegenheit, die Zeit braucht: Drei bis vier Gänge gehören zu jedem Menü. Als Vorspeise wird oft *charcuterie Corse* serviert, geräucherte Würste und Schinken, an der Küste die Fischsuppe *aziminu*, die mit geröstetem Brot, Knoblauch und einer scharfen Mayonnaise gegessen wird. Manchmal gibt es auch die gehaltvolle *soupe Corse*, die Gemüsesuppe, als ersten Gang.

Das Hauptgericht richtet sich je nach Geschmack und Saison. Im Sommer ist Fisch rund um die Küsten der Insel Trumpf, besonders begehrt sind Langusten, die an den Felsenküsten gefangen werden. Im Inneren kommt Kaninchen oder Kalbfleisch auf den Tisch. Es stammt von freilaufenden Tieren, die eine Hormonspritze mit Sicherheit nicht einmal von weitem gesehen haben. Zicklein und Lamm gibt es vor allem vom Herbst bis zum Frühjahr, zur Jagdzeit kommen Wildgerichte dazu.

Korsischer Schafs- oder Ziegenkäse bildet den Abschluß, manchmal gibt es statt dessen – oder zusätzlich – einen Nachtisch aus süßem Gebäck, bei dem gern Kastanienmehl oder *brocciu* verwendet wird, oft auch einen Korb mit frischem Obst.

Ein starker, schwarzer Kaffee, manchmal mit einem Schuß Schnaps (*aqua vita oder eau-de-vie*), weckt nach dem üppigen Mahl, das wenigstens zwei Stunden in Anspruch nimmt, die Lebensgeister für den Nachmittag oder für weitere Unternehmungen des Abends.

Wer es weniger opulent liebt, kann sich mit dem *plat du jour* ein meist preiswertes Tagesgericht ohne Vor- und Nachspeise bestellen.

So üppig – bis auf wenige Ausnahmen – ein korsisches Menü am Mittag oder Abend auch ist, so dürftig ist oft das Früh-

SERVICE Reisedaten

stück: eine Tasse Kaffee, ein Klecks Marmelade, ein bißchen altbackenes Brot. Korsen sind Frühstücksmuffel, die sich selbst oft nur auf einen Kaffee beschränken. Im Hotel sollte man sich deshalb vorher nach der Beschaffenheit des Frühstücks erkundigen und falls man von den Aussichten nicht begeistert ist, lieber den Morgenkaffee mit frischen *croissants* in einem Café einnehmen.

Feiertage/Feste

Nicht gearbeitet wird in Korsika am 1. Januar, an den beiden Ostertagen, am 1. Mai, Christi Himmelfahrt, Allerheiligen, am 11. November und am 1. Weihnachtstag.

In der Karwoche finden zahlreiche Prozessionen statt, der Karfreitag ist dennoch ein normaler Arbeitstag ebenso wie der Heiligabend.

Obwohl arbeitsfrei, wird der 14. Juli als Nationalfeiertag zur Erinnerung an die Erstürmung der Bastille 1789 in Korsika nur mit mäßiger Begeisterung begangen. Zwar gibt es offizielle Feiern, spärliche Feuerwerke werden aber hauptsächlich von und für Festlandfranzosen veranstaltet.

Am 15. August, dem Geburtstag Napoleons, erreicht in der kaiserlichen Geburtsstadt Ajaccio die Begeisterung für den »großen Sohn« alljährlich ihren Höhepunkt.

Am 8. September werden Wallfahrten und Feste an den Orten der Marienverehrung veranstaltet: so in Casamaccioli, in Lavasina und in Calvi (Notre-Dame-de-la-Serra).

Vor Allerheiligen werden an den Straßen Chrysanthemen für die Gräber verkauft, und in der Dunkelheit leuchten überall auf den Friedhöfen Hunderte von Kerzen. Die Straßen von den Dörfern in die Städte sind von Autoschlangen heimkehrender Korsen verstopft, die die Gräber ihrer Angehörigen in den Dörfern besucht haben.

Am 11. November feiert ganz Frankreich mit Kranzniederlegungen an den Kriegerdenkmälern den Waffenstillstandstag von 1918 (*armistice*).

Weihnachten begeht man *en famille* mit einem Essen – wenn es noch warm genug ist – auf der Terrasse. In manchen Orten wird auf dem Kirchplatz ein Feuer aus Wurzeln und Baumstubben (*búches*) angezündet.

Paradiesische Zustände herrschen für Karnevalsjecken: Das ganze Jahr über wird irgendwo Karneval gefeiert, wenn eine Schule, eine Stadt, ein Dorf Lust auf Mummenschanz und Ausgelassenheit hat.

Feiertage können mit dem darauffolgenden Wochenende zu einem *pont* verschmolzen werden, dann ist an den dazwischenliegenden Werktagen alles, von der Schule bis zu Behörden, geschlossen.

Im Juli/August finden überall auf der Insel zahlreiche Musikfestivals, Märkte, Wein- und Lichterfeste statt. Auskunft erteilen die örtlichen Fremdenverkehrsbüros.

Feuer

Alljährlich werden auf der Insel Tausende Hektar Wald und Gebüsch ein Raub der Flammen. Es brennt hauptsächlich im Sommer, in trockenen Jahren auch schon im Frühjahr und noch im Herbst. Ursache sind meist Brandstiftungen, aber auch schlecht bewachte Rodungsfeuer. In der harzigen, ausgetrockneten Macchia hat schon ein Funken, ja, sogar der Sonnenreflex einer weggeworfenen Glasflasche verheerende Folgen. Deshalb ist das wilde Campen auf ganz Korsika streng verboten, natürlich auch offenes Feuer. Patrouillen der Polizei und Feuerwehr führen strenge Kontrollen durch.

Wenn es brennt, sollte man das betroffene Gebiet weiträumig umfahren und nicht die Zufahrtswege der Feuerwehr

SERVICE Reisedaten

blockieren. Ausrichten können die Männer mit den Löschfahrzeugen oft nicht viel, weil an den umwegsamen Hängen Hydranten fehlen und der Wasservorrat der Wagen nur klein ist. Sie beschränken sich darauf, Dörfer zu schützen und das Überspringen des Brandes über Straßen zu verhindern. Über großen Flächenbränden, die manchmal tagelang wüten, werfen Löschflugzeuge ihre tonnenschwere Last aus Meerwasser ab. Besondere Vorsicht ist an Tagen geboten, an denen der starke Westwind *Libecciu* weht. Bei einer Wanderung oder Fahrt durch Waldgebiet sollte man immer auf Brandgeruch und Rauchwolken achten.

Kinder

Korsen sind im allgemeinen recht kinderfreundlich, auch wenn sie die eigenen Kinder strenger zu Sauberkeit und Ordnung erziehen, als das bei uns gewöhnlich der Fall ist.

In den Hotels wird meist ohne große Umstände gegen geringen Aufpreis ein drittes (Kinder-)Bett ins Doppelzimmer geschoben. Kinderstühle wird man dagegen in Restaurants vergeblich suchen, auch Wickelräume gibt es nirgends.

Niemand wundert sich darüber, wenn im Sommer Kinder bis spät in die Nacht mit den Eltern essen gehen oder einen abendlichen Bummel unternehmen – die mittägliche *siesta* macht den entgangenen Schlaf wieder wett.

Spielplätze findet man nur in Feriendörfern, dort gibt es auch Animationsprogramme, die auf die kleinen Gäste abgestimmt sind.

Ideal zum Baden für Kinder sind die langen Sandstrände und das flache Wasser der Ostküste.

Vom Besichtigungsprogramm sollte man im Interesse beider Seiten Abstriche machen und einige Routen verkürzen, weil die Tagesetappen besonders bei sommerlicher Hitze sonst zu anstrengend sind.

Notfälle/Konsulate

Gebührenfreie **Notrufnummern:**
Polizei (*police/gendarmerie*) ✆ 17
Feuerwehr (*pompiers*) ✆ 18
Ambulanz ✆ 15

Weitere **Notdienste:**
Seenotrettung ✆ 04 95 22 51 91
Tauchunfälle ✆ 04 95 20 13 63
Giftzentrale ✆ 04 95 20 13 63
Bergrettung ✆ 04 95 23 30 31

Den ärztlichen und zahnärztlichen Notdienst findet man unter der Rubrik *blocknotes* in den Tageszeitungen *Corse-Matin* und *La Corse*. Krankenwagen bestellt man nicht über die Krankenhäuser, sondern direkt:
Bastia ✆ 04 95 31 64 23
Ajaccio ✆ 04 95 21 08 28
Calvi ✆ 04 95 65 11 91
Porto-Vecchio ✆ 04 95 70 13 18
Sartène ✆ 04 95 77 02 34
Bonifacio ✆ 04 95 73 08 94

Bei Diebstählen und Verlust der Papiere wendet man sich an die zuständige Polizei (*gendarmerie nationale*) und an die diplomatischen Vertretungen:

Konsulat der Bundesrepublik Deutschland
Zone Industrielle
20600 Furiani (südl. von Bastia)
✆ 04 95 33 03 56, Fax 04 95 33 88 89

Konsulat der Republik Österreich
Hôtel Consulaire
Quai L'Herminier
20000 Ajaccio
✆ 04 95 51 55 55

SERVICE Reisedaten

Konsulat der Schweiz
Immeuble le Cactus
Parc Berthault
20000 Ajaccio
✆ 04 95 21 19 46

Presse/Radio/TV

Täglich erscheint *Corse-Matin*, die korsische Regionalausgabe des liberal-konservativen französischen *Nice-Matin* in einer Auflage von rund 40 000 Exemplaren. Mit einer Auflage von rund 12 000 Exemplaren wird *La Corse*, der »Ableger« des linksorientierten *Le Provençal*, weniger gelesen als die Konkurrentin. Beide informieren über nationale und internationale Ereignisse und in einem Lokalteil über das Geschehen auf der Insel. Wetterbericht, Ankunfts- und Abfahrtszeiten von Schiffen, Eisenbahnen sowie Rufnummern verschiedener Notdienste sind ebenfalls zu finden. Sie sind überall auf der Insel erhältlich, auch im dörflichen Krämerladen oder am Bäckerwagen.

Außerdem gibt es verschiedene Broschüren, die lokalpolitisch und oft nationalistisch ausgerichtet sind.

Überregionale französische Zeitungen wie *France-Soir, Le Figaro, Le Monde* und Zeitschriften wie *Paris-Match, Journal du Dimanche, Elle* gibt es nur in den Geschäften und Kiosken größerer Orte (*presse*). Dort und in Touristenorten gibt es vor allem während der Sommermonate auch bekannte deutsche Tageszeitungen und Zeitschriften zu kaufen.

Neben einigen lokalen Rundfunksendern, die regionale Nachrichten und korsische Musik ausstrahlen, kann man eine Reihe von französischen Programmen empfangen. Frequenzen findet man beim Programm in den Tageszeitungen. Für den Empfang von deutschen Sendern sind die frühen Morgen- und die späten Abendstunden am günstigsten.

Über Fernsehprogramme kann man sich in Rundfunkzeitungen, Tageszeitungen und ihren Wochenbeilagen informieren. Es gibt die Sender TF 1, A 2, FR 3, La Cinque, außerdem M 6 und Canal +. Die Sender TF 1 und A 2 bringen um 19.15 Uhr regionale Nachrichten und um 20 Uhr internationale.

Hotelzimmer der gehobenen Preisklasse sind im allgemeinen mit Fernsehgeräten ausgestattet. Wer keines auf dem Zimmer hat, muß auf große internationale Sportereignisse, besonders Fußballmeisterschaften, nicht verzichten: Die meisten Bars stellen an diesen Abenden ein Gerät für ihre Gäste auf.

Sport

Bergsteigen und Wandern:
Hoch hinaus geht es beim Bergsteigen und Klettern. Mit 50 Gipfeln, die höher sind als 2 000 Meter, ist die Insel ein Paradies für Alpinisten. Auskünfte:

Comité Régional De Randonnée Montagne Et Escalade
Mme. Coutelle
Parc Fiorella bt B, residence Santa Lina
20000 Ajaccio
✆ 04 95 52 00 56

Wanderer finden in Korsika vor allem im Naturpark ein Netz von markierten Wegen, die einzelne Regionen an der Küste oder im Inselinneren erschließen. Vier mehrtägige Weitwanderwege sind auch von wenig Geübten zu bewältigen, die 14 Etappen des alpinen GR 20 (*grande randonnée*) von Calenzana nach Porto-Vecchio sollte man dagegen lieber nur trainierten Bergwanderern überlassen. Informationen über Wandermöglichkeiten hält das Info-Büro des »Parc Naturel Régional de la Corse« bereit (Adresse s. S. 220 »Auskunft vor Ort«).

 **Reisedaten**

Flugsport:
In die Luft gehen kann man u. a. bei den Aéroclubs an den Flughäfen:
von Bastia (✆ 04 95 36 03 83), Ajaccio (✆ 04 95 22 35 00, Fax 04 95 20 72 97), Calvi (✆ 04 95 65 02 97) und Figari (✆ 04 95 71 00 44).

Meer und Berge bieten ausgezeichenete Bedingungen zum Gleitschirmfliegen. Schulen und Clubs findet man u. a. in Ajaccio, L'Ile Rousse, St.-Florent, Calacuccia, Cervione, Calvi, Canari, auf dem Cap Corse und in Evisa bei Porto. Adressen:

Ligue Corse De Vole Libre
Lieu dit A Pianella
20224 Calacuccia
✆ 04 95 48 04 43

Fußball:
Für Zuschauer kann ein Fußballspiel des Inselfavoriten Bastia zum Erlebnis korsischen Temperamentes werden: Fußball ist auf der Insel die beliebteste Sportart.

Radfahren:
Obwohl es steil bergauf und bergab geht, wird Fahrradfahren auf Korsika immer beliebter – bei Urlaubern, nicht bei Korsen. Fahrräder, auch Mountainbikes kann man in vielen Urlaubsorten für einen oder mehrere Tage mieten, z. B. bei:

Vivre la Corse en velo
Residence Napoléon
22, cours du Général-Leclerc
20000 Ajaccio
✆ 04 95 21 96 94

Reiten:
Gemächlicher geht es bei Ausflügen auf Pferderücken zu, die an vielen Orten von Reiterhöfen angeboten werden. Das Angebot reicht von einstündigen Ausritten am Strand bis zu mehrtägigen Wanderritten durch die Kastanienwälder der Castagniccia oder in die Felsregionen am Bavella-Paß. Es gibt zahlreiche Reiterhöfe auf der Insel, so z. B. in Propriano, Sartène, Ajaccio, L'Ile Rousse, Corte, Monticello in der Balagne und Croce in der Castagniccia. Adressen gibt es bei:

Association Régionale Tourisme Équestre Corse (A.R.T.E.C.)
7, rue Colonel Ferraci, B.P. 58
20250 Corte
✆ 04 95 46 31 74

Wassersport:
Wasser, Wind, Wälder und Berge eröffnen eine Vielzahl von Sportmöglichkeiten. Für Surfer und Segler weht oft eine kräftige Brise. Vermieter von Brettern und Booten sowie Surf- und Segelschulen gibt es in fast allen größeren Küstenorten: L'Ile-Rousse, St.-Florent, Calvi, Ajaccio, Propriano, Bonifacio, Porto-Vecchio und an vielen Stränden entlang der Ostküste. Auskünfte erteilt:

Fédération Française de Voile – Ligue Corse de Voile
Port de la Citadelle
2000 Ajaccio
✆ 04 95 21 07 79, Fax 04 95 21 38 41

Klares Wasser und eine abwechslungsreiche Flora und Fauna unter der Meeresoberfläche bieten ideale Voraussetzungen zum Tauchen. Besonders interessant ist die felsige Westküste. Es gibt zahlreiche Tauchclubs, so z. B. in Ajaccio, Bonifacio, Porticcio, Porto, Propriano, Sagone und in Porto-Vecchio und Solenzara an der Ostküste. Adressen erhält man durch:

Fédération Française D'Études Et De Sports Sousmarin Comité Regional Corse
Lotissement Castellacio imm. Bardeglinu
M. Jean Escales
20220 L'Ile Rousse
✆ 04 95 60 39 39

SERVICE Reisedaten

Wasser hat von den schneebedeckten Gipfeln der Zweitausender überall auf Korsika einen kurzen, steilen Weg zum Meer. Überall schwellen deshalb im Frühling Bäche und Flüsse zu reißenden Wildwassern an. April und Mai sind für Geübte die hohe Zeit der Wildwasserfahrten auf Golo, Tavignano, Taravo und anderen Flüssen. Im Frühjahr finden internationale Kanurennen statt. Auskünfte erteilen:

Comité Régional Corse de Kayak
Suralta Vecchia
20129 Bastelicaccia
✆ 04 95 23 80 00, Fax 04 95 23 80 96

Deutscher Kanuverband
Berta-Allee 8
47055 Duisburg
✆ (02 03) 7 29 65

Wintersport:
Für Freunde des Skilanglaufs oder des Ski alpin lohnt es sich, in den Wintermonaten die Bretter einzupacken: Wintersportzentren mit Loipen und zum Teil Liften gibt es in Haut-Asco, am Verghio-Paß, in Ghisoni, Bastelica, Zicavo, Quenza und Soccia.

Telefonieren/Post

Briefmarken gibt es in den Postämtern (P.T.T.), hin und wieder auch in Tabakläden.

Fast in jeder Bar steht ein Münzfernsprecher. Telefonzellen stehen in jedem Dorf und an den Hauptverkehrsstraßen, sie erlauben Gespräche ins Ausland. Viele öffentliche Fernsprecher sind allerdings außer Betrieb, dann hilft ein Gang zur Telefonkabine im nächsten Postamt. Dort kann man das Gespräch am Schalter bezahlen. Zum Telefonieren braucht man eine Telefonkarte (*télécarte*), die für 40, 50 oder 100 Einheiten reicht. Der verbrauchte Betrag wird abgebucht. Kaufen kann man die Telefonkarten an Postämtern, in Zeitungs- und Tabakläden. Selten findet man auf dem Land noch Münztelefone, man braucht dann 1-, 2- oder 5-Francsstücke. In allen Telefonzellen mit dem Symbol der läutenden Glocke kann man sich zurückrufen lassen: Die Nummer ist in der Kabine aufgeschrieben. Für Auslandsgespräche gilt zwischen 21.30 Uhr und 8 Uhr morgens ein »Mondscheintarif«, außerdem am Wochenende von Sa 14 Uhr bis Mo 8 Uhr. Die Gebühren sind zu diesen Zeiten um ein Drittel niedriger.

Gespräche innerhalb der Insel brauchen immer die Vorwahl 04 95. Handelt es sich um ein Gespräch außerhalb des Ortsnetzes, ertönt ein auf- und abschwellender Summton, ehe die Verbindung zustande kommt.

Von Deutschland aus wählt man als Vorwahl 00 33. Alle korsischen Nummern beginnen mit der 4 95. Will man von Korsika ins Ausland telefonieren, wählt man zuerst 19, wartet dann den Summton ab, wählt dann erst die 49 für Deutschland (43 für Österreich, 41 für die Schweiz) und sofort danach die Ortsvorwahl ohne Null und die Rufnummer des Teilnehmers. Verbindungen kommen meist sofort und problemlos zustande.

Länger muß man dagegen auf Briefe oder Päckchen warten, sie sind mindestens einige Tage, manchmal auch länger unterwegs. Auch die Luftpost ist nicht unbedingt schneller. Die Briefkästen sind gelb, an den großen Postämtern wird schon beim Briefeinwurf nach Inlands- und Auslandssendungen getrennt.

Unruhen

Hin und wieder berichten Presse und Fernsehen über Brandanschläge und Bombenattentate auf Korsika. Ein Grund für Urlauber, sich Sorgen um ihre Sicherheit zu machen? Im allgemeinen nicht. Es handelt sich dabei meist um Aktionen der nationalistischen Untergrundorganisation FLNC oder radikaler Splittergruppen. Immobilienspekulationen gaben einige Male Anlaß für Attentate. Man will eine Verbauung der Küsten wie auf den Balearen verhindern. Die Anschläge richten sich ausschließlich gegen Gebäude, bisher nie gegen Menschen, die gegebenenfalls rechtzeitig gewarnt oder weggebracht wurden. Die Nationalisten betonen immer wieder, daß sie nichts gegen die Touristen selbst haben, sondern nur gegen Leute - und Konzerne - vorgehen, die mit zum Teil illegalen Mitteln ihr Geschäft mit dem Ausverkauf der Sonneninsel auf Kosten der einheimischen Bevölkerung machen wollen. Attentate werden deshalb kaum während der Sommermonate, sondern, wenn überhaupt, verübt, wenn die meisten Urlauber die Insel verlassen haben. Nicht alle Anschläge sind politisch motiviert und gehen auf das Konto der FLNC. Viele sind persönliche Racheakte oder Erpressungen und richten sich gegen Fahrzeuge und Wohnungen von Kontinentalfranzosen oder Korsen - Touristen sind von diesen inneren Auseinandersetzungen und Abrechnungen zwischen verschiedenen Gruppen nicht betroffen.

Eher schonmal von einem Streik, der Post, Handel oder die französischen Fähren blockiert. Oft handelt es sich nicht nur um einen Tarifkonflikt, sondern politische Forderungen der Korsen an das »Mutterland« spielen dabei eine große Rolle. Italienische Schiffahrtslinien haben meist freie Fahrt.

Unterkunft/Restaurants

Hotels:
Hatte man früher auf Korsika Mühe, außerhalb der beiden großen Städte und einiger weniger Badeorte ein ordentliches Hotel zu finden, so hat sich das inzwischen gründlich geändert. Zumindest an den Küsten, zum Teil aber auch im Inneren sind neue Hotels entstanden, manchmal wurden alte Klöster oder Herrensitze zu stilvollen Herbergen mit modernem Komfort umgebaut, wurden malerische alte Häuser renoviert oder im typischen Stil der Landschaft neu gebaut.

Die amtlichen Kategorien mit ein bis vier Sternen sind manchmal irreführend: Vielleicht wurde inzwischen modernisiert, der Besitzer hat gewechselt - oder ruht sich auf seinen Lorbeeren aus. Der Empfang in einem Ein-Sterne-Haus kann freundlicher und die *patronne* mehr auf das Wohl des Gastes bedacht sein, als das ein in der Saison überfordertes Personal eines großen Drei-Sterne-Hotels zu leisten vermag. Das kleine Hotel mit atemberaubender Aussicht muß nicht unbedingt schlechter sein als der Neubau mit Swimmingpool, Telefon und Fernsehen auf dem Zimmer.

Wer perfekten Service erwartet, wird manchmal Abstriche machen müssen - Korsika ist ein Reiseziel für Individualisten, und das Hotelgewerbe hat hier und da noch nicht die Professionalität »älterer« Urlaubsregionen, aber auch hier hat sich in der jüngsten Zeit viel getan. Neue, ausgezeichnete Häuser sind entstanden, viele verfügen über einen Swimmingpool, andere bieten verschiedene Freizeitaktivitäten vom Wildwasserfahren bis Gleitschirmfliegen an, und nach und nach übernimmt eine junge Generation das Management, die sich im Service an internationalen Qualitätsstandards orientiert und sie mit alten Traditionen verknüpft.

In der Hochsaison ist es empfehlenswert, das Zimmer vorzubestellen. Reist man im Frühjahr oder Herbst, findet man auch unangemeldet Platz, besser ist es jedoch, sich durch einen Anruf zu vergewissern, ob das Hotel schon - oder noch - geöffnet ist. Die Öffnungsperiode kann sich von Jahr zu Jahr ändern. Die meisten Hotels sind im Winter geschlossen. Ausnahmen

SERVICE Reisedaten

bilden die Hotels in den Städten. Ist alles belegt, helfen die örtlichen Verkehrsämter weiter (Adressen s. grüne Info-Seiten zu den einzelnen Routen).

Einzelzimmer gibt kaum zu finden, fast alle Hotels verfügen ausschließlich über Doppelzimmer meist mit einem breiten *grand lit*, seltener mit zwei Betten (*deux lits*). Die Preise in diesem Buch beziehen sich deshalb jeweils auf ein Zimmer für zwei Personen. In Vor- und Nachsaison kann man überall mit Preisnachlässen rechnen, außerdem gibt es in vielen Hotels Unterschiede je nach Ausstattung der Zimmer, an der Küste auch nach Lage des Zimmers auf der Rückseite oder Meerseite des Hotels. In diesem Buch wurden Hauptsaisonpreise zugrunde gelegt. Folgende Preiskategorien wurden zusammengefaßt:

F   - 100 bis 350 Francs
FF   - 300 bis 600 Francs
FFF - 400 bis 850 Francs
FFFF - 700 bis 2 000 Francs

Tip: In die Steckdosen passen nur Flachstecker!

Camping:
Es gibt auf der Insel eine Reihe guter Campingplätze, die auch in deutschen Camping-Führern verzeichnet sind. Außerhalb dieser Plätze ist das Campen auch für Wohnmobile strikt verboten. Sucht man dennoch einmal einen Stellplatz in einer einsamen Gegend an der Küste oder im Inselinneren, sollte man sich an den örtlichen Bürgermeister wenden.

Bars:
Eine Bar ist in Korsika kein Nachtlokal, sondern eine Mischung aus Café und Kneipe, die zur Zeit vor dem Mittagessen und besonders vor dem Abendessen zum Anziehungspunkt für die männliche Bevölkerung wird. Man trifft sich zum Pastis, einem Apéritif aus Anis, und diskutiert über die Jagd oder die Politik, die Nachbarn oder die Urlauber. Korsinnen betreten die Männerbastionen selten, Frauen werden dennoch nicht schief angeschaut und auf gar keinen Fall angepöbelt, wenn sie eine Bar besuchen. Oft werden Fremde herzlich aufgenommen, wenn sie nur bereit sind, am Gespräch teilzunehmen, etwas von ihrem Woher und Wohin zu erzählen und - wie alle hier - ein paar Francs für eine Runde auszugeben.

Restaurants:
Die meisten Restaurants, die in der Regel 12-14 Uhr und abends ab 20 Uhr geöffnet sind, bieten ein oder mehrere Menüs mit drei Gängen an, außerdem kann man - teurer - *à la carte* speisen. Die Preise in diesem Buch geben einen Rahmen für eine komplette Mahlzeit mit Vorspeise, Hauptgericht und Nachtisch an. Einzelne, aus dem Rahmen fallende Gerichte wurden dabei nicht berücksichtigt. Getränke sind nicht enthalten. Folgende Preiskategorien wurden unterschieden:

F   - unter 100 Francs
FF   - 80 bis 150 Francs
FFF - 150 bis 350 Francs
FFFF - über 350 Francs

Trinkgeld ist schon im Endbetrag enthalten, wenn die Rechnung oder die Preise auf der Speisekarte den Vermerk *service compris* tragen. Ansonsten hält man es damit genau wie bei uns: je nach Zufriedenheit kann man den Betrag aufrunden. Die Rechnung wird auf einem kleinen Teller serviert. Dort deponiert man das Geld, der Kellner nimmt beides mit und bringt das Wechselgeld auf dem Tellerchen zurück. Will man ein Trinkgeld geben, läßt man es auf diesem Teller liegen. Auf keinen Fall steckt man es der Bedienung zu. Auch den Kaffee oder eine Portion Eis im Straßencafé bezahlt man auf diese Weise.

SERVICE — Reisedaten

Wein:
Den größten Teil ihrer Weine trinken die Korsen selbst. Sie wissen, warum! Zu Unrecht ist der korsische Wein in Deutschland kaum bekannt, eher schon auf dem französischen Festland. Acht Weinbauregionen genügen den strengen Anforderungen der A.O.C. (*Appellation d'Origine Contrôlée*). Die Phase, als industrielle Massenproduktion an der Ostküste alte Rebsorten und traditionelle Anbauweisen verdrängte, ist vorüber. Heute setzen die Winzer wieder auf die eingeführten Rebsorten wie »Malvoisier«, »Nielucciu«, »Scacciarellu«, »Aléatico« und »Muscat« aus denen Rot-, Weiß-, Rosé- und Dessertweine gekeltert werden. Ein braunes Schild mit einem rebenbekränzten Mohrenkopf weist auf Weinbaugebiete hin, »seinen« Winzer kann man dann selbst finden.

Über die Insel hinaus sind die Weine von Patrimonio berühmt. Auf dem Cap Corse gibt es fruchtige, trockene Weine, die gut zu Fisch passen (z. B. »Domaine Peretti«). Von der Sonne der Balagne profitieren ihre Weine (z. B. »Clos Reginu«), in Ajaccio trinkt man gern den »Vermentinu«, in Sartène milde Rotweine (»Santa Barba« oder »Fiumiccicoli«). Die Gegend unterhalb des L'Omo di Cagna bei Figari gehört zu den ältesten Weinbaugebieten Korsikas: Dort wuchsen schon 340 v. Chr. Reben. Die Weine der Ostküste sind inzwischen vielfach besser als ihr Ruf, und mancher »Wein des Hauses« im offenen Schoppen steht den berühmten Namen kaum nach.

SERVICE — Sprachhilfen

Korsisch

A lingua nustrale – unsere Sprache – nennen die Korsen die eigentliche Sprache der Insel, das Korsische. Es ist kein Dialekt, sondern eine eigenständige Sprache. Am meisten Ähnlichkeit hat es noch mit dem Italienischen, mit dem es den Ursprung im Lateinischen gemeinsam hat. Einflüsse des Toskanischen aus der langen Herrschaftszeit von Pisanern und Genuesen sind unverkennbar.

Französisch wird auf Korsika dagegen erst seit rund 200 Jahren gesprochen – offiziell und als Amtssprache. Kurz nach ihrer Eroberung der Insel verboten die Franzosen die korsische Sprache. Noch 1951 wurde sie nicht einmal als Regionalsprache anerkannt, in den Schulen durften die Kinder bis 1974 nur Französisch sprechen. Seitdem kann zwei Stunden in der Woche Korsisch unterrichtet werden, falls der Lehrer oder die Lehrerin dazu bereit und in der Lage ist.

Trotz vielfältiger Unterdrückung ist das Korsische dennoch die eigentliche Muttersprache der Insulaner geblieben, vor allem in den Dörfern. Nur in Ajaccio, Bastia und in den Touristenorten hört man mehr Französisch als Korsisch. Mit dem neuerwachten Bewußtsein der korsischen Identität in den 70er Jahren erlebte die korsische Sprache eine Renaissance bei den jungen Leuten. Viele Korsen fordern, den Unterricht in den Schulen zweisprachig zu gestalten. An Ämter und Behörden soll man sich in beiden Sprachen wenden dürfen – bisher wandern Anträge, die in korsischer Sprache gestellt werden, in den Papierkorb.

Die Erfolge der Forderungen sind noch mäßig: Hier und da werden neue zweisprachige Orts- oder Hinweisschilder aufgestellt, auch das karthographische Institut IGN widmet auf Landkarten den alten

SERVICE Sprachhilfen

Namen neuerdings mehr Aufmerksamkeit. Vorerst überwiegen allerdings die französischen Bezeichnungen. Um keine Verwirrung zu stiften, wurden sie deshalb in diesem Buch verwendet, korsische Ortsnamen wurden in Klammern hinzugefügt.

Wenig Aussichten bestehen bisher, daß die korsischen Forderungen nach offizieller Zweisprachigkeit erfüllt werden: Die französische Verfassung kennt nur eine Nationalsprache. Vom Urlauber wird nicht erwartet, daß er auch nur ein Wort Korsisch kennt, allerdings wird Italienisch wegen seiner Ähnlichkeit mit dem Korsischen fast überall verstanden. Selbst in größeren Orten muß man damit rechnen, daß weder Deutsch noch Englisch gesprochen wird. Einige Wörter und Redewendungen auf Französisch sollte man deshalb schon beherrschen, wenn man sich auf die Reise nach Korsika begibt.

Französisch für den Alltag

Wichtige Ausdrücke:

Herr	– *monsieur*
Frau	– *madame*
Fräulein	– *mademoiselle*
guten Morgen/ guten Tag	– *bonjour*
guten Abend	– *bonsoir*
gute Nacht	– *bonne nuit*
auf Wiedersehen	– *au revoir*
schönen Tag/ Abend	– *bonne journée!/ soirée!*
danke	– *merci*
bitte	– *s'il vous plaît*
wie geht's?	– *ça va?/comment allez-vous?*
sehr gut	– *très bien*
schlecht	– *mal*
ja	– *oui*
nein	– *non*
Entschuldigung!	– *pardon!*
ich bin Deutscher/Deutsche	– *je suis allemand/ allemande*
ich spreche kein Französisch	– *je ne parle pas français*
wieviel Uhr ist es?	– *quelle heure est-il?*
heute	– *aujourd'hui*
gestern	– *hier*
morgen	– *demain*
rechts	– *à droite*
links	– *à gauche*

Hotel:

ich hätte gern ein Zimmer	– *je voudrais bien une chambre*
mit Doppelbett	– *avec grand lit*
mit zwei Einzelbetten	– *avec deux lits*
Zusatzbett	– *lit supplémentaire*
mit Bad	– *avec salle de bain*
mit Dusche	– *avec douche*
Frühstück	– *petit déjeuner*
Halbpension	– *demi-pension*
was kostet das Zimmer?	– *combien me coûterait la chambre?*
der Preis	– *le prix*
der Schlüssel	– *la clé*
für eine Nacht	– *pour une nuit*
Blick aufs Meer	– *vue mer*
ich möchte ein Zimmer/Tisch vorbestellen	– *j'aimerais retenir une chambre/ une table*

Café/Restaurant:

Hörnchen	– *croissant*
Schokoladenhörnchen	– *pain au chocolat*
Stangenweißbrot	– *baguette*
Roggenbrot	– *pain de seigle*
Butter	– *beurre*
Marmelade	– *confiture*
Kaffee (mit Milch)	– *café (au lait)*
Tee	– *thé*
Ei	– *œuf*
Mittagessen	– *déjeuner*
Herr Ober/ Bedienung	– *Monsieur!/Mademoiselle!*
die Speisekarte	– *la carte*
komplette Mahlzeit	– *menu*

SERVICE — Sprachhilfen

Vorspeise	l'entrée/Hors d'œuvre
Hauptgericht	ensuite ...
Nachtisch	dessert
Wein	du vin
weiß/rot	blanc/rouge
Schoppen	pichet
Wasser	l'eau
Mineralwasser	eau gazeuse
gezapftes Bier	pression
kleines Bier	bock
Wurst/Geräuchertes	charcuterie
Suppe	soupe
Fischsuppe	soupe poisson, bouillabaisse
Rohkostsalate	crudités
Braten	rôti
Fleisch	viande
Wildschwein	sanglier
Lamm	agneau
Rind	bœuf
Zicklein	cabri
Kalb	veau
Kaninchen	lapin
Kutteln	tripes
Fisch	poisson
Seeteufel	lotte
Brasse	dorade
Wolfsbarsch	loup
Aal	anguille
Forelle	truite
Languste	langouste
Muscheln	moules
Gemüse	légumes
Nudeln	pâtes, lasagnes
Pudding	flan
Torte	tarte
Eis	glace
Obst	fruits
Käse	fromage
die Rechnung	l'addition
guten Appetit!	bon appétit!

Einkaufen:

was kostet das?	ça coûte combien?
Supermarkt	supermarché
Gemischtwarenladen	épicerie
Bäckerei	boulangerie
Metzgerei	boucherie/charcuterie
Postkarte	carte postale
Briefmarke	timbre-poste
Scheck	chèque

Auto:

Auto	la voiture
ich möchte ein Auto mieten	je voudrais louer une voiture
ich muß tanken	j'ai besoin d'essence
Tankstelle	station
Super	super
Diesel	diesel
ich habe eine Panne	je suis en panne
können Sie mich abschleppen?	pouvez-vous me remorquer?
Werkstatt	garage

Korsische Spezialitäten:

Korsisch	Deutsch
aziminu	Fischsuppe
prisuttu	Schinken
coppa	geräucherter Schweinekamm
lonzu	geräuchertes Filet
figatelli	geräucherte Leberwürste
brocciu	Frischkäse aus Molke und Ziegen- oder Schafsmilch
canistrelli	Zwieback mit Anis
pulenta	fester Breikloß aus Kastanienmehl
fritelle	Krapfen
stiffatu	verschiedene Sorten Fleisch mit Sauce
tianu	Eintopfgericht
falculelle	süße Brocciu-Fladen auf Kastanienblättern
fiadone	Brocciu-Kuchen
brilluli	Kastanienmehlbrei mit Milch

Orts- und Sachregister

Die *kursiv* gesetzten Begriffe bzw. Seitenzahlen beziehen sich auf Angaben im Service-Kapitel am Ende des Buches, **fette** Hervorhebungen verweisen auf ausführliche Erwähnungen.

Aïtone (Fluß) 103
Ajaccio 13, 16, 75, 105 ff., 108, 111, **114 ff.**, **117 ff.**, 179, *215*, *216*, *223*, *230*
- Assemblée Régionale de la Corse 114, 125
- Avenue Général-Leclerc 114
- Boulevard du Roi-Jérôme 114, 120
- Cathédrale Notre-Dame-de-la-Miséricorde 114, 116, 124 f.
- Chapelle Impériale 114, 115, 121
- Cours Grandval 114, 116, 126
- Fischhalle 114
- Hôtel de Ville 115, 119
- Maison Bonaparte 114, 116, 122
- Markt 114, 115
- Musée de la Bandera 115
- Musée du Capitellu 114, 116, 123
- Musée Fesch 114, 115, 121
- Musée Napoléonien 114, 115, 119
- Napoleon-Grotte 114, 116, 126
- Palais Fesch 114, 119, 120 f.
- Place d'Austerlitz (Casone) 114, 116, 126
- Place Général-de-Gaulle (Diamant) 114, 116, 125
- Place Maréchal-Foch 114, 115, 118
- Rue Bonaparte 121 f.
- Rue Cardinal Fesch 120
- Square César-Campinchi 114, 119 f.
Alalia 15, 169 f.
Aléria 15, 16, 19, 166, 167, 168 ff.
- Ausgrabungen der römischen Stadt Aleria 166, 167, **169 ff.**
- Musée Jérôme Carcopino (Fort de Matra) 166, 167, **169 f.**
Alesani (Fluß) 190, 198
Algajola 69, 71, 75
- Zitadelle 71, 75
Alta Rocca 142
An- und Einreise 214
Arbellara 139, 145
Aregno 59, 60, 66 f.
- Trinità 59, 60, 67
Argentella 88, 91 f.
Ärztliche Vorsorge 216
Auskunft 216
Auskunft vor Ort 220
Autofahren 220
Automiete 217
Autonomiebestrebungen 12 f., 19 f., 179 ff.

Baie de Crovani 91
Bains-de-Taccana 133
Balagne 60, 61 ff., 73 ff., *230*
Balagne déserte 90 ff.
Barcaggio 33, 34, 41
Bastelica 130, *227*
Bastia 13, **21 ff.**, **25 ff.**, 33, 36, 37, 179, 200, 202, 204, *215*, *216*, *230*
- Alter Hafen 28, 29
- Bassin St.-Nicolas 29
- Boulevard Paoli 21
- Chapelle de l'Immaculée Conception 21, 22, 32
- Chapelle Ste.-Croix 21, 22, 31
- Flughafen Bastia-Poretta 202
- Jardin Public Romieu 21, 28
- Jetée du Dragon 28
- Markt 21, 22, 27 f.
- Musée d'Ethnographie Corse 21, 22, 29, 30
- Palais des Gouverneurs 21, 29
- Place de l'Hôtel-de-Ville 27 f.
- Place St.-Nicolas 21, 25 ff.
- Quai des Martyrs-de-la-Libération 28
- Quai du Sud 28
- St.-Jean-Baptiste 21, 22, 31 f.
- Ste.-Marie 21, 22, 30 f.
- Terra nova 32
- Terra vecchia 28, 29, 31
- Zitadelle 21, 22, 29, 30
Bavella-Massiv 150 f.
Belgodère 59, 60, 61 ff.
- St.-Thomas 59, 60, 62
Bergerie de Grotelle 177, 178, 185, **186 f.**
Bevinco 55
Biguglia 29
Blutrache 207 f.
Bocca Bassa 93
Bocca di a Battaglia 59, 60, 63
Bocca di Carbonaja 74
Bocca di Vezzu 58
Bonifacio **152 ff.**, **156 ff.**, 166, 179
- Aquarium Marin 153, 155
- Cimetière Marin 153, 155, 163
- Escalier de Montée Rastello 160
- Escalier du Roi d'Aragon 155, 164 f.
- Grand Bastion 153, 154, 159
- Oberstadt 153, 157 ff.
- Place Bir-Hakeim 153, 154, 158, 163

- Place du Marché 153, 158
- Place Manichella 153, 154, 158
- Porte des Gènes 153, 154, 159 f.
- Rue des Deux Empéreurs 153, 154, 160 f.
- St.-Dominique 153, 158
- St.-Érasme 153, 155, 164
- St.-François 155, 163
- St.-Roch 153, 160
- Ste.-Marie-Majeure 153, 154, 159
- Unterstadt 164

Brocciu (Frischkäse) 57 f., 186 f.

Cala Rossa 140
Calacuccia 100
Calanche 88, 105, 109
Calenzana 72
Calvi 58, 69, **71 f.**, 73, **75 ff.**, 81 f., 83, 87, 88, 90, 122, 179, *215*, *216*
- Flughafen Sainte-Cathérine 75
- Geburtshaus von Columbus 69, 78 f.
- Gouverneurspalast 77
- Monument aux Morts (Kriegerdenkmal) 77
- Oratoire St.-Antoine 69, 72, 77
- Rue Clémenceau 69, 72, 76
- St.-Jean-Baptiste 69, 72, 77 f.
- Ste.-Marie-Majeure 69, 71, 76, 77
- Tour du Sel 80
- Zitadelle 69, 71, 77

Campana 188, 189, 190, 195
- St.-André 188, 189, 195
Campoloro 199
Canari 33, 45
Cap Corse 22, 31, 32, 33 ff., **36 ff.**, *230*

Capo a u Cavallo 90
Capo a u Chiostro 185
Capo Pertusato 153, 154, 158
Capo Tafonato 94
Capo Tondo 83
Capraia 39
Capula (Castello de Capula) 139, 140 f., 146 f.
Carbini 200
Carcheto 188, 190, 197
- Ste.-Marguerite 188, 190, 197
Cardo 28, 32
Cargèse 105, 110 ff.
- Kriegerdenkmal 110
- Ste.-Marie 105, 111 f.
Casabianda 172
Casamaccioli 98, 102, 223
Casamozza 200, 203
Casta 48, 57
Castagniccia 102, 192 ff., 205 f., *226*
Cateri 59, 65
Cauria (Mégalithes de Cauria) 128, 137
Cauro 128, 130
Centuri 33, 43
Centuri-Port 33, 34, 41, 42 f.
Cervione 188, 190, 199
- Bischofspalast 188, 190, 199
- Cathédrale Ste.-Marie et St.-Érasme 188, 190, 199
- Musée Ethnographique 188, 190, 199
Chiuni 29
Christe-Eléison 175
Cinarca 112
Col d'Arcarotta 188, 190, 198
Col de Bavella 139, 141, 150 f., *226*
Col de Celaccia 128, 133
Col de la Croix 88, 89, 95
Col de Palmarella 88, 89, 95
Col de Prato 188, 189, 191, 194

Col de San Bastiano 105, 106, 113
Col de San Stefano 48, 55
Col de Serra 34, 41
Col de Sorba 166, 167, 175
Col de Teghime 48, 49, 54
Col de Verghio 97, 100, *227*
Conca d'Oru 54
Corbara 59, 68, 74
- Couvent de Corbara 59, 68
- Notre-Dame-des-Sept-Douleurs 68
Corniche 21, 22, 32
Corte 12, 17, 166, 167, 175, **176 ff.**, **179 ff.**, 187, 188
- »Adlernest« 184
- Belvédère 176, 178, 181
- Cours Paoli 176
- Église de l'Annonciation 176, 177, 180 f.
- Musée d'art et d'histoire de la Ville de Corte 178, 184
- Musée de la Corse 178, 182, 184
- Palazzu Naziunale 176, 178, 181 f.
- Place du Poilu 176, 178, 182
- Place Gaffori 176, 177, 180
- Place Paoli 176, 177, 180
- Zitadelle 176, 178, 182, 184
Couvent d'Alesani 198 f.
Couvent d'Orezza 188, 190, 196
Croce 188, 195
Cucuruzzu (Castello de Cucuruzzu) 139, 140 f., 146 f.

Défilé de l'Inzecca 166, 167, 175

Défilé des Strette 166, 167, 175
Département Corse du Sud 12, 32, 113
Département Haute-Corse 12, 32
Désert des Agriates 48, 57 f.
Dolmen von Fontanaccia 128, 137 f.

Eaux d'Orezza 188, 190, 196 f.
Einkaufen 221
Elbo 81, 87
Erbalunga 33, 35, 37
Ersa 33, 40
Essen 222
Étang de Diane 166, 167, 172 f.
Evisa 97 f., 99, 101, 102, 104

Fango (Fluß) 88, 94
Fango-Tal 89, 93
Feiertage/Feste 223
Felicetto 59, 60, 64
– Glasbläserei 58, 64 f.
– Ölmühle 59, 60, 64
Feuer 223
Figari *230*
Filitosa (Station Préhistorique de Filitosa) 127, 128, **133 ff.**
– Centre de documentation archéologique 128, 135
Fium'Alto 197
Fium'Orbo 166, 174 f.
Folelli 191
Fôret d'Aïtone 99 f.
Fôret de Rospa Sorba 175
Fouilles de Mariana s. Mariana
Fozzano 139, 140, 145 f.
– Musée de la pipe 139, 140, 146

Galéria 83, 88, 89, 93
Geld/Devisen 217
Genuesentürme 38

Gepäck/Kleidung 218
Ghisonaccia 166
Ghisoni 166, 175, *227*
Girolata 81, 82, 83, 86 f., 95
Golfe de Ajaccio 113, 126
Golfe de Calvi 71, 72
Golfe de Girolata 89, 95
Golfe de Lava 106, 113
Golfe de Porto 88, 89, 95 f., 102
Golfe de St.-Florent 47
Golfe de Sta.-Manza 154, 168
Golfe de Valinco 150
Golfo di Sogno 140
Golo (Fluß) 193, 203, *227*
Golo-Brücke 192
Gorges de Spelunca (Spelunca-Schlucht) 97, 98, 99, 101, **102 ff.**
Gorges des la Restonica (Restonica-Tal) 167, 177, **184 ff.**
Grosseto 128, 131
Grotte du Sdragonato 164
Grotte St-Antoine 164

Haut-Asco *227*

Iles Sanguinaires 107, 114, 126

Kastanien 205 f.
Kinder 224
Kyrie-Eleison 175

L'Ile-Rousse 48, 49 f., **58**, 59, 68, 69, 70, **73**, *215*, *218*
– Centre Océanographique 69, 70, 73
– Markt 69, 70, 73
– Place Paoli 58, 70
L'Omo di Cagna *230*
L'Ospédale 139, 151
La Canonica s. Mariana, Sta. Maria Assunta
La Giraglia 41
La Madonetta 164

La Porta 188, 189, 195
– St.-Jean-Baptiste 188, 189, 195
La Scandola (Réserve Naturelle) 81, 85 ff.
Lac de Capitello 177, 178, 185, **186**
Lac de Melo 177, 178, **185 f.**
Landkarten 218
Lariccio-Kiefern 99 f.
Lavasina 33, 34, 36 f., *223*
– Notre-Dame-des-Grâces 33, 34, 36 f.
Lecci de Porto-Vecchio 141
Levie (Sites Archéologiques de Levie) 139, 140, **146 f.**
– Musée départemental du Préneolithique 139, 140 f., **147 ff.**
Liamone 105, 112
Liscia 112
Loreto-di-Casinca 191
Lozari 48, 58, 59
Luri 33, 43, 44

Macchia 94 f., 208
Macinaggio 33, 38 f., 40
Mantinum 28
Mariana 16, 22, 30, 200, **203 f.**
– Cathédral Sta. Maria Assunta (La Canonica) 31, 48, 52, 200, 201, **203**
– San Parteo 200, 204
Marine de Davia 69, 74
Marine de Farinole 46
Marine de Meria 38
Marine de Negru 46
Marine de Pietracorbara 38
Marine de Porticciolo 38
Marine de Sisco 33, 37 f.
Marseille 13
Mezzavia 105, 113
Micheline (Inselbahn) 175
Miomo 21, 32, 37
Monte Bughju 39

Monte Cinto 58, 83
Monte Cuccaro 45
Monte Padro 58, 63
Monte Revinco 57
Monte Rotondo 185
Monte San Petrone 189, 198
Montemaggiore 60, 65
Moriani-Plage 188, **190 f.**, 199, 200, 202
Morosaglia 188, 189, 193 f.
– Geburtshaus Pasquale Paolis 188, 189, 193 f.
– Sta. Reparata 188, 189, 194
Morsiglia 43
Moulin Mattei 33, 34, 41
Mufflon 151, 210
Murato 48, 49, 55 f.
– San Michele 48, 49, **55 f.**, 67, 201, 203
Muro 59, 60, 65
– Barockkirche 60, 65

Nebbio 16, 48, 51 ff.
Nessa 64
Niolo 97, 98 ff.
Nonza 33, 45 f.
– Ste.-Julie 33, 46
– Turm von Nonza 33, 46
Notfälle 224
Notre-Dame-de-la-Serra 69, 72, 80, *223*
Notre-Dame-des-Neiges 151

Oletta 48, 55
Oliven 64
Olmi-Cappella 59, 63
Onca (Bach) 103
Orezza-Tal 189, 190, 196 f., 198
Ornano 130 ff.
Ostriconi 58
Ota 97, 98, 101, 104

Paglia Orba 83, 94
Palaggiu (Alignements de Palaggiu) 128, 138
Palombaggia 140, 141

Paolivilla (s. auch L'Ile Rousse) 58
Paomina 110
Parata (Halbinsel) 114, 126
Parc Naturel Régional de la Corse 184 ff., *220*
Patrimonio 48, 52 ff., *230*
– Menhir-Statue 53 f.
– San Martinu 54
Pavus Aurelianus 39
Penta-Folelli 191
Petreto-Bicchisano 128, 133
Piana 88, 89, 95, 97, 101, 105, 109
Piazzole 188, 197
Piedicroce 188, 190, 196
Pietranera 23
Piève 48, 57
Pigna 59, 60, 67 f.
Pinarello 140
Pino 33, 43
Polyphoner Gesang (paghjella) 68, 72, 102
Pont de Zaglia 103
Pont Génois 166
Ponte Leccia 188, 189, 193
Ponte Nuovo 18, 192
Ponte Vechju 103 f.
Porticcio 107
Porto (Fluß) 103 f.
Porto 88, 89, 90, 95 f., 97, 99, 104, 108
Porto-Vecchio 139, 140, 141, 151, 153, 166
Presse/Radio/TV 225
Propriano 128, 136, *215*
Prugna 131
Prunete 188
Punta Minuta 83, 94

Quenza *227*
Quercitello 188, 194 f.

Rapaggio 188, 190, 196
Regino (Fluß) 61, 63
Reisezeit/Klima 219
Restonica (Fluß) 179, 181, 184 ff.

Restonica-Tal s. Gorges de la Restonica
Revellata (Halbinsel) 69, 80, 83, 90
Rizzanèse (Fluß) 145, 146, 150
Rogliano 33, 34, 39 f.

Sagone 16, 104, 112
San Giuliano 191
San Petrucciulu d'Accia 189
San-Gavino-di-Carbini 150
San-Giovanni-di-Moriani 191
San-Martino-di-Lota 23
San-Nicolao 190
Sant'Antonino 59, 60, 66
Sartenais 130, 141
Sartène 127, **128 f.**, 136, 138, 139, 140, **142 ff.**, 211 ff.
– Manighedda 139, 144
– Musée départemental de la Préhistoire Corse 139, 140, 144
– Place Porta 139, 142, 144
– San Damianu 211
– St.-Sébastien 213
– Ste.-Anne 212
– Ste.-Claire 213
– Ste.-Marie 139, 140, 144, 212, 213
Senecaturm s. Tour de Sénèque
Serra di Pigno 28
Sisco 38
– St.-Martin 38
– St. Michel 38
Soccia *227*
Solenzara 166
Sollacaro 128
Speloncato 59, 63 f.
Spelunca-Schlucht s. Gorges de Spelunca
Spin'A Cavallu 139, 140, 145
Sport 225

Sprachhilfen 230
St.-Cyprien 140
St.-Florent 33, 34 f., 47, 48, **50 f.**
- Hôtel de Ville 34
- Sta. Maria Assunta 34, 48, 51 f., 201
- Zitadelle 51
Sta. Giulia 140, 141
Sta. Maria-Figaniella 145
Sta. Maria-Poggio 190, 191
Ste.-Lucie 33, 43
Ste.-Lucie de Moriani 191
Ste.-Lucie-de-Tallano 139, 146
Ste.-Marie-Sicché 127, 128, 131
Sto.-Pietro-di-Tenda 48, 57

Talsperre von Codole 63
Taravo (Fluß) 134, *227*
Tavignano (Fluß) 166, 169, 172, 178, 181, *227*
Tavulella (Fluß) 103
Telefonieren/Post 227
Tiuccia 105, 112
Tizzano 128, 138
Tollare 33, 41
Tour de Losse 33, 38
Tour de Sénèque 33, 34, **43 f.**
Transhumanz (Wanderweidewirtschaft) 57, 101 f., 102, 187

Unruhen *227*
Unterkunft/Restaurants 228

Valle-d'Alesani 188, 198, 206
Valle-di-Campoloro 191
Venaco 166
Vezzani 166, 170
Vico 128, 131
- Haus Sampiero Corsos 128, 131 f.
Ville-di-Paraso 59, 60, 63
- Confrèrie 60, 63
Vivario 175

Weinanbau 39, 52 ff.
Wildschweinjagd 209 f.

Zicavo *227*
Zistrose 94
Zonza 139, 150, 151
Zuani 180 f.

Namenregister

Alphons V. von Aragon, König 154, 165
Alvazeri, Jacques 60
Ambrosini, Joseph 64
Amerikaner 169
Anfriani, Familie 65
Arrighi, Blaise (Hl. Théophile) 176, 180 f.
Augustus 171

Barbagelata 78
Basilius der Große 112
Bellini, Giovanni 121
Bernadotte, Jean Baptiste (Karl XIV. Johann, König von Schweden) 32
Boccati, Giovanni 121
Bonaparte, Charles 115, 121, 122
Bonaparte, Jérôme s. Jérôme von Westfalen, König
Bonaparte, Joseph s. Joseph von Spanien, König
Bonaparte, Laeticia 115, 119, 121, 122, 123

Bonaparte, Lucien 120
Bonaparte, Familie 115, 116, 121
Botticelli, Sandro 121
Byzantiner 16

Campana, Ange 64
Carabelli, Colomba 145
Carabelli, Orso 145
Carrega, Michel 37
Casalonga, Gilles 60
Casalonga, Toni 67
Casalonga, Ugo 60
Casella, Hauptmann 46
Cattaciolo, Filippo Graf 160
Cesari, Charles-Antoine 135
Cesari, Jean-Dominique 135
Chrysostomus, Johannes 38, 112
Clemens IV., Papst 52
Colonna, Ugo 16, 204
Columbus, Christoph 78 f.

Corsi 57, 65, 115, 133 ff.
Cube, Felix von 184

d'Istria, Vicentello 182
d'Ornano, Vannina 131 f.
d'Ornano, Familie 131 f.
Da Mare, Familie 39, 44
Dame von Bonifacio 15, 149 f.
Darneal, Marie-Claire 60
Daudet, Alphonse 126
Delacroix, Eugène 116, 124
Deutsche 12, 18, 26
Diokletian, Kaiser 46
Don Juan 60, 65
Doria, Admiral Andrea 87, 131
Doria, General Gianettino 87, 131
Dragut, Admiral 87, 165
Durazzo, Familie 145

Engländer 125
Etrusker 28, 170
Eugènie, Kaiserin 39

Fesch, Joseph Kardinal 31, 115, 119, 120 f.
Florus, Heiliger 52
Francescini, Davia 74
Franziskus, Heiliger 154, 158, 163
Fremdenlegionäre 163

Gaffori, Faustina 176
Gaffori, Ghjuvan Petru 176, 180
Gaulle, Charles de 26
Genuesen 16 f., 29 f., 32, 38, 75, 86 f., 103, 132, 133, 159, 179, *230*
Giovannali, Brüder 150
Gréco, Juliette 63
Gregor I., der Große, Papst 189
Gregor VII., Papst 16
Gregor von Nazianz 112
Gregor XIII., Papst 72
Gregorovius, Ferdinand 27
Griechen 15, 28, 110 f., 112, 170
Grosjean, Roger 135, 137

Harpagos, König 36
Hassan II. von Marokko, König 49, 50
Heinrich II. von Frankreich, König 16
Hitler, Adolf 26
Homer 156

Italiener 12

Jehasse, Jean 169
Jehasse, Laurence 169
Jérôme von Westfalen, König (J. Bonaparte) 119
Joseph von Spanien, König (J. Bonaparte) 126, 178, 182
Julie, Heilige 46

Karl V., Kaiser 154, 160
Karthager 170

Langobarden 16, 203
Leca, Dumenicu 104
Leca, Familie 65
Lecca, Familie 112, 163
Leo III., Papst 204
Ludwig XV. von Frankreich, König 182, 192

Macchi, Gaetano 31
Malaspina, Andrea 62
Malaspina, Familie 62
Marchiano, Florent 112
Mattei, Risabetta 166, 195
Mauren 169, 204
Mérimée, Prosper 136, 145
Minicale 102
Murato, Romano 57
Murillo, Bartolomé Esteban 23, 32
Mussolini, Benito 18, 26

Napoleon I. Bonaparte, Kaiser 18, 24, 26, 39, 75, 78, 113, 115 f., 117 ff., 154, 162, *223*
Napoleon III., Kaiser 115, 120, 128
Nelson, Admiral 80
Nordafrikaner 13, 19, 30, 53, 77, 144, 173

Odysseus 156, 164

Pampasgiolu 102
Paoli, Clemens 189, 193 f., 196
Paoli, Ghiacintu 198
Paoli, Pasquale 17 f., 39, 46, 56, 58, 78, 80, 118, 178, 179 ff., 189, 190, 192 ff., 196
Perugino 34, 37
Phokäer 36, 170
Phönizier 75
Pippin der Kurze 16
Pisaner 16, 28, 52, 158, 159, 201, *230*
Pius IX., Papst 63

Pius XI., Papst 181
Punier 15

Rocchi, Jose 23
Rochus, Heiliger 160
Rogliano, Jean-Claude 197
Römer 15, 16, 28, 39, 51, 73, 75, 76, 169 ff.

Saint-Exupéry, Antoine 203
Sampiero Corso 16 f., 128, 130 ff., 165
Santucci, Familie 163
Sarazenen 16, 51, 204
Sauli, Bischof Alexander 199
Savelli, Familie 66
Savelli, Kardinal 63
Seneca 34, 43 f.
Serassi, Gebrüder 31
Serra, Familie 163
Simeoni, Edmond 174
Simon von Kyrene 213
Strabo 171
Sulla, Lucius Cornelius 173

Templer 158
Theodor I. von Korsika, König (Baron Theodor von Neuhoff) 17, 198 f.
Théophile, Heiliger s. Arrighi, Blaise
Tintoretto, Jacopo Robusti 116, 124
Tizian 57
Torreaner 15, 128, 133 ff., 140, 146 f.
Tura, Cosimo 121
Türken 78, 110

Valéry, Paul 142
Vandalen 16, 28, 203
Velutini, Familie 112
Vespasian, Kaiser 75

Zurbarán, Francisco 189, 195

Bildnachweis

Christophe Boisvieux/Bilderberg, Hamburg: S. 26, 116, 151, 161
Patricia Bonnin, Ajaccio: S. 213
Thomas Ernsting/Bilderberg, Hamburg: Umschlagvorderseite, S. 8, 157, 183
Mara K. Fuhrmann, Monreal/Eifel: Schmutztitel, Haupttitel, S. 43, 47, 50, 65, 66, 76, 77, 91, 92, 98, 108, 118, 132, 146, 148/149, 155, 158, 162, 165, 181, 184, 185, 195
Herbert Hartmann, München: Umschlagrückseite, S. 15, 30, 42, 56, 61, 62, 74, 79, 96, 101, 113, 117, 121, 123
Monika Siegfried-Hagenow, Bergneustadt: S. 7, 11, 12, 23, 24, 27, 35, 36, 40/41, 52, 53, 54, 55, 58, 64, 82, 84, 87, 102, 104, 110, 111, 124, 128, 131, 135, 136, 143, 168, 171, 173, 174, 187o., 187u., 198, 192, 197, 201, 202, 203, 205, 210
Monika Siegfried-Hagenow (Archiv): S. 17, 18, 20, 44, 207
Gaby Wojciech, Köln: S. 103

Umschlagvorderseite: Piana am Golf von Porto. Foto: Thomas Ernsting/Bilderberg, Hamburg
Vordere Umschlagklappe (innen): Übersichtskarte Korsika
Schmutztiteldia: Foto: Mara K. Fuhrmann, Monreal/Eifel
Haupttitel (S. 2/3): Bergdorf Aregno in der Balagne. Foto: Mara K. Fuhrmann, Monreal/Eifel
Umschlagrückseite: Junge beim Angeln im Hafen von Bonifacio. Foto: Herbert Hartmann, München

Textnachweis
Den Artikel »Romanische Kirchen und Kapellen« S. 201 verfaßte Dagmar v. Naredi-Rainer.

Konzeption, Layout und Gestaltung dieser Publikation bilden eine Einheit, die eigens für die Buchreihe der **vista point pocket guides** entwickelt wurde. Sie unterliegt dem Schutz geistigen Eigentums und darf weder kopiert noch nachgeahmt werden.

© 1999 Vista Point Verlag, Köln
Alle Rechte vorbehalten
Reihenkonzeption: Dr. Horst Schmidt-Brümmer, Andreas Schulz
Lektorat: Dr. Andrea Herfurth-Schindler, Şebnem Yavuz
Layout und Herstellung: Andreas Schulz, Britta Wilken
Reproduktionen: Litho Köcher, Köln
Karten: Berndtson & Berndtson Productions GmbH, Fürstenfeldbruck
Druck und buchbinderische Verarbeitung: Rasch, Bramsche
Gedruckt auf chlorfrei gebleichtem Papier

Printed in Germany
ISBN 3-88973-333-6

vista point pocket guides

Dieter Kreutzkamp
Australien
240 Seiten mit 144 Farbabb. und 32 Karten. ISBN 3-88973-324-7, DM 19,80, sFr 18,80, öS 145,00. 30 Routenvorschläge erschließen die Faszination und Weite des 5. Kontinents nach dem Fly-and-Drive-Prinzip; mit Zusatztagen für Tasmanien.

Michael Möbius/ Annette Ster
Bali
200 Seiten mit 95 Farbabb. und 21 Karten. ISBN 3-88973-325-5, DM 19,80, sFr 18,80, öS 145,00. 13 Routenvorschläge für die »Insel der Morgenröte«: Sie folgen den Küstenlinien und den Wegen durch die Vulkanbergwelt.

Karl Teuschl
Florida
240 Seiten mit 111 Farbabb. und 15 Karten. ISBN 3-88973-327-1, DM 19,80, sFr 18,80, öS 145,00. 14 Routen bringen die Highlights des »Sunshine State« auf die Reihe und erschließen die Vielfalt und Schönheit dieses sehenswerten Ferienlandes.

Karl Teuschl
Hawai'i
240 Seiten mit 138 Farbabb. und 19 Karten. ISBN 3-88973-326-3, DM 19,80, sFr 18,80, öS 145,00. Der Traum von Südsee und Tropenzauber wird hier erfüllt. 16 Routen führen durch die glücklichen Inseln inmitten des Pazifiks.

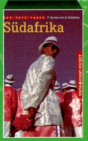
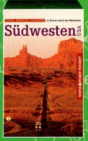
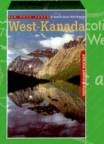

H. Schmidt-Brümmer
Kalifornien
240 Seiten mit 127 Farbabb. und 22 Karten. ISBN 3-88973-321-2, DM 19,80, sFr 18,80, öS 145,00. 21 Routenvorschläge für den Goldenen Staat: von den Mammutbäumen der nördlichen Nebelwälder bis zu den heißen Wüsten des Südens.

Elke u. Dieter Loßkarn
Südafrika
240 Seiten mit 104 Farbabb. und 24 Karten. ISBN 3-88973-322-0, DM 19,80, sFr 18,80, öS 145,00. 17 Routen führen von der quirligen Stadt Johannesburg in die schönste Stadt der Welt, nach Kapstadt, durch dieses facettenreiche Land.

H. Schmidt-Brümmer/ Karl Teuschl
Südwesten USA
216 Seiten mit 119 Farbabb. und 23 Karten. ISBN 3-88973-320-4, DM 19,80, sFr 18,80, öS 145,00. 22 Routenvorschläge für den amerikanischen Südwesten: von Los Angeles über Las Vegas und die Nationalparks zurück zum Pazifik.

Karl Teuschl/ Wolfgang R. Weber
West-Kanada
216 Seiten mit 123 Farbabb. und 21 Karten. ISBN 3-88973-323-9, DM 19,80, sFr 18,80, öS 145,00. 22 Routenvorschläge für die schönsten Regionen von British Columbia und Alberta, die in Vancouver beginnen.